普通高等教育规划教材

公路运输组织学

（第二版）

吴文静　主编

人民交通出版社股份有限公司
China Communications Press Co.,Ltd.

内 容 提 要

本书立足于工程教育课程教学要求,以公路运输为主,兼顾综合运输体系的完整性,全面、系统地介绍了公路运输组织的理论、形式、方法、手段等基础知识。全书共九章,分别为绪论,公路运输组织与管理概述,公路运输组织评价指标,公路运输生产计划工作组织,公路货物运输组织形式,公路货物运输组织优化,公路特殊货物运输组织,公路旅客运输组织,城市公交客运组织。

本书可作为高等院校交通运输、物流工程及相关专业的教学用书,也可供从事运输生产、物流管理的相关工程技术人员和管理人员参考。

图书在版编目（CIP）数据

公路运输组织学 / 吴文静主编. —2 版. —北京：
人民交通出版社股份有限公司, 2017.8
ISBN 978-7-114-14019-8

Ⅰ. ①公… Ⅱ. ①吴… Ⅲ. ①公路运输—交通运输管理—高等学校—教材 Ⅳ. ①U491

中国版本图书馆 CIP 数据核字（2017）第 170156 号

书　　名：公路运输组织学（第二版）
著 作 者：吴文静
责任编辑：曹　静
出版发行：人民交通出版社股份有限公司
地　　址：(100011)北京市朝阳区安定门外外馆斜街 3 号
网　　址：http://www.ccpress.com.cn
销售电话：(010)59757973
总 经 销：人民交通出版社股份有限公司发行部
经　　销：各地新华书店
印　　刷：北京市密东印刷有限公司
开　　本：787×1092　1/16
印　　张：15.25
字　　数：354 千
版　　次：1998 年 8 月　第 1 版
　　　　　2017 年 8 月　第 2 版
印　　次：2021 年 1 月　第 2 版　第 2 次印刷　总第 14 次印刷
书　　号：ISBN 978-7-114-14019-8
定　　价：33.00 元
（有印刷、装订质量问题的图书由本公司负责调换）

PREFACE 第二版前言

交通运输是国民经济发展的基础性、服务性行业,贯穿于社会生产、流通、消费各个方面,与人民群众的生活息息相关。参照国务院新闻办2016年12月29日发表的《中国交通运输发展》白皮书,在"十三五"时期,我国交通运输发展将按照统筹推进"五位一体"的总体布局和协调推进"四个全面"的战略布局,构建安全便捷、畅通高效、绿色智能的现代综合交通运输体系。现代交通运输将深入从单纯重视交通经济效益转向经济社会效益和环境效益相统一;从资源粗放消耗型转变为资源集约使用型;由各方式各自发展向协调发展转变;向生态、环保、安全型转变,保证最大限度地满足国民经济和社会发展全局和国防建设对运输的需求。

运输组织是运输生产的重要内容。运输组织能有效地协调运输能力与运量的平衡;能够统筹安排,有效地保证运输生产中的协作;有效克服运输体系内的薄弱环节,提高整个运输系统运转的灵活性、高效性。运输组织学是系统地研究运输组织理论、形式、方法、手段,实现运输生产要素的最优结合和各环节、各工序的紧密配合,对科学、合理地组织运输生产,提高运输生产效率与效益具有重要的意义。21世纪以来,我国的铁路、公路、水运和民航等运输方式均得到较快发展。运输工具技术水平不断提高,运输服务质量全面提升,运输服务通达性显著增强,信息化、智能化技术广泛应用,这对运输组织的手段、方法提出了更高的要求。本书正是在这种背景下,为适应运输业发展和工程教育发展新的变化和需要进行的修订。对原有不甚合理或不甚协调的内容和结构进行了重新编写和调整;更新了资料数据;对一些章节进行了调整、补充和完善,并增加了新的章节。

本次修订强化和突出了现实性和实践性。本书立足于工程教育课程教学要求,满足教育部工程教育专业认证培养目标。在强调对运输组织基础理论和技术手段阐述的同时,又强调对学生工程应用能力的培养。本书深化了理论分析,引入了国内外运输组织与管理的先进理论与方法。在材料组织上,结合交通运输发展前沿和趋势,对运输组织的若干热点问题进行阐述,例如多式联运、甩挂运输、无车承运人等先进运输组织模式及冷链等专业物流形式,以及城乡公交一体化、智能化公交调度、运输组织信息化等。本书章节层次清晰，语言流畅，通俗易懂，内容精练，基础概念清晰。书中精选了大量的习题与案例，便于读者在学习过程中对重点知识的掌握及灵活应用。

本书由吴文静负责全书结构设计、组织编写和统稿工作。各章具体编写分工如下：第一章、第五章、第八章、第九章由吴文静编写，第二章、第四章由罗清玉编写，第三章、第七章由杨丽丽编写，第六章由刘华胜编写。此外，研究生梁志康、田万利等积极参与了本书的编写工作。本书在编写过程中，参考了大量的文献资料，吸收了众多专家、学者的研究成果，在此谨向他们表达衷心的感谢。同时，感谢人民交通出版社股份有限公司和吉林大学对本书出版的大力支持。

本书涉及的内容较为广泛，由于编写人员学识水平和实践知识的局限，书中错误和不足之处在所难免，敬请广大读者批评指正。

编　者
2017 年 3 月

CONTENTS 目 录

1

第一章　绪　　论

　　运输是人们借助于运输工具,在一定的交通线路上实现运输对象(人或物)空间位移的有目的的活动。它把社会生产、分配、交换和消费各个环节有机地联系起来,是保证社会经济活动得以正常进行和发展的前提条件。

　　运输组织是运输系统正常运作不可缺少的组成部分,在运输系统中发挥着计划、组织、协调、控制、经营、决策等作用,从而保证运输系统有效地满足社会需要,促进社会经济发展。

第一节　交通运输系统概述

一、交通运输的基本概念

　　交通是运输和邮电的总称,是指将人或物进行空间场所的移动。从专业的角度出发,交通是指交通工具在运输网络上的流动。

　　运输,是人或物借助交通工具的载运,产生有目的的空间位移;是指借助公共运输线路及其设施和运输工具,为实现人或物的位移所进行的经济活动和社会活动。在现代社会中,人们由于通勤、通学、办理公务、参观游览、探亲访友和商品生产等方面的需要而利用各种交通运输工具。运输工具在社会生产与信息流通两大经济活动中已成为必不可少的组成部分。

　　邮电则是邮政和电信的总称。邮政是信件和包裹的传递。电信是语言、符号和图像的传输。

　　交通运输是指运输工具在运输网络上的流动和运输工具上载运的人员与物资在两地之间移动的经济活动的总称。交通运输是经济发展的基本需要和先决条件,是现代社会的生存基础和文明标志,是社会经济的重要纽带和基础结构,是现代工业的先驱和国民经济的先行部门,是资源配置和宏观调控的重要工具,是国土开发、城市和经济布局形成的重要因素。它对促进社会分工、大工业发展和规模经济的形成,促进国家的政治统一和加强国防建设,扩大国际经贸合作和人员往来等发挥着重要作用。

　　1.交通和运输的关系

　　(1)交通强调的是运输工具(交通工具)在运输网络——交通网络上的流动情况,而与交通工具上所载运人员和物资的有无和多少没有关系。

　　(2)运输强调的是运输工具上载运人员与物资的多少、位移的距离,而并不特别关心使用何种交通工具和运输方式。

　　(3)交通与运输反映的是同一事物的两个方面,或者说是同一过程的两个方面。这"同一过程"就是运输工具在运输网络上的流动;"两个方面"指的是:交通关心的是运输工具的

1

流动情况(如流量的大小、拥挤的程度),运输关心的是流动中的运输工具上的载运情况(如载人的有无与多少,将其输送了多远的距离)。

2. 运输与物流的关系

由物流的概念可知,物流是物的物理性运动,这种运动不但改变了物的时间状态,也改变了物的空间状态。而运输承担了改变空间状态的主要任务,是改变空间状态的主要手段,运输再配以搬运、配送等活动,就能圆满完成改变空间状态的全部任务。在现代物流观念诞生之前,甚至就在当今,仍有不少人将运输等同于物流,其原因是物流中很大一部分内容是由运输承担的,是物流的主要部分,因而出现上述认识。做好运输工作对企业物流的意义体现在以下几个方面:

(1)运输是物流系统功能的核心。物流系统具有创造物品的时间效用、形式效用、空间效用三大效用(或称三大功能)。时间效用主要由仓储活动来实现,形式效用由流通加工业务来实现,空间效用通过运输来实现。运输是物流系统不可缺少的功能。物流系统的三大功能是主体功能,其他功能(如装卸、搬运和信息处理等)是从属功能。而主体功能中的运输功能的主导地位更加凸现出来,成为所有功能的核心。

(2)运输影响着物流的其他构成因素。运输在物流过程中还影响着物流的其他环节。例如,运输方式的选择决定着装运货物的包装要求;使用不同类型的运输工具决定其配套使用的装卸搬运设备及接收和发运站台的设计;企业库存储存量的大小直接受运输状况的影响,发达的运输系统能适量、快速和可靠地补充库存,以降低必要的储存水平。

(3)运输费用在物流费用中占有很大比例。在物流过程中,直接耗费的活劳动和物化劳动所支付的直接费用主要有运输费、保管费、包装费、装卸搬运费和物流过程中的损耗等。其中,运输费用所占的比例最大,是影响物流费用的一项重要因素,是运输降低物流费用、提高物流速度、发挥物流系统整体功能的中心环节,特别在我国交通运输业还很不发达的情况下更是如此。因此,在物流的各环节中,如何做好运输工作,开展合理运输,不仅关系到物流时间占用多少,而且还会影响物流费用的高低。不断降低物流运输费用,对于提高物流经济效益和社会效益都起着重要的作用。所谓物流是企业的"第三利润源",其意义也在于此。

二、交通运输系统的构成

1. 运输业的类型

现代运输业按不同的标准可划分为不同的类型,通常有以下分类方法。

1)按运输对象分类

(1)旅客运输,为实现人的空间位移所进行的运输服务活动,简称客运。

(2)货物运输,为实现物的空间位移所进行的运输服务活动,简称货运。

2)按服务性质分类

(1)公共运输,为社会性运输需求提供服务,发生各种方式的费用结算。

(2)自用运输,为本单位内部工作、生产、生活服务,不发生费用结算,具有非营业性质。

3)按服务区域分类

(1)城市运输,其服务区域范围为一座城市的市区之间,以及市区与郊区之间的运输。

(2)城间运输,其服务区域范围为不同城市间广大地区的运输。

4）按运输工具分类

（1）铁路运输，是以铺设的轨道为移动通路，以铁路列车为运输工具的运输方式。

（2）公路运输，是以城间公路及城市道路为移动通路，以汽车为主要运输工具的运输方式。

（3）水路运输，是以水路（江、河、湖、海等）为移动通路，以船舶为主要运输工具的运输方式。

（4）航空运输，是以空路为移动通路，以飞机为主要运输工具的运输方式。

（5）管道运输，是以管路为移动通路和运输工具的一种连续运输方式。

5）按运输作用与距离分类

（1）干线运输，是利用铁路、公路的干线，大型船舶和飞机的固定航线进行的长距离、大运量的运输。干线运输是运输的主体。

（2）支线运输，是与干线相接的分支线路上的运输。支线运输路程较短、运输量相对较小，支线的建设水平和运输水平往往低于干线，因而速度较慢。

（3）城市内运输，又称末端运输，一般具有运量小、运距短、送达地点不固定且较分散的特点。

2. 运输系统的组成

现代运输系统是由铁路、公路、水运、航空和管道五种运输方式构成的立体化综合系统，交通运输系统结构如图 1-1 所示。

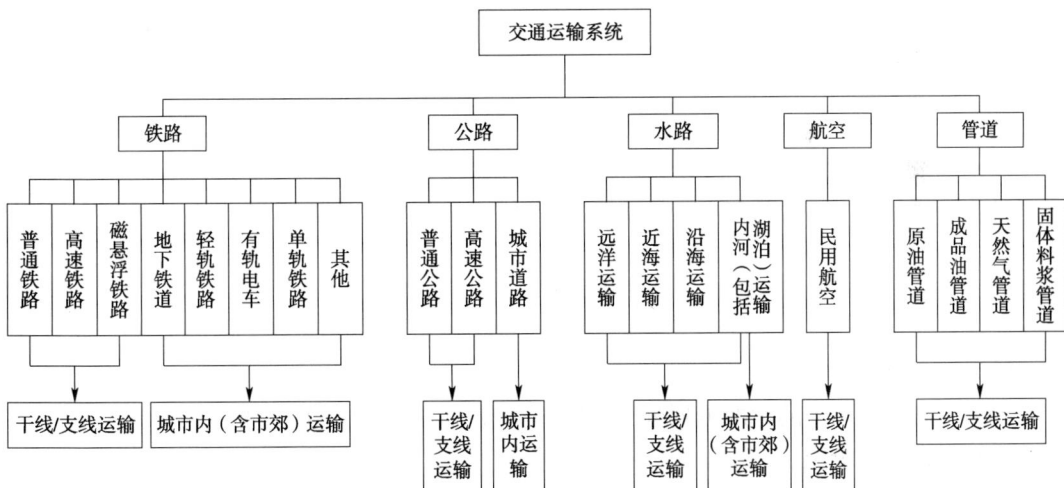

图 1-1　交通运输系统结构图

3. 五种运输方式的特征

1）铁路运输

（1）铁路运输的技术经济特征。

①适应性强：依靠现代科学技术，铁路几乎可以在任何需要的地方修建，可以全年、全天候不停业地运营，受地理和气候条件的限制很少，具有良好的连续性，且适合于长短途旅客和各类不同重量与体积货物的双向运输。

②运输能力大:铁路是大宗、通用的运输方式,能够负担大量的运输任务。铁路运输能力取决于列车重量和每昼夜线路通过的列车对数。每一列车载运货物的能力比汽车和飞机大得多;双线铁路每昼夜通过的货物列车可达百余对,其货物运输能力每年单方向可超过1亿t。

③安全性好:随着技术的发展,铁路运输的安全程度越来越高,特别是在近20年,许多国家铁路广泛采用了电子计算机和自动控制等高新技术,安装了列车自动停车、列车自动操纵、设备故障和道口故障报警、灾害防护报警等装置,有效地防止了列车冲突事故和旅客伤亡事故,大大减轻了行车事故的损害程度。众所周知,在各种现代化的交通运输方式中,按所完成旅客、货物周转量计算的事故率,铁路运输是很低的。

④列车运行速度较高:常规铁路的列车运行速度一般为60~80km/h,部分常规铁路可高达140~160km/h,高速铁路线上运行的列车速度可达210~310km/h。2017年6月25日,由中国铁路总公司牵头组织研制、具有完全自主知识产权、达到世界先进水平的中国标准动车组被命名为"复兴号",它将率先在京沪高铁两端的北京南站和上海虹桥站双向首发,分别担当G123次和G124次高速列车。"复兴号"试验速度可达400km/h,持续运行速度为350km/h。

⑤能耗小:铁路运输轮轨之间的摩擦阻力小于汽车车轮和地面之间的摩擦阻力,铁路机车车辆单位功率所能牵引的质量约比汽车高10倍,因而铁路单位运量的能耗要比汽车运输少得多。

⑥环境污染程度小:工业发达国家在社会及其经济与自然环境之间的平衡受到了严重的破坏,其中交通运输业在某些方面起了主要作用。对空气和地表的污染最为明显的是汽车运输,而喷气式飞机、超音速飞机的噪声污染则更为严重。相比之下,铁路运输对环境和生态平衡的影响程度较小,特别是电气化铁路的影响更小。

⑦运输成本较低:在运输成本中固定资产折旧费所占比重较大,而且与运输距离长短、运量的大小密切相关。运距越长、运量越大,单位成本越低。一般来说,铁路的单位运输成本要比公路运输和航空运输低得多,有的甚至比内河航运还低。

(2)铁路运输的生产组织和经营管理特征。

①车路一体:一般来说,铁路的线路与车辆同属铁路运输企业。因此,铁路建设投资相当庞大,须自行购地、铺设铁路线路和建设站场,购置机车车辆与车站设备等,远非其他运输方式单纯,而且铁路设施的维护费用也相当大。

②以列车为客、货运输的基本输送单元:铁路运输组织的基本输送单元为由若干客车或货车连挂而成的列车及机车组成的旅客列车或货物列车。因此,可大大提高铁路的运输能力,构成大运输的运输通道。

③铁路具有优越的外部导引技术:铁路运输最初采用凸出的钢轨与轮缘,完全是出于设计上的需要,然而这种外部引导技术的发明,在当今仍被认为是交通运输界了不起的成就。铁路因最早使用导引技术,而为实现自动化操纵的发展提供了良好的条件,也促进了铁路运输自动化的发展。

④铁路运输设备的移转:铁路运输设备,如路基、场站、房舍,不仅不能移转,且一旦停业,其所耗资金均不能转让或回收,从而成为沉没成本。

2）公路运输

（1）公路运输的技术经济特征。

①技术经营性能指标好：由于工业发达国家不断采用新技术改进汽车结构，汽车技术经济水平有很大提高，主要表现在动力性能的提高和燃料消耗的降低。动力性能提高，可以保证较高的行车速度和一定的爬坡能力。此外，为降低运输费用，目前世界各国普遍采用燃料经济性能较好的柴油机作动力。

②货损货差小，安全性、舒适性不断提高：随着人民生活水平的提高，货物结构中高价值的生活用品，如家用电器、日用百货、鲜活易腐货物等的比重增加。货物使用汽车运输能保证质量，及时送达。对于高价货物而言，汽车运输成本虽高，但在总成本中所占的比例较小，而且可以从减少货损货差、及时供应市场中得到补偿。随着公路网的发展和建设，公路等级不断提高，混合行驶的车道越来越少，而且汽车的技术性能与安全装置也大为改善。因此，公路运输的安全性也大为提高。此外，由于长途公共汽车结构的不断改进，大大减少了行驶中的振动与颠簸，普遍安装了空调设备及用于缓解旅客疲劳的设备，如音乐、电视等，乘坐环境比较舒适。

③送达快：由于公路运输灵活方便，可以实现"门—门"的直达运输，一般不需中途倒装，因而其送达快，有利于保持货物的质量和提高旅客、货物的时间价值，加速流动资金的周转。快速是乘客对于客运的另一个重要要求。在短途运输时，汽车客运的送达速度一般高于铁路。依托高速公路的长途汽车客运的送达速度，在运距差不多时，也往往高于铁路。此外，公路运输原始投资少，资金周转快，回收期短。汽车购置费低，原始投资回收期短。美国有关资料表明，公路运输的资本每年周转3次，铁路则需3～4年才周转一次。

④单位运输成本较高且污染环境：公路运输，尤其是长途运输的单位运输成本要比铁路运输和水路运输高，且污染环境。

（2）公路运输的生产组织和经营管理特征。

①车路分离：世界各国公路的建设与养护，通常都由政府列入预算，汽车运输企业平时一般不直接负担其资本支出。

②富于活动性：汽车行驶不受轨道的限制，且其一般以车为基本输送单元，故灵活度高，既可作为其他交通运输方式的接运工具，也可以直达运输。

③可实现"门—门"的运输：汽车进入市区、进入场库，既可承担全程运输任务，实现"门—门"的运输，也可以辅助其他运输方式实现"门—门"的运输。

④经营简易：若私人经营汽车运输业，可采用小规模方式，甚至一人一车也可以经营，即使经营失利，也可以转往他处或将车辆出卖。

3）水路运输

水路运输是指由船舶、航道和港口等组成的交通运输系统。按其航行区域，可分为远洋运输、沿海运输和内河运输三种类型。远洋运输通常指无限航区的国际运输；沿海运输指在国内沿海区域各港之间进行的运输；内河运输则指在江、河、湖泊及人工水道上从事的运输。前两种又统称为海上运输。

（1）水路运输的技术经济特征。

①运输能力大：在海上运输中，目前世界上最大的超巨型油船的载质量达70万t以上。

中海亚洲号轮集装箱船箱位已达 8500 TEU(Twenty-foot Equivalent Unit,国际标准箱单位),矿石船载质量达 35 万 t,巨型客轮已超过 8 万 t。海上运输利用天然航道,若条件许可,可随时改造为最有利的航线,因此其运输能力大。在内河运输中,美国最大的顶推船队运载能力超过 5 万~6 万 t。我国顶推船的运载能力已达 3 万 t,相当于铁路列车的 6~10 倍。在运输条件良好的航道,通过能力几乎不受限制。例如,长江干流的上游航道,其单向年通过能力为 3300 万 t,而在宜昌以下的长江中下游,其通过能力则为上游的 10 倍以上。

②运输成本低:尽管水运的站场费用很高,但因其运载量大,运程较远,因而总的单位成本较低。

③投资省:海上运输航道的开发几乎不需要支付费用,内河虽然有时需要花费一定费用以疏浚河道,但比修筑铁路的费用少得多。据初步测算,开发内河航道每公里投资额仅为铁路旧线改造的 1/5 或新线建设的 1/8,而且航道建设还可结合兴修水利和电站,收到综合效益。

④劳动生产率高:由于船舶运载量大,配备船员少,因而其劳动生产率较高。一艘 20 万 t 的油船一般只需配备 40 名船厂员,平均每人运送货物 5000t。

⑤航速低:由于大型船舶体积大,水流阻力高,因此航速一般较低。低速行驶所需克服的阻力小,能够节约燃料,航速增大所需克服的阻力直线上升。例如,航速从 5km/h 增加到 30km/h,所受的阻力将增大 35 倍。一般船舶行驶速度只能达到 30km/h 左右(冷藏船可达 40km/h,集装箱船可达 40~60km/h)。

(2)水路运输的生产组织和经营管理特征。

①便于利用:水路不论经海洋或内河、湖泊,都是自然通路,便于利用,而不像其他运输方式,如铁路、公路,修建与维护费用大。

②不受海洋阻隔:在地理上,铁路列车和汽车遇海洋一般无法越过,船舶则不受海洋阻隔,均能行驶通过。

③创办较容易:水路运输经营规模,可小至一船,航道为天然水上道路,不需支付使用代价,一切岸上设备,也都由政府投资修建;造船或购船,不但可以分期付款,且可抵押贷款;运费可预先收取,故其营运及组织规模可采用逐次扩充方式,且许多国家对于航运业有各种奖励政策,故创办较容易。

④国际竞争激烈:海洋运输具有国际性,船舶航行于公海,可自由式来往,故营运竞争十分激烈。

⑤差异性大:航路因海洋的宽深不同,船舶大小因其性能亦各不相同。此外,物资的流通、船舶的往返与沿线停靠码头的顺序,都有变动的可能性。

4)航空运输

(1)航空运输的技术经济特征。

①高科技性:航空运输的工具主要是飞机,飞机本身就是高科技的象征。先进的飞机是先进的科学技术及其产品的结晶,航空运输系统的每个部门无不涉及高科技领域。可以说,航空运输的发展水平反映了一个国家科学技术和国民经济的发展水平。

②高速性:高速性是航空运输与其他方式相比最明显的特征,现代喷气式飞机的速度一般在 900km/h 左右,比火车快 5~10 倍,比海轮快 20~25 倍。

③高度的机动灵活性:航空运输不受地形地貌、山川河流的限制,只要有机场并有航路设施保证,即可开辟航线。如果用直升机,其机动性更大。

④安全可靠性和舒适性:随着科学技术的发展,空中飞机不如地面交通安全的错误认识正在逐渐被消除。随着宽体波音机的使用,航空运输的舒适性更好地发挥出来了。客舱宽敞、色调和谐、空气清新、噪声小、起降平稳、机内餐食供应质量不断提高,视听娱乐设备先进,地面服务周到,这些都为乘客创造了舒适的旅行环境。

⑤周期短、投资少、回收快:一般来说,修建机场比修建铁路和公路的周期短、投资少,若经营好,投资回收也快。

⑥运输成本高:在各种交通运输方式中,航空的运输成本最高。航空燃油费用是整个航空运输成本中最大的一部分。由于受到国际燃油价格的影响,航空运输成本的波定性较差。

(2)航空运输的生产组织和经营管理特征。

①飞行距离远:现代飞机已实现了超音速,且可飞越高山、大洋,适于长距离的快速运输。

②飞机与机场分离:飞机降落及供旅客、货物上下的飞机场,均由政府修建设置,凡经营航空运输者,只需购置飞机,即可营运。

③适用范围广泛:飞机,尤其是直升机,不但可为旅客、货物运输提供服务,而且还可为邮政、农业、渔业、林业、救援、工程、警务、气象、旅游及军事等方面提供方便。

④具有环球性及国际性:航空运输业属于环球多国籍的运输企业,且具有跨国服务的特征,故须提供国际化的服务与合作关系。为此,国际民航组织制订了各种法规、条例、公约来统一和协调各国航空公司的飞行活动和运营活动。

5)管道运输

管道运输是输送流体货物的一种方式。它随着石油工业的发展而发展,并随着石油、天然气等流体燃料需求的增加而迅速发展,逐渐形成沟通能源产地、加工场所及消费者的输送工具。管道不仅可以修建在一国之内,还可连接国际甚至洲际,成为国际、洲际之间能源调剂的大动脉。

(1)管道运输的技术经济特征。

①运量大:一条管径为720mm的管道每年可以运送易凝高黏原油2000多万吨,一条管径1200mm的原油管道年输油量可达亿吨。

②占用土地少:管道埋于地下,除泵站、首末站占用一些土地外,总的来说占地很少,并可以从河流、湖泊、铁路、公路下部穿过,也可以翻越高山,横穿沙漠,一般不受地形与坡度的限制,易取捷径,因而也可缩短运输里程。此外,由于管道埋于地下,基本不受气候的影响,可以长期稳定运行。

③投资少、自动化水平高、运营费用低:管道输送流体能源,主要依靠间隔为60~70km设置的增压阀提供压力,设备比较简单,易于就地自动化和进行集中遥控。先进的管道增压站已可以做到完全无人值守。由于节能和高度自动化,用人较少,使运营费用大大降低。沿线不产生噪声,漏失污染少,有利于环境保护。从管道投产之日起,管内即充满所输的货物,直到停止,有一部分货物长期积存在管道中,其费用占去部分运输成本。

（2）管道运输的生产组织和经营管理特征。

①生产与运输一体化：管道运输属专用设备运输，其生产与运销混为一体。例如炼油厂生产的产品可经管道直接运送到消费者手中。

②上门服务：管道运输的导管可从工厂经干线、支线，直接运到用户，中间不需要任何间接的搬运，可做到上门服务。

③生产高度专业化：管道运输是在液体类货物运输中最具高度专业化的运输企业，需要安装专门的管道及相关设施。

④作业自动化：管道运输的要素是利用引力及机械力，因此其作业过程的操作均须实现自动化。

4.现代交通运输系统的发展

交通运输是国民经济发展的基础设施和重要支撑，交通运输现代化是国民经济现代化的重要组成部分和必要条件。交通运输现代化就是用先进的工业化技术和新型的信息化技术改造传统的交通运输业，使各种运输方式能够在外部条件的约束下有效衔接、分工协作、优势互补，进而形成一体化的运输系统。该系统一方面能够在管理和技术上充分满足社会经济发展所产生的各种旅客、货物运输需求，另一方面能够实现与资源环境和经济社会的协调、可持续发展。

从我国现实看，改革开放以来，各种运输方式经过 30 多年独立快速发展，基本适应了经济社会发展需要。"十一五"时期是我国交通运输业发展速度最快、发展成效最大、发展质量最好的五年，但同时也积累了一些深层次的矛盾和问题。进入"十二五"时期，交通运输改革全面推进，基础设施保障能力不断增强，旅客与货物运输量持续增长，技术水平大幅度提升。"十三五"时期，我国交通运输发展正处于支撑全面建成小康社会的攻坚期、优化网络布局的关键期、提质增效升级的转型期，将进入现代化建设新阶段。

1）"十二五"期间，我国综合交通运输发展取得的成就

（1）进一步深化体制改革。

2013 年 3 月 14 日，《国务院机构改革和职能转变方案》表决通过，拉开了由交通运输部统筹规划铁路、公路、水运、民航、邮政发展的综合交通运输管理体制改革大幕。很快，铁路管理体制实现政企分开，组建成立了国家铁路局、中国铁路总公司。

五年来，公路建设管理体制改革进一步深化，养护管理体制改革、投融资体制改革等领域取得初步成效。交通运输简政放权和职能转变成效明显，取消或下放了 37 项行政审批事项。交通运输法规体系更加健全，制修订了一系列交通运输法律法规条例，法治政府部门建设积极推进。

（2）运输网络更加优化。

2014 年，铁路、公路、水路完成固定资产投资超过 2.5 万亿元，其中公路、水路固定资产投资"十二五"前四年平均增速超过 6%，有力支撑了经济平稳增长。

在投资拉动下，全国交通运输基础设施日新月异。截至 2014 年年底，全国铁路营业里程达到 11.2 万 km，其中，高铁运营里程 1.6 万 km，位居世界第一；公路总里程 446.39 万 km，其中，高速公路里程 11.19 万 km；万吨级及以上码头泊位 2110 个，内河等级航道里程 6.54 万 km，民航运输机场超过 200 个，轨道交通运营线路总长度 2816km，邮路总长度达到

630.56 万 km。初步形成我国"五纵五横"的综合交通运输网络。

基础设施网络结构的进一步优化,使交通运输基本公共服务均等化水平显著提升。

西部地区高铁从无到有,中西部地区交通条件显著改善,通过深入实施西部大开发、东北振兴、中部崛起、东部率先发展的区域差异化发展政策,着力强化"三大战略"与"四大板块"统筹发展的叠加效应,各区域各种运输方式形成了优势互补、分工协作、联动发展的生动局面。

五年来,集中连片特困地区 654 个乡镇和 4.2 万个建制村的"出行难"问题得到解决,95% 的乡镇和 81% 的建制村开通了班车,越来越多的地区告别了不通铁路、高速公路、民航的历史;8440 个空白乡镇补建邮政局所全部运营,邮政服务总体实现乡乡设所、村村通邮……综合交通运输发展构筑了一条条脱贫致富奔小康的"康庄大道"。

(3)运输服务安全高效

"十二五"期,我国客货运量持续增长,运输服务水平整体提升。

从量上看,2014 年,全国铁路完成旅客发送量 23.57 亿人次、旅客周转量 11604.75 亿人次,分别比 2010 年增长 40.6% 和 32.4%;城市客运系统运送旅客 1315.66 亿人次,其中快速公交(BRT)客运量 14.76 亿人次,比上年增长 34.7%;全国港口完成外贸货物吞吐量 35.9 亿 t、集装箱吞吐量 2.02 亿标箱,比上年增长 6.9% 和 6.4%;全国民航完成旅客运输量 3.9 亿人次、货邮运输量 594.1 万 t,比上年分别增长 10.7% 和 5.9%。

从质上看,全国建成一批集铁路、公路、水运、民航等多种运输方式于一体的综合客运枢纽,各种运输方式衔接效率明显提高。主要城市间旅客列车运行时间大幅度缩短,公路营运客车高档化、舒适化趋势明显;城市轨道交通、快速公交系统加快发展;民航客运网络规模持续扩大;铁空、空巴等联程运输服务模式不断推出。

综合交通运输的蓬勃发展,不仅使群众有了更多获得感,也加快了货运转型升级的步伐。

2)新时期加快发展我国现代化交通运输的途径

根据国家"十三五"综合交通运输目标发展规划,到 2020 年,全国基本形成安全、便捷、高效、绿色的现代综合交通运输体系,基础设施衔接顺畅、运输服务便捷高效、科技信息先进适用、资源环境低碳绿色、安全应急可靠高效、行业管理规范有序,为全面建成小康社会提供强有力的交通运输保障,为维护国家利益和拓展我国国际发展空间提供交通战略支撑。为此,新时期交通运输现代化的推进应该将结构调整、技术进步、绿色环保作为中心问题解决。

(1)合理安排交通运输设施的区域布局,确保协调发展。

我国中西部地区特别是西部地区地域广大,少数民族众多,资源极为丰富,对我国来说具有重要的战略意义。但是长期以来,由于交通比较落后,该地区的经济发展受到了严重制约。因此,中央及地方政府按照"扩大成果、完善设施、提升能力、统筹城乡"原则,着力改善中西部地区和老少边穷地区交通运输基础设施条件,加大农村公路养护的财政投入力度,完善农村公路养护公共财政投资体制和运行机制,进而实现农村公路管理与养护的规范化、常态化;统筹城乡客运资源配置,推进城乡客运一体化,稳步提高农村客运班车通达率,鼓励城市公交向城市周边延伸覆盖。

（2）深化科技创新和信息化建设。

按照"十二五"规划中提出的"加强技术创新,发展高科技"的要求,经过 10 余年的快速发展,我国交通运输紧张状况总体缓解,瓶颈制约基本消除。到 2015 年,初步形成涵盖公路水路民航邮政的安全畅通、便捷绿色的交通运输体系,交通运输科技贡献率达到 55%。据科技部、交通运输部联合印发的《"十三五"交通领域科技创新专项规划》中提出,在轨道交通、道路交通、水运交通、空中交通、综合交通运输与智能交通等领域,力争在 2020 年前实现相应目标,大力发展高效能、高安全、综合化、智能化的系统技术与装备,形成满足我国需求、总体上国际先进的现代交通运输核心技术体系。

提高信息化水平,着力抓好交通运输管理系统、信息服务系统和应急保障系统建设,到"十二五"末,公众出行信息覆盖率达到 75%。"十三五"期,公众出行服务需求向多层次、个性化、高品质方向升级。与此同时,针对我国部分运输装备大量依赖进口,造价成本昂贵的现状,应该特别注意大力发展运输装备国产化,加大对关键技术的研发力度,使国内的先进的技术装备发展早日走上产业化的道路。

（3）推进绿色交通运输体系建设。

为应对气候变化,我国公布了到 2020 年单位国内生产总值二氧化碳排放比 2005 年下降 40%~45% 的目标,这对交通运输节能减排提出了更高要求。交通运输相关部门及交通运输企业要充分考虑资源环境承载力,把推进交通运输现代化与建设生态文明有机统一起来,积极发展低碳交通运输体系,开展低碳交通城市试点工作,鼓励混合动力、替代燃料运输工具的发展,促进能源消费结构优化升级,探索建立绿色交通发展机制,发展循环经济,推广应用节能环保新技术、新装备、新工艺,淘汰落后工艺,进一步提高交通运输的可持续发展能力,将其建设成为资源节约型和环境友好型行业。

（4）加快交通运输结构调整,深化综合运输体系建设。

交通运输主管部门应根据居民出行量、出行目的、交通设施现有和未来发展情况,合理调整交通运输结构,充分发挥各种运输方式的优势,促进综合交通运输体系的建设。一方面,继续推进运力结构调整。随着我国高速公路网的逐步形成和民用航空事业的发展,在货物运输结构中应逐步扩大公路和民航的份额。与此同时,还应优化客运交通结构,大力发展城市公共交通,增加公共汽车运营里程,提高公共汽车运营车况和服务质量。

另一方面,深化综合运输体系建设。"十二五"规划中提出的第一条就是继续强化综合运输大通道建设,深化"五纵五横"综合运输大通道建设,重点建设现代化综合交通枢纽,到 2020 年,要基本形成现代化的综合运输体系,综合交通网规模为 338 万 km 以上(不含空中、海上航线、城市内道路和农村公路村道里程,县级以下道路都属乡村道路,占整个公路运输的 70% 左右)。

（5）全面推进管理体制改革,转变政府职能。

发展现代化交通运输,就要加大力度推动政府交通管理体制的创新,加快政府交通管理体制的转变,完善体制机制,提高管理的效能。一方面,加强对整个交通运输行业的行业管理,改善对交通行业的宏观调控和管理,鼓励和引导行业的经济活动由粗放经营向集约经营转变;另一方面,交通运输业应按照市场经济的法则,引入竞争机制,加速政企分开,将政府的资产监管职能与经营职能相分离,经济管理职能与资产所有者职能相分离,使其成为交通运输市场秩序和消费者利益的维护者,进而促使运输企业真正成为自主经营、自我约束、自我发展的市场经营主体。

交通运输现代化是国民经济现代化的重要组成部分和必要条件,发展现代化交通运输是一项系统工程,需要中央和地方、各个部门之间的配合。新时期,对于我国交通运输业来说,机遇与挑战并存,机遇大于挑战。因此,我们要抓住机遇,认真研究发展现代化交通运输过程中所面临的各类热点和难点问题,运用合理科学的方法予以解决,进而保障我国交通运输行业的健康、可持续发展。

第二节 运输组织概述

一、运输组织的内涵

为什么要进行运输组织?运输系统是各种运输方式在社会化的运输范围内和统一的运输过程中,按其技术经济特点组成的分工协作、有机结合、连接贯通、布局合理的运输综合体系。首先,运输组织是在多种运输方式的基础上组建起来的。随着经济和社会的发展以及科学技术的进步,运输过程由单一方式向多样化发展,运输工具由简陋向现代化发展,人流和物流移动的全过程往往要使用多种运输工具才能实现。因此,运输生产社会化要求把多种运输方式组织起来,形成统一的运输过程。所以,运输组织系统是运输生产力发展到一定阶段的产物。其次,运输组织把各种运输方式通过运输过程本身的要求联系起来。这就是各种运输方式在分工的基础上,有一种协作配合、优势互补的要求,即运输生产过程要求各种运输方式在各个运输环节上实现连接贯通以及各种交通运输网和其他运输手段实现合理布局。从运输业发展的历史和现状看,各种运输方式一方面在运输生产过程中存在着协作配合、优势互补的要求;另一方面在运输市场和技术发展上又相互竞争。这两种要求交织在一起,形成运输组织体系由低级向高级发展的态势。

什么是运输组织呢?运输组织是在运输企业的生产和经营实践中发展起来的关于运输资源合理配置和利用的理论和技术。

从运载工具运用的角度看,有车辆和船舶的货物配载问题,有特殊货物运输条件的确定和安全运输问题;从运输港站工作的角度看,有运输动力、线路、作业站台、仓库货位和装卸机械等设备配置问题与运输技术作业流程的组织管理问题;从运输网络运用和管理的角度看,有交通流的组织调整和动态监控,确保系统安全、畅通和交通高效有序的问题;从运输企业生产和经营的角度看,有运输市场调查、客流和货流组织以及运输产品设计的问题,运输设备综合运用和运输生产过程优化组织的问题;从整个综合运输系统的角度看,有各种运输方式的布局和运输协作配合问题等,这些都是运输组织所要面临和解决的问题。随着运输需求的不断发展,从运输组织的角度,即运输资源合理利用的角度,需要对运输设备和运输管理系统合理布局和建设,实现运输资源的动态合理配置,这也是运输组织所要研究和解决的重要理论和技术问题。

总而言之,运输组织是以研究运输生产过程中生产力诸要素和各环节、各工序的整体结合为研究对象,系统地研究运输组织理论、形式、方法、手段和制度,寻求有效的组织途径和措施,实现运输生产力诸要素的最优结合和各环节、各工序的紧密配合,形成有序、协调、均衡、连续的整体运动,争取以一定的劳动消耗,获得最高的运输效率、最好的服务质量和最佳的经济效益,以发展各种运输方式的生产力,充分发挥其最大效力,满足社会对运输服务的需求。其核心问题是运用现代科学管理方法,组织旅客、货物和运输工具在空间上和时间上进行有效的结合,提高运输生产能力和服务质量。

二、运输组织的重要性

在市场经济条件下,各种运输方式按照其自身技术经济特征,在服务社会化的过程中,形成分工协作、有机结合、连接贯通、布局合理、竞争有序、运输高效的现代化运输系统,并在按照市场需要整合、配置运输资源的条件下,通过合理的管理与组织,最大限度地发挥各种运输方式的单个及组合优势。运输组织的作用可以归结为以下几个方面:

(1)运输组织能有效地协调运输能力与运量的平衡。在运输组织系统的生产过程中,运输企业根据运量情况,对本企业的运力进行合理的调度,并与其他运输企业进行有效的运力调剂,以协调运力与运量的平衡,提高整个交通运输体系的社会、经济效益。运输组织通过制订运输方案,能保证运输工具的高效运行,从而提高交通运输业的微观经济效益。

(2)运输组织能够统筹安排,有效地保证运输生产中的协作。对于一次运输任务的完成过程而言(以货物运输为例),从货物的托运到交付,整个过程都在运输组织系统范围之内,在这些过程中,运输部门与货主部门、运输部门内部相关的各运输生产单位之间,可以通过一定的组织形式,共同协作完成这一运输任务,并提高运输的效益。

(3)运输组织能有效克服运输体系内的薄弱环节,提高整个运输系统运转的灵活性、高效性。如在运输系统中,对于压车、压港严重的枢纽,可以增加集疏运转能力,改善运输体系中的"瓶颈"部位,避免因个别环节不能高效运转而降低整个交通运输体系的运转效益的现象。

(4)运输组织有利于促进综合运输规划工作和综合运输管理工作的进一步改善和提高。运输组织工作能够对综合运输规划工作和综合运输管理工作的好坏进行检验和评价,将检验和评价的结果进行反馈,对我们今后工作的开展具有重要的参考价值,对于改善以后的工作具有重要的实践指导作用。

三、运输组织的原则

运输组织的基本原则主要体现在以下四个方面。

1.连续性

作为一个具有强烈服务性的物质生产活动,运输组织有其独特的生产过程,这个过程可视作改变旅客或货物所在地(即位移)的全部生产活动,或者说,就是从准备运输旅客、货物开始,直到将旅客和货物送至目的地为止的全部生产过程。它的基本内容是人们的劳动过程,即运输企业的劳动者运用车辆、装卸机械、站场库房等劳动工具,使旅客、货物等服务对象按照预订的目的和要求,完成其位移的过程。因此,运输组织具有连续性,连续性是指各个生产环节、各项作业工序之间,在时间上能够紧密地衔接和连续地进行,不发生各种不合理的中断现象。也就是说,旅客或货物在运输过程中,经常保持相对的运动状态,没有或者很少有不必要的停留和等待现象。

连续性是获得较高劳动生产率的重要因素。它可以缩短旅客、货物的在途时间,提高运送速度;可以有效地利用车辆、设备和站房,提高运输效率;可以提高经营管理水平,改善运输服务质量;可以加速物资部门流动资金的周转等。

为了提高运输组织的连续程度,应尽量采用先进的技术,努力提高运输过程机械化、自动化水平。但是,在一定的生产技术水平条件下,必须谋求组织工作的科学性和合理性,优越的技术条件与先进的组织方法相配合,才能获得理想的效果。

2. 平行性

平行性是指各个生产环节、各项作业工序之间,在时间上尽可能平行地进行。平行性是运输过程连续性的必然要求。对于可以平行进行的生产环节或作业工序,如没能同时进行,就会影响运输组织的联系性。因此,运输组织的平行性,能保证在同一时间内更有效地进行生产活动,从而大大提高旅客或货物的运送速度,加快车辆的周转,并为连续生产创造有利的条件。

平行性能减少运输所需要的延续时间。在确定有关生产活动平行作业之前,应对各个生产环节或作业工序做专门性的调查研究,分析各项作业的具体内容和完成作业所需要的时间,选定可以平行进行作业的项目并加以合理组织。当然,不合理的过分追求平行性,会使运输组织工作复杂化。因此,谋求运输组织的平行性,应从实际出发,具体分析。

3. 协调性

协调性是指通过运输组织使各个生产环节、各项作业工序之间,在生产能力上要保持适当的比例关系,即他们所配备的工人数量、车辆数及其吨(座)位、机器设备的生产能力,必须互相协调,不发生不配套、不平衡、相互脱节的现象。这是现代化大生产的客观要求,也是劳动分工与协作的必然要求。运输组织的协调性可以提高车辆、机械、设备的利用率和劳动生产率,保证运输组织的连续性。

在日常生产活动中,由于旅客与货物流的变化、运输组织工作的改善、工人熟练程度的提高等因素,都会使各生产环节、作业工序之间生产能力的比例发生相应的变化。因此,在一定的技术条件下,运输组织的协调在很大程度上取决于运输组织工作的水平。抓好各个生产环节和各项作业工序间的平衡工作,及时调整各种比例失调的现象,保证运输组织的协调性,是运输组织工作的一项重要内容。

4. 均衡性

均衡性是指在运输组织中要注意使各个生产环节、各项作业工序之间,在相同的单位时间内,完成大致相等的工作量或实现工作量稳步递增,使车队、车站、车间的作业量能保持相对稳定,不出现时松时紧的不正常现象。运输组织的均衡性,有利于企业保持正常的生产秩序;有利于充分利用车辆、机械、设备的生产能力,并使其及时得到保修、更新和改造;有利于运送安全和货物完好,确保运输服务质量;有利于运输部门和物资部门进行均衡生产,如期完成计划规定的生产任务等。

当然,我们要求的均衡性并不是绝对的,在个别时期、个别地点,对个别环节和作业进行临时性的突击是难免的。但从整个运输组织工作出发,应力求达到生产的均衡性。

第三节　运输组织的发展趋势

随着社会经济的快速发展,运输技术的不断进步以及人们对运输要求的不断提高,同时也基于运输企业自身的经济效益和运输行业的可持续发展,从运输生产经营方式、运输管理模式、运输组织形式等方面看,运输组织正面临着深刻的变革。

一、货物运输业已进入综合物流时代

纵观世界交通发达国家的发展历程,基本是在 20 世纪 70 年代左右进入各种运输方式的协同发展时期,由单一运输方式各自发展逐步走向综合交通运输发展是一条普遍规律。运输业进入综合物流时代标志着运输业摆脱了孤立的、从系统经济效益考虑问题的传统观念和运作方式,真正成为以市场为导向、以客户服务为宗旨,集约化经营、寻求系统总体效益最大化的、适应未来社会经济发展需要的新服务。

二、信息技术得到广泛应用

交通运输业一直与信息业联系密切。计算机技术、通信网络技术、GIS/GPS 技术、传感器技术、EDI 技术等最新信息技术的应用,进一步提升了运输体系的现代通信、监控管理、组织指挥和数据交换与处理系统的功能。

例如,我国自行研制的全球卫星导航系统,中国北斗卫星导航系统(BeiDou Navigation Satellite System, BDS)是继美国全球定位系统(GPS)、俄罗斯格洛纳斯卫星导航系统(GLO-NASS)之后第三个成熟的卫星导航系统,在我国交通运输管理中发挥着重要作用。利用北斗提供的短报文功能,可以将交通系统中主要关键设备进行位置标识,利用这些信息规范智能交通产品及其工程设施的管理和检修工作。利用北斗卫星导航系统独有的短报文通信功能,通过卫星导航终端设备可实时对运输车辆进行定位, 便于运输公司掌握车辆的实际情况及分布状态。当车辆遇到事故时能及时向控制中心报告所处位置和故障情况,有效缩短救故障定位时间,提高抢修时效。此外,北斗导航系统可以迅速地提供及时、准确、可靠的实时交通信息,为陆路全方位的交通运输情况进行很好的了解,并提供良好的通行依据。加上GPRS 网络技术逐步完善,在此基础上搭建的平台可以自由、快速地供应需求信息 。

三、采用先进的运输组织形式

先进的运输组织形式主要包括联合运输、甩挂运输、集装箱运输等。采用先进的运输组织形式,对于提高运输效率、降低运输成本、促进节能减排,起着十分重要的作用。

多式联运是综合运输思想在运输组织领域的体现,是综合性的运输组织工作。这种综合组织是指在一个完整的货物、旅客运输过程中,不同运输企业、不同运输区段、不同运输方式和不同运输环节之间的衔接和协调组织。多式联运的产生打破了传统的不同运输方式、不同运输企业独立经营、独立组织的运输局面,把不同运输方式的运输线路、运输枢纽,各种运输企业及运输服务企业连成了一个不可分割的整体。作为一种先进的运输组织形式,以其便捷、灵活、稳定等优越性充分发挥了联运链条上不同运输方式、不同运输企业的内在优

势,实现了运输产品的完整性和高效率。随着"一带一路"倡议的推进,全球多式联运重心正向我国转移。同时,我国制造业重心也在西移,加快向西、向南开放所衍生出的长距离货物运输需求,正吸引着多方力量进入该领域,我国多式联运将迎来快速发展的"黄金十年"。

甩挂运输是指汽车列车按照预定的计划,在各装卸作业点甩下并挂上指定的挂车后,继续运行的一种组织方式。据中国产业调研网发布的《2017—2022年中国甩挂运输行业研究分析及发展趋势预测报告》显示,甩挂运输是提高道路货运和物流效率的重要手段,其早已成为欧美和日本等发达国家和地区的主流运输方式。汽车甩挂运输适宜于运量规模较大、网络化经营的货物运输企业。随着我国促进甩挂运输相关政策和实施设施设备等各方面条件的具备,甩挂运输将会得到长足的发展。我国开展的一些甩挂试点项目实践表明,甩挂运输平均运输成本可降低30%以上。

集装箱运输是指以集装箱为载体,将货物集合组装成集装单元,以便在现代流通领域内运用大型装卸机械和大型载运车辆进行装卸、搬运作业和完成运输任务,从而更好地实现货物"门—门"运输的一种新型、高效率和高效益的运输组织方式。集装箱运输是对传统的以单件货物进行装卸运输工艺的一次重要革命,是当代世界最先进的运输工艺和运输组织形式。2016年度,全球集装箱运力增速约为1.5%。近十几年来,在外贸新一轮高速增长、集装箱化率提高和集装箱港口建设加速三大因素推动下,我国集装箱市场空前繁荣。香港、上海、深圳、青岛等港口集装箱运输量逐年增加,我国的集装箱运输已经进入世界四强之列。

四、快速运输和直达运输越来越受欢迎

快速运输和直达运输是近半个世纪以来运输组织发展的一个重要趋势。快速运输就是通过提高运输工具的运行速度,同时缩短运输过程中各环节的作业时间,从而缩短旅客和货物的在途时间,提升运输的时间效益。

就公路运输而言,随着高速公路网的建立,我国公路快运发展迅速,使得人们的出行变得更加方便、快捷和舒适,货物运输变得更加顺畅。公路快速客运800km当日到达,400km当日往返已成为现实;在保证货物从发货人运到收货人的前提下,公路快速货物运输干线距离在1600km以内的48h能运达;在3000km以内的72h能完成全过程。国外公路快速货物运输已经相对成熟和稳定,具有很高的水平,形成了一些以Fedex(美国联邦快递有限公司)、UPS(美国联合包裹速递服务公)、TNT(澳大利亚天地快件有限公司)、日本的宅急便为代表的品牌企业。公路快速货物运输以其快速、经济、安全、便利的运输服务,已成为发达国家道路货物运输的主要方式。

铁路作为一种经济的、大运量的交通工具,在许多国家的经济生活中占有非常重要的地位,并为本国经济和社会的发展做出了重大的贡献。随着高速铁路技术的不断发展,高速铁路在世界范围内正呈现出蓬勃发展的强劲势头。

直达运输是指把商品从发运地直接运达接收地,中途不需要换装和在储存场所停滞,而且力求运输距离最短的一种运输方式。直达运输可以减少商品的周转环节,取消商品的迂回、对流等不合理运输,从而提高送达速度,减少商品的损耗,节俭运输费用。例如,重庆至欧洲国际铁路直达运输全程所需时间约13天,而原来重庆货物借助中转编组采用铁路运输

则要 39 天, 节约了 26 天。直达运输的水平是一个国家运输组织水平的重要标志。

五、积极开展绿色运输

运输业的发展促进了经济的发展, 但运输业发展的同时也给社会带来了负面影响, 如车辆噪声、污染排放。绿色运输是指在运输组织过程中, 抑制运输对环境造成的危害的同时, 实现对运输环境的净化, 并使运输资源得到充分的利用, 以保证运输与社会经济和资源环境之间的和谐发展。

为了减少运输活动对环境的污染和节约运输资源, 在运输组织过程中, 可通过集约现有资源、优化资源配置, 合理选择运输方式、运输工具和运输路线, 改善运力结构, 改进内燃机技术和使用清洁燃料, 使用先进运输组织形式等措施来实现。

六、运输企业组织及管理水平提高

大中型汽车运输企业为提高服务质量和管理水平, 一般均广泛采用了现代化通信和计算机技术作为运输组织和管理的手段。在日常管理方面, 一般都建立了生产经营、车辆调度、保养维修、人事劳资、财务统计等方面的计算机管理信息系统, 以提高工作效率和决策的科学性。在车辆调度方面, 广泛采用了车载通信技术, 一些大公司甚至采用了卫星通信以及 GPS 技术, 以及时、准确地掌握车辆动态, 对车辆进行科学调度, 减少空驶里程, 提高运输效率。在运输服务方面, 一些大公司利用条形码技术将货物的品名、规格、数量、收发货人及地点等信息输入计算机, 通过 EDI 实现计算机异地信息的传输, 建立起货物追踪系统, 以便货主及时了解所托运货物的动态。

在长途运输组织方面, 实行昼夜行车运输组织制度。自货自运以及小型企业和个体运输往往一辆车配备两名驾驶员, 采取轮流驾驶的方式(驾驶室内备有卧铺供驾驶员休息)。大中型营业性运输企业一般采用在中途更换驾驶员的方式, 一种方法是车辆开到中途后, 会有新的驾驶员将原来的驾驶员换下来, 将车开到下一站或终点; 另一种方法是两辆车对开到中点后, 互换驾驶员, 驾驶员将互换的车辆送至终点。通过上述运输组织方式, 既保证了驾驶员得到合理的休息, 又大大提高了车辆的利用效率, 满足了货物快速直达的需要。

除上述新趋势外, 运输组织的集约化、标准化, 运输工具的重载化、专门化也属于运输组织的发展趋势。集约化是现代企业提高效率与效益的基本取向, 集约化的"集"就是指集中, 集合人力、物力、财力、管理等生产要素, 进行统一配置; 集约化的"约"是指在集中、统一配置生产要素的过程中, 以节俭、约束、高效为价值取向, 从而达到降低成本、高效管理, 进而使企业集中核心力量, 获得可持续竞争的优势。集约化经营的优势之一是规模效益, 是一种"高投入、高产出、高效益"的经营组织方式。

标准化在行业发展中具有基础性、战略性和系统性的作用和特点, 对运输行业提质、增效、升级起重要作用。在经济全球化条件下, 标准化作为创新技术产业化、市场化的关键环节, 成为经济、科技竞争的制高点。运输组织的标准化主要涉及三个方面: 基础性标准化、现场作业标准化、信息标准化。

思考与练习

1. 什么是交通运输？交通运输业划分为哪些类型？
2. 五种基本运输方式各有什么特点？其适用范围如何？
3. 简述运输组织的概念及其内涵。
4. 简述运输组织的基本原则。
5. 简述运输组织的发展趋势。

第二章 公路运输组织与管理概述

生产过程是一个多环节、多工种的联合作业系统,是实现社会物流和客流不可缺少的、重要的服务过程。现代化的运输生产需要具备现代化的运输通路、港站和运载工具等设施设备。客运运输对象不同,其运输生产过程也不相同。掌握客货运输生产过程的作业流程,了解运输生产要素,熟悉运输生产的服务环境,是科学化、规范化地开展运输生产活动,实施高效运输组织的基础。

第一节 公路运输生产过程概述

现代社会的运输活动主要由提供运输服务的专门的运输企业来完成。运输过程主要包括两大组成部分:运输用户与运输企业之间的运输商务过程;运输企业运送旅客和货物的运输生产过程。

运输商务过程其实是由运输用户与运输企业之间,围绕运输服务需求和运输服务质量及价格,明确双方的权利及义务进行交易并最终形成契约关系、订立运输合同的过程。

运输生产过程,则是运输企业履行上述契约要求,提供相应的运输产品和服务,将运输对象从始发地送达目的地的过程。这一过程是在运输系统内部,借助一定的运载工具,并综合运用相关技术设备和人力资源,组织有关部门和环节的协调和配合,实现运输对象的运送过程及其相关的技术、经济和安全管理过程。

运输过程,无论是运输商务过程还是运输生产过程,都是由一定时间和空间中各个相互衔接和有序配合的作业所组成。表征运输过程的全部或部分作业之间的时空关系和逻辑关系的有向进程,称为运输流程或运输作业流程。

一、公路运输生产过程的构成

公路运输生产过程由 3 个相互关联、相互作用的部分构成,即运输准备过程、基本运输过程和辅助运输过程。

1. 运输准备过程

运输准备过程又称运输生产技术准备过程,是旅客、货物进行运输之前所做的各项技术性准备工作。有些工作需要在运输前进行较长时间的准备,如运输经济调查与运输工作量预测、营运线路的开辟、营运场站的设置、运力配置、运输生产作业计划安排等;有些工作是经常性、不间断地进行的准备工作,如出车前的车辆技术状况检查、货源调查与组织、承运业务办理等。

2. 基本运输过程

基本运输过程是运输生产过程的主体,是指直接组织货物或旅客,从起运地至到达地完成其空间位移的生产过程。在客运方面,包括检票、行李包裹装载、旅客上车座位组织、车辆负载运行、中途站旅客及其行李上下车、终点站旅客及其行李下车等作业过程;在货运方面,包括货物装车、车辆负载运行、中间站卸货和终点站卸货等作业活动。

　　3. 辅助运输过程

　　辅助运输过程是指为保证基本运输过程正常进行所必需的各种辅助性生产活动。辅助运输过程本身不能直接构成旅客、货物的运输位移,它主要包括运输车辆、装卸设备、承载器具及专用设施的维护与修理工作,燃料、润滑油、轮胎等的组织供应与保管工作,运输劳务组织工作,代办保险,小件物品寄存、茶水供应及旅行用品供应等站务工作。

　　上述 3 项作业环节,是构成公路运输生产过程所必需的主要作业环节。其中又以基本运输过程作为基本运输工作环节,即在运输生产经营中可获得营运收入的有效运输工作环节,其余两项运输过程需围绕基本运输过程的各类需要,科学、及时地进行组织,以使基本运输过程与客流过程、物流过程的各个功能环节有机地协调起来,以保证公路运输生产过程的正常进行,使得运输生产过程的服务质量得以提高。

二、基本运输过程的构成

　　1. 基本运输过程各构成环节

　　公路车辆运输过程,即利用汽车或汽车列车运送旅客或货物的工作过程。其主要环节包括以下几个方面:

　　(1)准备工作:向起运点提供运输车辆(空车或空位)。

　　(2)装载工作:在起运地点进行货物装车或旅客上车。

　　(3)运送工作:在路线上由运输车辆运送货物或旅客。

　　(4)卸载工作:在到达地点卸载或下客。

　　如图 2-1 所示,汽车由车场 P 空车开往起运点 A 准备装货(上客),这时完成一段空车行程。在 A 点装货(上客)结束后,将货物(旅客)运往 B 点,这时它完成一段重载行程,然后在 B 点卸货(下客)。这样,汽车自 P 点出发开始,至到达 B 点卸载(下客)完毕止,完成了一次运输工作。

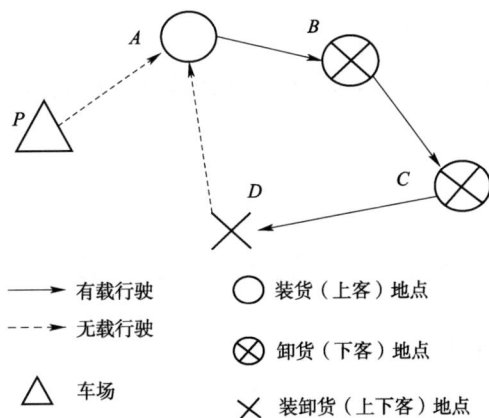

图 2-1　公路车辆基本运输过程

2.基本概念

(1)运次。通常将包括准备、装载、运送及卸载几个工作环节在内的一个循环的运输过程称为运次。运次包括完整循环过程(存在准备工作环节)的运次和不完整循环过程(缺乏准备工作环节)的运次两种情况。如图 2-1 所示,若在 D 点卸载或下客完毕后,又在原地装载或上客,然后运送至目的地 A 点卸货或下客,也构成一个运次,但由于从 D 点到 A 点的运输过程中缺少了准备工作阶段,称为不完整循环过程的运次。

(2)车次。如果在完成运输工作的过程中,车辆自始点行驶到终点,途中存在车辆停歇并存在货物装卸或旅客上下,则这一运输过程称为车次或单程。在一个车次中,为了货物装卸或旅客上下的中途停歇,可能只有一次,也可能有多次。在一个车次中每经历一次中途停歇,便经历了一个运次。因而一个车次是由两个或两个以上的运次组成。

运次与车次分别是两种不同运输过程的计量单位,运次适用于直达运输过程,车次适用于沿途有"收集"和"分散"的运输过程。

(3)周转。若车辆在完成运输工作过程中,又周期性地返回到第一个运次的起点,那么这个运输过程称为周转。一个周转可能由一个运次或几个运次组成,周转的行车路线,习惯上称为循环回路。

(4)运量。汽车运输在每一运输过程中,所运送的货物重量称为货运量,所运送的旅客总人数称为客运量。货运量和客运量统称为运量。运量是衡量汽车运输工作成果的一项重要的统计指标。

(5)周转量。运量与相应货物或旅客被移动的距离的乘积,通常称为周转量,其计量单位是 t·km 或人·km。换算周转量,是指将旅客周转量按一定比例换算为货物周转量,然后与货物周转量相加成为一个包括旅客、货物运输的换算周转量指标。它综合反映了各种运输工具在报告期实际完成的旅客和货物的总周转量,是考核运输业的综合性的产量指标。计算公式为:

$$换算周转量 = 货物周转量 + 旅客周转量 \times 客货换算系数$$

在汽车运输中换算周转量:

$$1 换算吨 \cdot 公里(t \cdot km) = 1t \cdot km = 10 人 \cdot km \tag{2-1}$$

$$运输工作量 \begin{cases} 运量 \begin{cases} 货运量(t) \\ 客运量(人次) \end{cases} \\ 周转量 \begin{cases} 吨 \cdot 公里(t \cdot km) \\ 人 \cdot 公里(人 \cdot km) \end{cases} \end{cases}$$

图 2-2　运量、周转量和运输工作量关系

(6)运输工作量。将汽车运输完成的运量及周转量统称运输工作量,亦称为运输产量。故运输工作量或产量分别包括运量和周转量两种指标,而不是指运量和周转量之和。运量、周转量和运输工作量三者的关系如图 2-2 所示。

第二节　公路运输生产要素

运输生产要素是指运输生产所必须具备的基本因素,主要包括运载工具、运输通路和场站设施、运输对象(旅客与货物)、动力、通信等。

其中,运输工具亦称活动设备,是运输对象(旅客和货物)的承载体和形成动态交通流的基本单元。运输线路是运载工具的载体,为提高运载工具的通达性,运输线路一般呈网状布

局,线路之间的交叉点形成交通节点。而在大城市和区域经济中心,各种运输方式的结合部,多形成交通枢纽。以运输线路和交通枢纽为主体,构成运输的固定设备。

一、交通运输线网与通道

1. 交通运输线路

交通运输线路是指运载工具可以在其中运行的设备,如铁路线、公路线、水运航道等,是完成运输任务必不可少的基础设施。

运输线路是连接始发地和到达地,供载运工具定向移动的通道。在现代运输系统中,运输线路包括自然形成的海运航道、空运航线和人工修建的公路、铁路、管道、运河等。我国《公路工程技术标准》(JTG B01—2014)根据公路的使用任务、功能和适应的交通量,将公路分为高速公路、一级公路、二级公路、三级公路、四级公路五个等级。

(1)高速公路为专供汽车分向、分车道行驶,全部控制出入的多车道公路。高速公路的年平均日设计交通量宜在15000辆小客车以上。

(2)一级公路为供汽车分向、分车道行驶,可根据需要控制出入的多车道公路。一级公路的年平均日设计交通量宜在15000辆小客车以上。

(3)二级公路为供汽车行驶的双车道公路。二级公路的年平均日设计交通量宜为5000~15000辆小客车。

(4)三级公路为供汽车、非汽车交通混合行驶的双车道公路。三级公路的年平均日设计交通量宜为2000~6000辆小客车。

(5)四级公路为供汽车、非汽车交通混合行驶的双车道或单车道公路。双车道四级公路年平均日设计交通量宜在2000辆以下;单车道四级公路年平均日设计交通量宜在400辆小客车以下。

2. 交通运输通道

1)交通运输通道的基本概念

交通运输通道(简称通道)也称交通走廊,是伴随交通运输通道理论而产生的新概念,目前尚无统一的定义,但对通道的概念,可从以下几方面进行理解。

(1)通道是连接和覆盖源地与目的地旅客和货物流密集地带的具有一条以上的交通运输线,担负重要而大量的客货运输任务。

(2)通道一般由平行的不同运输方式的交通运输线互相配合、补充,共同提供交通运输服务,因而具有很强的吸引力。

(3)通道不仅包括各种交通运输线,而且包括机场、港站枢纽及相应的配套服务设施,现代化通道是水陆空并举的立体通道系统。

通道与交通运输网既有区别又有联系。在形式上,通道是连接客货交通流的密集带,呈线形结构,交通运输网则是相关交通线路与枢纽的集合,呈网状结构。在功能上,通道构成运网的骨干,联结交通运输网的主要枢纽和集散点,通过与交通运输网的联系,聚散强大的交通流。

2)交通运输通道的类型结构

按照交通运输系统内部的交通运输方式划分,通道可分为单一运输方式和多种运输方式联合两种类型。

根据通道自身的条件和运输流的空间联系特点,通道中普遍存在不同运输方式间的联合运输,主要是铁路与水运、铁路与公路的联合运输。这两种联合运输也是我国综合运网中最基本的构型。

(1)通道中铁路与水运的联合运输。

铁路和水运都具有运输能力大、能耗和成本较低,适合长距离、大批量货物运输的特点。相比之下,铁路具有送达速度优势并可向陆路腹地延伸,而水运具有成本优势但其发展受制于自然条件,两者联合,可以在大宗、长距离货物运输中收到优势互补的效果。我国大宗、中长距离货物运输中,煤炭比重最大,约占铁路运量的40%,占沿海和长江港口吞吐量的27.7%。研究煤炭运输的铁路、水运分工,在我国最具代表性。我国煤炭产地主要集中在中、西部的山西、陕西和内蒙古地区,流向华东和东南沿海。如单靠铁路直达运输,势必使京广、京沪等大通道不堪负荷,不仅影响正常的客货运输,而且严重影响煤炭外运。因此,开辟煤炭水陆联运通道,例如,由铁路运送到渤海湾下海的联运通道,或由铁路运送到长江沿岸下水的联运通道,既能缓解铁路运输的紧张,又可降低运输费用。

(2)通道中铁路与公路的联合运输。

铁路与公路同是陆路运输的主要方式。铁路适合大宗、中长距离货物运输,公路则具有机动灵活、可实现"门—门"运输的特点,适合短途客货运输和高档工业品、鲜活易腐货物的运输,而且铁路除专用线运输外,一般都需要公路作为集疏方式。因此,在交通运输通道中,无论两者的运输路径平行与否,都必须处理好货运量的分配和联运中的有机衔接及配合,既要防止短途运输占用大量铁路运输能力,又要防止公路车辆发展失控造成的运力和资金浪费。

按照完成交通运输任务划分,通道可分为货运通道、客运通道和客货混合通道。

货运通道主要指能源运输通道、钢铁运输通道、建材运输通道等国民经济主要物资的运输通道,重点完成大宗、稳定的货流运输任务,功能单一,运量大,周转速度快,对解决能源交通问题具有特殊意义,如我国的大秦铁路运煤专线。客运通道是以旅客为交通运输对象的客运专线,如日本的新干线。客货混合通道则同时承担旅客和货物运输任务,如我国的京广、京沪铁路和长江水运航线等。因地制宜地发展专门化和多功能的通道,扬长避短地发展多种方式的联合运输通道系统,是从总体上提高通道综合效益的重要途径。

二、交通场站与枢纽

旅客和货物的集散以及运输过程的一些技术作业及交通方式间的协调和衔接都是在场站进行的。在一定范围内的一些路线和一些场站共同构成具有一定功能的交通枢纽。交通场站和枢纽对运输生产的顺利完成具有重要意义。

交通场站是交通网络中的点,场站中一般配备大量技术设备,形成了具有不同功能特点的场站。按场站具有的功能可以分为客运站、货运站以及客货运站。客运站主要从事有关旅客运输的业务,货运站主要从事有关货物运输的业务,客货运站同时从事旅客和货物的运输业务。

1. 客运站

客运站是专门办理旅客业务的车站(如铁路客运站、公路客运站、民航机场及水运的港口),是旅客集散地场所,是使旅客产生空间位移的起点和终点。

客运站的设备主要由下列几部分构成:

(1)站前广场:站前广场是客运站与城市联系的纽带,是旅客、行包和站外各种车辆的集散地。它主要由停车场、旅客集散区、行包集散区、绿化美化区等组成。

(2)站房:站房是客运站的主体,包括为旅客服务的各种房屋、运营管理所需要的各种技术办公用房及办理行包、邮件的房屋。

(3)站场:站场是进行客运技术作业的场所。铁路客运站包括线路(如到发线、机走线、待机线、车辆停留线)、站台、雨棚、跨线设备等。公路客运站主要包括发车位、停车场等。航空港包括停机坪、跑道等。

2. 货运站

货运站是主要办理货物运输的车站(如铁路货运站、公路货运站、民航机场及水运的港口),是货物集散的主要场所。

货运站是连接运力和货源的纽带,从事货物的收集、整理、仓储、编组、装运、中转、交付等作业,实现货物运输各个环节间的衔接与贯通。货运站的主要功能是运输组织、中转、装卸储运、中介代理、通信信息和辅助服务,其目标是促进运输向组织化、综合化、现代化方向发展。

货运站一般由站房、仓库、货棚、装卸作业场、停车场及生活辅助设施组成。站房主要由托运处和提货处组成。托运处由受理货物人员工作间和货主办理手续及货物临时堆放的场所组成;提货处由办理提货手续人员的工作间和提货人办理提货手续的场所组成。仓库和货棚由货位、操作通道、进出仓门及装卸台组成。生产辅助设施由行政业务人员和后勤人员工作间、休息室等构成。

3. 交通枢纽

交通运输枢纽(简称枢纽)是国家或区域交通运输系统的重要组成部分,是地处两条及两条以上干线运输的交汇点,是实现运输过程所必需的各项设备的综合体。枢纽完成运输流的集散中转与地方作业,确保运输系统的畅通和运输全过程的连续性、流水性和节奏性。各种引入干线的旅客、货物流和汇合点与分流点及大量市郊运输始发、终到站,均属枢纽的研究范围。

从交通运输枢纽在运输全过程中所承担的主要作业角度来看,它的基本功能是保证完成四种主流作业,即直通作业、中转作业、枢纽地方作业和城市对外联系的相关作业。

交通运输枢纽系统可按照地理位置、运输方式、主要交通运输干线与场站的空间分布形态进行类型的划分。

1)按地理位置不同划分

(1)陆路运输枢纽。如我国的北京、郑州,白俄罗斯的明斯克,德国的慕尼黑。

(2)滨海运输枢纽。如我国的上海、大连,俄罗斯的彼得格勒,美国的纽约,日本的东京、大阪。

(3)通航江河沿岸运输枢纽。如我国的长江干流从宜宾到南通的 13 个此类运输枢纽,俄罗斯伏尔加河干支流的 26 个此类运输枢纽。

按承担的客货运输业务不同,可分为:

①中转枢纽。以办理直通或中转客货运业务为主,地方运量比重很小,如我国的郑州、宝鸡,俄罗斯的车里雅宾斯克。

②地方性枢纽。以办理地方作业为主,中转运量比重很小,如我国的广州、本溪,哈萨克的卡拉干达。

③混合枢纽。有大量地方作业,可同时办理相当数量的直通或中转客货运业务,如我国的兰州、成都。

2)按交通运输方式不同划分

(1)铁路—公路枢纽。这种由陆路干线汇合的枢纽都分布于内陆地区,在较长时期内是运输枢纽的主要形式,占我国目前运输枢纽的40%左右。

(2)水路—公路枢纽。由内河或海运与公路交通运输方式组成,一般水运起主要作用,公路以集散旅客、货物为主。

(3)水路—铁路—公路枢纽,此类枢纽又包括:海运—河路—铁路—公路枢纽、海运—铁路—公路枢纽、河路—铁路—公路枢纽三种。前两种以海运为主,有庞大的水陆联运设施,如我国的上海,荷兰的鹿特丹,俄罗斯的彼得格勒,美国的纽约。后一种有些以铁路为主,有些以水运为主,如我国的武汉,美国的圣路易斯。

(4)综合交通运输枢纽。是枢纽发展的高级阶段,由铁路、公路、水运、航空和管道多条干线构成,如我国的上海、天津、北京、沈阳、武汉等。

3)按主要交通运输干线与场站的空间分布形态不同划分

(1)终端式枢纽。分布于陆上干线的终端或陆地边缘,如乌鲁木齐、青岛。

(2)伸长式枢纽。干线从两端引入呈狭长形布局,如兰州。

(3)辐射形枢纽。各种运输干线从各个方向引入,如郑州、徐州。

(4)辐射环形枢纽。由多条放射干线和将其连接起来的环形线构成,如北京。

(5)辐射半环形枢纽。分布于河、湖、海岸边,如彼得格勒、芝加哥。

三、运载工具

运送旅客和货物的装置称为运载工具,如飞机、汽车、铁路的车辆等都是运载工具。铁路机车本身不能运送旅客和货物,但其主要用途是牵引车辆运送旅客或货物,因此,铁路机车也属于运载工具。

(1)按运输对象划分,可分为客运运载工具(如铁路的客车、民航客运班机、客船等)、货运运载工具(如铁路的货车、公路货车、货船等)及客货混用运载工具(如客货混用飞机、客货混用船等)。

(2)按是否带有动力装置划分,可分为带动力运载工具(如一般意义的汽车、飞机、带动力的铁路动车组等)、不带动力运载工具(如铁路的油罐车、公路运输的公共汽车、水运的集装箱船等)和通用运输工具(如一般的铁路车辆、公路运输的汽车、轮船等)。

(3)按配属方式划分,可以分为有固定配属的运载工具(如公路运输的汽车、航空公司的飞机等,运行一定时间必须返回其配属地)和无固定配属的运输工具(如铁路的货车,可在全路任何地方使用)。

四、运输对象

1. 旅客

旅客的社会经济条件、身体状况和出行目的,是决定其所选客运形式及服务水平的主要因素。经济收入水平较高、公费出行旅客的运输费用支付能力较高,通常选择快捷、舒适的客运服务形式,而大中专院校学生通常选择方便、经济的客运服务;身体状况欠佳、老年人或携带婴幼儿出行的旅客,通常选择舒适性较好的客运形式;有急事出行的旅客通常选择快速、直达客运形式。

2. 货物

货物是我国交通运输领域中的一个专门概念。在货物学中,将货物定义为:凡是经由运输部门或仓储部门承运的一切原料、材料、工农业产品、商品及其他产品。货物是运输的直接对象,是物流中的流体,它与运输组织工作有密切的关系。货物本身的特性及货主的运输需求,是决定选用载运工具及装卸设备、保管措施的主要因素。

此外,还有运输动力、通信设备、信息管理系统等生产要素,以及经营管理人员和企业经营管理。合理地组织生产力,使运输需求与运输供给的各个环节相互衔接、密切配合,离不开人、车、路、环境等各种要素的合理结合、充分利用,以尽量少的劳动消耗和物质消耗提供更多的运输服务。有效的企业经营管理可以对企业的整个生产经营活动进行决策、计划、组织、控制与协调,并对企业成员进行激励,以促进运输企业目标的实现。

第三节 公路旅客、货物运输组织与管理过程

由于旅客、货物运输在性质上的区别,两者对运输过程的运输服务水平的质量需求有所不同。这一点表现在:旅客运输的运输对象是人,在运输过程中接受各种运输服务有一定的自主性,因此,运输组织过程需要旅客的参与和配合,例如,旅客运输的中转和换乘是旅客自主的选择行为,运载工具的乘降过程需要旅客的主动配合,旅客安全规章需要旅客主动遵守等;而货物运输过程中,货物的仓储、装卸和中转、货物运输载体的各种作业和运动,则主要由相应运输企业的生产活动来完成,需要运输企业对货物运输及其技术作业过程进行一系列严密、科学、有效地组织管理。因此,需要根据不同服务对象的生产功能对各生产组织系统进行分类说明。

一、旅客运输组织

旅客运输服务对象的运输流程可以简单描述为:旅客获得乘坐交通工具的凭证;旅客从始发地港、站登乘交通工具,开始运输;旅客在途中运输,包括中转和换乘;旅客到达目的地,离开交通工具,终止运输。

客运站(港、机场)既是旅客运输的起点,又是旅客运输的终点。旅客运输的组织与管理主要是在客运站(港、机场)内完成的。因此,客运站(港、机场)的工作组织是旅客运输的核心,它主要包括客票出售、旅客进站、安全检查、承运行李、调度车(船、机)、安排旅客候车(船、机)、检票、组织旅客上车(船、机)、指挥车(船、机)出发、指挥车(船、机)到达、组织旅客下车(船、机)、检票、车(船、机)停放、旅客出站、交付行李等。其作业流程如图2-3所示。

为组织旅客运输过程,运输企业需进行以下工作:

(1)旅客运输市场调查和旅客运输需求预测分析;了解不同旅客群体(客流)的数量、流向、流程、流时、旅行服务需求及其变化,分析各种运输方式的市场占有率。

（2）根据市场需求开发有竞争力的、满足不同层次需求的多样化旅客运输产品和运输服务，如各运输线路和方向的、不同行程的铁路列车、飞行航班、公路班车等。

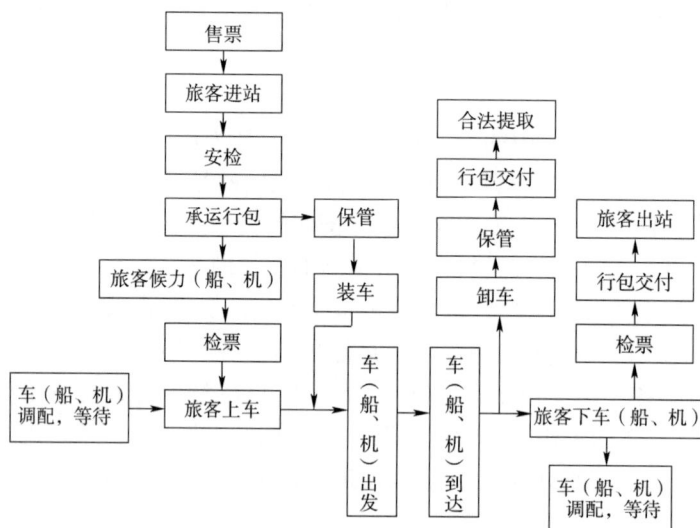

图 2-3 客运站(港、机场)作业流程图

（3）制订运输计划，合理运用运输技术设备、能源和人力资源。

（4）提供方便的客票预订和发售服务，良好的候车(船、机)环境和旅客乘降服务，安全、快速、舒适的运载工具，旅行途中优质规范的餐饮、卫生和文娱服务，信息服务、各种延伸服务，以及满足旅客投诉和理赔的需求。

（5）运输过程的监控和调度指挥，保证旅客和行李包裹安全、迅速和方便的输送。

（6）运营活动的安全、技术和经济考核、统计分析和管理。

随着社会进步和人民生活水平的不断提高，旅客运输企业应更多地开发满足各种休闲、观光旅游需求的运输产品和服务，更多地关注老龄、儿童、残疾等社会弱势群体的运输服务需求。

二、货物运输组织

现代货物运输按运输工具不同，有铁路、公路(包括城市道路)、航空、水运和管道五种方式。除管道运输是一种比较特殊的、运输线路与运载工具合一的专门输送石油及其制品、天然气等产品的运输方式外，其他四种运输方式都共同面临复杂、繁多的货物品类和批量的安全性、完整性运输需求。

货物运输生产总是围绕着发到作业、中转作业和运行作业展开的，其中发到作业和中转作业由港站计划、安排与实施；运行作业则由承运人的生产管理部门计划和安排，由驾乘人员具体实施。运输货物的过程主要包括组织货源货流、办理货物承运、货物保管、装卸、运送、途中作业、到达货票检查、卸车(船、机)、保管、交付等过程。其作业流程如图 2-4 所示。

货运业务主要在货运站(港、机场)进行，一般可分为发送作业、途中作业、到达作业。

1. 发送作业

货物在始发港站的各项货运工作称为发送作业。在货物运输前，发送人首先应向运输企业或其代理托运货物并提出货物托运单,同时它也是运输企业的承运单。货物运单是运输合同,它规定了承运人、发货人和收货人在运输过程中的权利、义务和责任。车站或其代理在受理货物运单时,应确认托运的货物是否符合规定的运输条件,确认无误后根据车(船、机)次情况指定进货日期或装车日期。

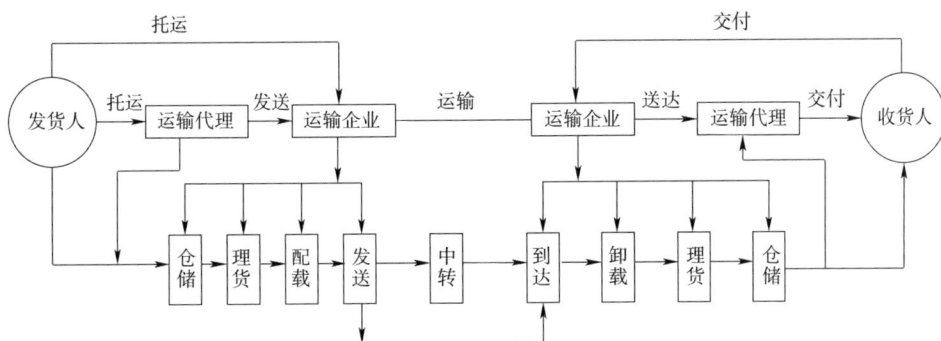

图 2-4　货物流通与货运作业示意图

对进入货场的货物,港站应按规定进行验收,检查货物品名、数量、质量是否与托运单相符,货物包装和标记是否符合规定的要求,一切无误后先将货物安放在堆场或仓库。船舶要根据配载计划编制堆场积载图,再将货物按堆场积载图堆放。

货物在装运前,必须对运输工具进行技术检查和货运检查。在确认能保证货物完整时再装货。装货时要力求充分利用运输工具的装载能力,并防止偏载、超载等。装载完毕,要严格检查货物的装载情况是否符合规定的技术要求,然后按规定对车辆和货舱施封。零担货物、集装箱货物在进场验收后,一般货物在装车、装船完毕后,需在运单上填记运班号或运输工具编号、货物的实装重量及货物状况等,并填制货票或出具收据。

在水路运输、民航运输中,发货人面对的往往是实际承运人的代理。港口直接面对的是实际承运人或其代理,而不是托运人。港口只负责接受租用港口的实际承运人或其代理的货物,并按他们的指令在港口交接货物。

2. 途中作业

货物在运送途中发生的各项作业统称为途中作业。货物在运送过程中,不同运输方式之间或同一运输方式内部往往存在各种形式的内部交接,才能到达目的地(站、港、机场)交付收货人。不同运输方式之间换装以及需要中转的货物在中转站的作业都是途中作业。为了保证货物运输的安全与完整,便于划清企业内部的运输责任,货物在运输途中如发生装卸、换装、保管等作业,交接时应按规定办理交接手续。

货物在运输途中的中转作业分为以下两种情况:

(1)货物随同运载工具中转。这种中转方式分两种情况,一种是在同一种运输方式下,通过运载工具及其运载动力的重新组合,如公路场站集装箱拖车的更换接驳,铁路货车在技术站的无调(不进行调车作业,仅换挂机车)或有调(进行解体和编组调车作业)中转作业;另一种是在不同运输方式之间进行运输方式转换,如公铁联运的集装箱换装中转。这两种情况,都不发生货物装卸作业。

(2)货物通过装卸作业中转。它是指货物运输途中,需要改变货物与其载运工具的组合关系,重新进行配载、配装,发生新的货物装卸作业的中转。如零担货物在途中场站卸车后重新配装发运,集装箱货物在途中场站进行拆箱和拼箱作业后继续发运等。

除运输途中正常的中转作业外,运送途中货运作业还包括:货物目的地和收货人的变更作业,由于各种事故造成的途中货物换装作业以及特种货物载运工具在途中技术作业所要求的中转停留等。对运输工具进行简单的检修,补给继续运输所需的燃料、水、冰、食品及其他所需物品,也是货运站(港、机场)对货物在运输途中所进行的作业。

3. 到达作业

货物在到达站发生的各项货运作业统称为到达作业,主要包括货运票据的交接、货物卸车、保管和交付等内容。

货运站(港、机场)在接到运输工具到达及卸货内容的计划后,应进行卸载准备工作。运输工具到达货运站(港、机场)界域外时应及时安排进港进站,并将运输工具送至卸货作业线。

卸货前,货运站(港、机场)需认真核查运输工具、集装箱和货物的状态是否完好,如发现异状或有异议,要及时会同车(船、机)运行负责人做好货运记录。卸货时,应根据货物积载图将货物准确无误地卸下,并清点货物件数和衡量货物重量,核对货物标志和货物状态,如果发生货运事故,应编制货运记录。货运记录是分析事故责任和处理事故赔偿的重要依据。卸下的货物应按方便提取的原则,合理有序地堆码。

收货人或其代理人在货运站(港、机场)领取货物时,必须出具领货凭证(如提货单、货票)或有效证明文件(包括保函),并据此交换货物。

在发生各类货差货损事故情况下,运输企业应与收货人按照货运合同,确定理赔事宜。

为组织货物运输过程,运输企业需进行以下工作:

(1)货物运输市场调查和运输需求预测分析;了解本地区物资运输的品类、数量、流向、流程、各种季节性物资运输需求,分析各种运输方式的市场占有率。

(2)根据市场需求开发有竞争力的优质货物运输产品和运输服务,如各运输线路和方向的、不同行程的铁路货运班列、公路货运班车等,保证货物运输的安全、快速、方便、准时、经济。

(3)组织货源货流,制订运输生产计划和运载工具运用计划,合理运用运输技术设备的运输能力。

(4)提供货物运输信息服务,包括货物运输信息查询、货物运输动态跟踪预报、货物运输单据流转、货物运输设备运用、货物运输工作统计分析等信息和其他延伸增值服务。

(5)运输过程的监控和调度指挥,安全、高效、经济、有序地实现货物输送,运载工具的运行过程和在货运站(港、机场)的技术作业过程。

(6)运营活动的安全、技术和经济考核、统计、分析和管理。

货物运输与旅客运输相比,其运输组织更为复杂,需要组织货源货流,并根据货源货流变化配置运输资源;需要进行载运工具的回空调拨运输,防止载运工具偏集分布;需要更完备可靠的信息系统为商务交易和运输过程服务;需要特别重视阔大货物、危险货物、鲜活易腐等特种货物运输条件及其运输过程的安全。

现代社会货物运输已逐步融入社会物流及其管理之中,并提出"响应需求运输"和"零库存系统"的新概念,两者从不同角度指明货物运输应当完全响应需求的动态变化,提供柔性的服务,使运输供给利用与运输需求保持高度的跟随性,实现适时生产和适时运输。这是运输业纳入社会物流及其管理体系后,对运输组织创新和变革提出的新要求。

思考与练习

1.公路运输生产过程由哪几部分构成?公路运输生产过程各部分的主要工作内容有哪些?

2.简述公路基本运输过程的构成。

3.运输生产包括哪些生产要素?它们对运输生产有何作用?

4.简述旅客运输生产过程。

5.简述货物运输生产过程。

第三章 公路运输组织评价指标

为了评价运输组织工作的优劣,需要有一套科学的评价指标体系。它为企业改善生产经营活动,加强公路运输行业管理提供了科学而有效的方法。对车辆运用程度评价、运输成本核算、运输服务质量进行评价,进而挖掘提高运营车辆生产效率、提升企业服务水平的方法,有利于提高运输生产率,降低单位运输成本,增加企业利润,提高企业的市场竞争力。

第一节 汽车运用程度评价的单项指标

汽车运用指标,是指从时间、里程、速度、吨(客)位及车辆动力等方面的利用程度来反映运输车辆的使用情况的一系列指标。这些指标是评价汽车运输组织工作的水平和质量,分析汽车运用效率和运输成本的主要依据。

一、车辆时间利用指标

在汽车运输企业中,评价车辆利用程度及统计车辆工作状况时,常常要同时考虑车辆和时间这两个数据因素,因此,采用"车日"和"车时"这两个复合指标作为统计车辆工作状况和确定车辆时间利用程度指标的基本计量单位。

(1)车日。企业拥有的车辆包括营运车辆和非营运车辆。营运车辆是指企业专门用于从事营业性运输的车;非营运车辆是指企业用于其他用途的车辆,如工程急救车、公务车、教练车等。

以营运车辆为讨论对象,车日是指运输企业的营运车辆在企业内的保有日数(在册车日)。我国有关部门规定,凡企业的营运车辆,不论其技术状况如何,是工作还是停驶,只要在本企业保有一天,就计为一个车日,即营运车日或营运车辆的在册车日。在车辆发生增减变动时,新增车辆,自交通监理部门检验合格并发给牌照及行驶执照之日起计算;报废车辆,自主管机关批准之日起,不再计算;调入、调出车辆,以双方交接车辆之日为期,调入单位开始计算,调出单位不再计算。在统计期内,企业所有营运车辆的总车日(U),等于营运车辆数(A)与其在企业内保有的日历天数(D)的乘积的累计数。车日的计算公式如下:

$$U = \sum_{i=1}^{n} A_i D_i \tag{3-1}$$

式中:i——按相同保有日数划分的车辆组别;

$\quad n$——上述车辆组别的数量;

$\quad A_i$——某一组别的营运车辆总数;

$\quad D_i$——某一组别的保有日数。

【例3-1】 某企业有营运车辆30辆,4月21日报废5辆,4月26日调征外用5辆,求该企业4月份的营运总车日。

解:4月份的日历天数为30天。

$i=1,A_1=5,D_1=20;i=2,A_2=20,D_2=30;i=3,A_3=5,D_3=25$

$U=5\times20+20\times30+5\times25=825$(车日)

即该企业4月份的营运总车日为825车日。

企业的营运车辆,按其技术状况可以分为完好(技术状况完好,具备参加营运的条件)和非完好(技术状况不好,不具备参加营运的条件)两种状态;而车况完好的营运车辆又可能处于正在进行运输作业或在车场(库)内等待运输工作两种状态。非完好的营运车辆也可能处于维修(维护或修理)状态或处于等待报废状态(车辆已被封存,待从企业资产账目中清除)。因此,根据营运车辆可能所处的各种状态,总车日可以分为完好车日(U_a)和非完好车日(U_n)。其中前者又包括工作车日(U_d)和待运车日(U_w),后者则包括维修车日(U_{mr})和待废车日(U_b)。由于在待运车日、维修车日和待废车日中,车辆均处于非运输作业或停驶状态,因而这三种车日又统称为停驶车日(U_p)。由此可见,总车日由停驶车日和工作车日组成。营运总车日的构成如图3-1所示。

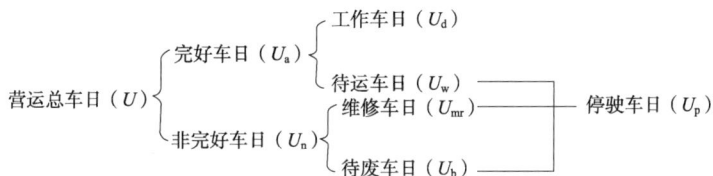

图 3-1 营运总车日构成示意

(2)车时。车时(车辆小时),是指营运车辆在企业内保有的小时数。企业所有营运车辆的车时总数,等于营运车辆数与其在企业内保有日历小时数的乘积的累计数,亦叫作营运总车时。营运车时的构成也可以按车辆所处的状态进行划分。由于车辆或者处于在路线上工作,或者处于库(场)内停驶,因而车时也可以分为工作车时(H_d)和停驶车时(H_p)。其中车辆在路线上的工作状态,又包括行驶状态和停歇状态,相应的车时即为行驶车时(H_t)和停歇车时(H_s)。处于行驶状态的车辆又可能处于重车行驶状态,也可能处于空车行驶状态,其相应的车时分别为重车行驶车时(H_{tl})和空车行驶车时(H_{tv})。而处于停歇状态的车辆,其停歇可能是因装载而停歇、因卸载而停歇、因车辆技术故障而停歇及因组织原因而停歇,故停歇车时可以分为装载车时(H_l)、卸载车时(H_u)、技术故障车时(H_{st})及组织故障车时(H_{sq})。依据前述对车辆停驶原因的分析,可以将库内停驶车时分为维修车时(H_{mr})(由维护车时H_m和修理车时H_r构成)、待运车时(H_w)和待废车时(H_b)。以上对营运总车时的构成分析可用图3-2表示。

以车日和车时为基础,用以反映车辆时间利用的指标主要有完好率(α_a)、工作率(α_d)、总车时利用率(ρ)和工作车时利用率(δ)四项。

1. 完好率(α_a)

完好率是指统计期内企业营运车辆的完好车日与总车日的百分比。完好率表明了总车日可以用于运输工作的最大可能性,故又称完好车率。完好率与非完好率(α_n)是互补指标,即两者的和是100%。

$$\alpha_a=\frac{U_a}{U}\times100\%=\frac{U-U_n}{U}\times100\%\tag{3-2}$$

$$\alpha_n = \frac{U_n}{U} \times 100\% = 1 - \alpha_a \tag{3-3}$$

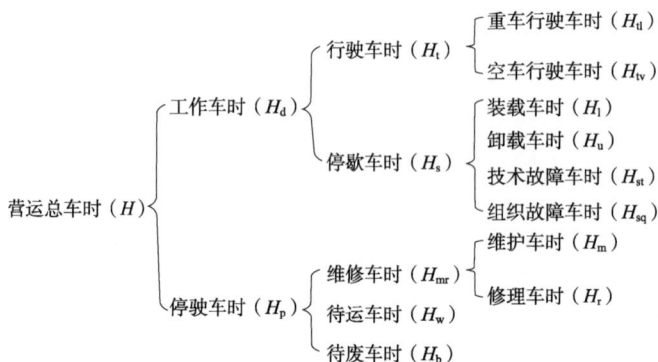

$$营运总车时(H) \begin{cases} 工作车时(H_d) \begin{cases} 行驶车时(H_t) \begin{cases} 重车行驶车时(H_d) \\ 空车行驶车时(H_{tv}) \end{cases} \\ 停歇车时(H_s) \begin{cases} 装载车时(H_l) \\ 卸载车时(H_u) \\ 技术故障车时(H_{st}) \\ 组织故障车时(H_{sq}) \end{cases} \end{cases} \\ 停驶车时(H_p) \begin{cases} 维修车时(H_{mr}) \begin{cases} 维护车时(H_m) \\ 修理车时(H_r) \end{cases} \\ 待运车时(H_w) \\ 待废车时(H_b) \end{cases} \end{cases}$$

图 3-2 营运总车时构成示意图

完好率是一种车辆技术管理指标,用于表示企业营运车辆的技术完好状况和维修工作水平。完好率指标的高低虽不直接影响车辆生产率,但能说明企业进行运输生产活动时,车辆在时间利用方面可能达到的程度。只有提高了完好率,提高车辆工作率才有可能。

完好率的高低受很多因素的影响,车辆本身所特有的技术性能就是一个很主要的方面,如车辆的使用寿命、坚固性和可靠性,对维护和修理的适应性,行车安全性等。车辆的生产活动是在复杂的运用条件下进行的,不利的运输条件常会导致车辆技术状况的恶化,如道路状况对于车辆的完好程度也有很大影响,即使车辆在城市道路和公路干线上行驶,也会因路面的等级和种类、交通量的大小等不同,致使同一种型号车辆的技术状况出现很大的差别。恶劣的气候条件,也会给车辆的技术状况带来不利的影响。

在上述条件一定情况下,车辆完好率主要取决于企业对车辆的技术管理、使用状况及维修质量。汽车运输企业应加强技术管理和维修工作,特别要注意车辆的例行维护。除了要合理地改进维护作业的劳动组织,改进操作工艺和方法,改进机具设备和广泛采用新技术外,还应建立和健全岗位责任制,不断提高维修工人的技术水平和管理水平,保证原材料的及时供应和质量等。驾驶员的技术操作水平和熟练程度,对于车辆的技术状况也有很大的影响。科学地采用定车、定挂、定人的管理方式,经常注意对驾驶员的技术培训和安全教育等,也是提高完好率的重要措施。

2. 工作率(α_d)

工作率是指统计期内工作车日与总车日的百分比,反映企业总车日的实际利用程度,故又称工作车率或出车率。工作率与停驶率是互补指标,即两者的和是100%。

$$\alpha_d = \frac{U_d}{U} \times 100\% = \frac{U - U_n - U_w}{U} \times 100\% \tag{3-4}$$

$$\alpha_p = \frac{U_p}{U} \times 100\% = 1 - \alpha_d \tag{3-5}$$

车辆工作率反映了企业营运车辆的技术状况及运输组织工作水平,它对于车辆生产率有直接的影响。要提高工作率,就必须努力消除导致车辆停驶的各种原因,才有可能使工作率维持在较高水平。

3. 总车时利用率(ρ)

总车时利用率是指统计期工作车日内车辆在路线上的工作车时与总车时的百分比,用以表示平均一个工作车日的 24h 中有多少时间用于出车工作,因此,也称作昼夜时间利用系数。

$$\rho = \frac{H_d}{24U_d} \times 100\% \tag{3-6}$$

对于单辆车辆在一个工作车日内的总车时利用率为:

$$\rho = \frac{T_d}{24} \times 100\% \tag{3-7}$$

式中:T_d——车辆一个工作车日内在路线上的工作时间(h)。

提高总车时利用率,就是要延长车辆在工作车日内的出车时间。所谓出车时间是指车辆由车场驶出,直到返回车场时止的延续时间(扣除计划规定的驾驶员进餐、休息等时间)。要延长出车时间除了提高完好率外,还应努力开拓运输市场,提高企业的运输组织工作水平。实践证明,采用适宜的运输组织形式(如实行多班制或双班制工作制度),是提高总车时利用率,提高车辆运用效率的有效措施。

4. 工作车时利用率(δ)

工作车时利用率是指统计期内车辆在路线上的行驶车时与路线上的工作车时的百分比,即统计期内车辆的纯运行时间在出车时间中所占的百分比,又称出车时间利用系数。

$$\delta = \frac{H_t}{H_d} \times 100\% = \frac{H_d - H_s}{H_d} \times 100\% \tag{3-8}$$

提高工作车时利用率的主要途径是最大限度地减少车辆在路线上的停歇时间,即减少装卸停歇时间、因技术故障停歇时间及因组织工作不善而造成的车辆停歇时间等。要减少上述停歇时间,所采取的措施主要是提高企业的装卸机械化水平及运输组织工作水平。

【例 3-2】 某企业一辆载货汽车,5 月份工作车日 20 天,有 5 天保修,6 天待运,5 月份该车总工作时间为 180h,线路行驶 120h,计算该企业的车辆时间利用指标。

解:5 月份共有 31 天,完好车日为 26 天,工作车日为 20 天。

完好率 $\alpha_a = \frac{26}{31} \times 100\% = 83.9\%$

工作率 $\alpha_d = \frac{20}{31} \times 100\% = 64.5\%$

总车时利用率 $\rho = \frac{180}{20 \times 24} \times 100\% = 37.5\%$

工作车时利用率 $\delta = \frac{120}{180} \times 100\% = 66.7\%$

总车时利用率和工作车时利用率,不能全面评价车辆是否得到有效利用。这是因为 ρ 值较大,表明车辆在路线上工作车时较长,但却不能保证车辆行驶工作时间长;δ 值较大,表明车辆在线路上行驶时间长,但不能保证车辆是否装载货(客);此外,随着出车次数的增加,这两个系数还有可能下降。因为出车次数增加后,会因维修停歇时间所占比重的增加而使 ρ 值下降,进而也会因装卸停歇时间增加而使 δ 值下降。所以,总车时利用率 ρ 和工作车时利用率 δ 宜作为企业内辅助评价指标并与其他有关指标结合使用。

上述车辆完好率、工作率、总车时利用率及工作车时利用率四个指标,从不同角度综合反映了车辆的时间利用程度。其中,某一项指标的提高,不一定能保证车辆全部时间的利用程度必然提高。反过来说,每一项指标均降低,则表现为车辆时间利用程度的降低,因此会影响车辆生产率的提高。

二、车辆速度利用指标

车辆速度是指车辆单位时间内的平均行驶里程。反映车辆速度利用程度的指标有技术速度(v_t)、运送速度(v_c)、营运速度(v_d)及平均车日行程($\bar{L}_d$)。

1. 技术速度

技术速度是指车辆在行驶车时内实际达到的平均行驶速度,即在纯运行时间内平均每小时行驶的里程,用以表示车辆行驶的快慢。

$$v_t = \frac{L}{H_t} \tag{3-9}$$

式中:v_t——车辆的技术速度(km/h);

L——车辆在统计期工作车日内的总行程(km);

H_t——车辆行驶时间(h),包括与交通管理、会车等因素有关的短暂停歇时间。

汽车在实际行驶过程中,其技术速度受多种因素的影响。汽车本身的技术性能(尤其是速度性能,如动力性能、最高速度、加速性能等)、车辆的结构、制动性能、行驶平顺性和稳定性、车辆的外形、新旧程度等都是影响技术速度的主要因素。在车辆本身的技术性能一定的条件下,道路条件往往也是影响车辆技术速度发挥的一个重要原因。具有良好速度性能的车辆,在恶劣的道路条件下,也不可能达到较高的技术速度。道路条件对于车辆技术速度的影响主要表现在道路的等级、宽度、坡度、弯度、视距、路面状况和颜色等方面。在城市运输中,道路的交通量、照明条件、法定的行驶速度等,对车辆技术速度有很大的影响。另外,天气情况、装载情况、拖挂情况、驾驶员操作技术水平高低等也对技术速度有一定的影响。

技术速度一般低于设计速度,它们之间差距的大小,反映了车辆速度的利用程度。技术速度越高,车辆速度利用就越充分。在保证行车安全的前提下,尽量提高技术速度,意味着在相同的运行时间内,可以行驶更多的里程,使旅客或货物移动更远的距离。但盲目地追求高技术速度,有可能造成行车事故次数的增加,使运输安全性下降,还可能造成燃料消耗的不合理增加,使运输成本提高。

2. 运送速度

运送速度是指车辆在运送时间内,运送货物或旅客的平均速度,用以表示旅客、货物运送的快慢,也是评价运输服务质量的一个指标。计算公式为:

$$v_c = \frac{L}{H_c} \tag{3-10}$$

式中:v_c——车辆的运送速度(km/h);

H_c——车辆自起点至终点到达时刻所经历的时间(h),不包括始末点的装卸作业(上、下客)时间,但包括途中的各类停歇时间;

其他符号意义同前。

影响运送速度的主要因素有技术速度、企业的营运组织工作水平、驾驶员的驾驶水平、途中乘客的乘车秩序及货物装卸技术水平等。

3. 营运速度

营运速度是指车辆在路线上工作时间内的平均速度,即车辆在出车时间内实际达到的平均速度,用以表示车辆在路线上工作时间内有效运转的快慢。计算公式为:

$$v_d = \frac{L}{H_d} = \frac{L}{H_t + H_s} \tag{3-11}$$

式中:v_d——车辆的营运速度(km/h);

H_d——车辆在路线上的工作车时(h);

H_s——车辆的各类停歇时间(h),包括始、末点的装卸作业或上下旅客车时;

其他符号意义同前。

营运速度也是反映技术速度利用程度的指标。营运速度既受技术速度的限制,又受工作车时利用率的影响,三者之间的关系为:

$$v_d = v_t \delta \tag{3-12}$$

凡是影响技术速度和工作车时利用率的因素,同时也是影响营运速度的因素。营运速度高,意味着在相同的出车时间内,可以行驶更多的里程,完成更多的运输工作量。营运速度一般比技术速度小 10% ~ 20%。当运输距离很长时,装卸停歇时间所占比例较小,则 v_d 趋近于 v_t。

4. 平均车日行程

平均车日行程是指统计期内,全部营运车辆平均每个工作车日内行驶的里程,是以车日作为时间单位计算的综合性速度指标,计量单位为 km。计算公式为:

$$\overline{L}_d = \frac{L}{U_d} \tag{3-13}$$

平均每工作车日车辆工作时间为 $\overline{H}_d$,则平均车日行程可表达为如下计算公式:

$$\overline{L}_d = \overline{H}_d v_d = \overline{H}_d \delta v_t \tag{3-14}$$

因此,平均车日行程指标是一个反映营运车辆在时间和速度两方面利用程度的综合性指标。延长出车时间可以提高车日行程,但在出车时间一定的条件下,应从速度方面加以考虑。影响平均车日行程的主要因素有车辆的营运速度、车辆的工作制度及调度形式等。

【例 3-3】 某汽车运输公司 9 月份有关统计数据为:营运车辆为 100 辆(没有发生车辆数增减变动),车辆工作率 α_d 为 90%;工作车时总数 H_d 为 18900h,其中行驶车时总数 H_t 为 9450h;总行程 L 为 567000km。试计算该车队 9 月份有关指标值:总车日 U;工作车日总数 U_d;总车时利用率 ρ;工作车时利用率 δ;技术速度 v_t;营运速度 v_d;平均车日行程 $\overline{L}$。

解:(1)总车日 $U = A \cdot D = 100 \times 30 = 3000$(车日)。

(2)工作车日总数 $U_d = U \times \alpha_d = 3000 \times 90\% = 2700$(车日)。

(3)总车时利用率 $\rho = H_d / (24 \times U_d) = 18900 / (24 \times 2700) = 0.3$。

（4）工作车时利用率 $\delta = H_t / H_d = 9450/18900 = 0.50$。

（5）技术速度 $v_t = L/H_t = 567000/9450 = 60 (km/h)$。

（6）营运速度 $v_d = L/H_d = 567000/18900 = 30 (km/h)$。

或营运速度 $v_d = v_t \delta = 60 \times 0.50 = 30 (km/h)$。

（7）平均车日行程 $\overline{L}_d = \dfrac{L}{U_d} = 567000/2700 = 210 (km/h)$。

平均每工作车日车辆工作时间 $= 18900/2700 = 7 (h/车日)$。

或平均车日行程 $\overline{L}_d = \overline{H}_d v_d = 7 \times 30 = 210 (km/车日)$。

或平均车日行程 $\overline{L}_d = \overline{H}_d \delta v_t = 7 \times 0.50 \times 60 = 210 (km/车日)$。

三、车辆行程利用指标

营运车辆在一定统计期内出车工作行驶的里程称为总行程。总行程由重车行程和空车行程两部分构成。车辆载有旅客或货物行驶的里程，称为重车行程（亦称重车公里）。重车行程是实现运输生产的有效行程，是总行程的有效利用，属于生产行程。与此相对应的是车辆完全无载行驶的里程（空车行程），空车行程有空载行程和调空行程。空载行程是指车辆由卸载地点空驶到下一个装载地点的行程；调空行程是指空车由车场（库）开往装载地点，或由最后一个卸载地点空驶回车场（库）的行程。

车辆的行程利用指标，即里程利用率（β），是指统计期内车辆的重车行程与总行程的百分比，用以表示车辆总行程的有效利用程度。计算公式为：

$$\beta = \frac{L_1}{L} \times 100\% = \frac{L_1}{L_1 + L_v} \times 100\% \qquad (3\text{-}15)$$

式中：L——统计期内车辆总行程（km）；

L_1——统计期内车辆的重车行程（km）；

L_v——统计期内车辆的空车行程（km）。

【例3-4】 某市汽车运输公司2012年平均营运车数200辆，车辆工作率80%，平均车日行程300km，全年空车行程为4380000km，试计算该公司2012年营运车辆的里程利用率。

解：由已知条件，可计算出该公司2012年工作车日数为：

$$U_d = 平均营运车数 \times 工作日数 = 200 \times 365 \times 80\% = 58400 (车日)$$

总行程为：

$$L = \overline{L}_d \cdot U_d = 300 \times 58400 = 17520000 (km)$$

则里程利用率为：

$$\beta = \frac{L_1}{L} \times 100\% = \frac{17520000 - 4380000}{17520000} \times 100\% = 75\%$$

里程利用率是一个十分重要的指标，在总行程一定的前提下，要提高里程利用率，必须增加重车行程的比例，车辆只有在有载运行下才会进行有效生产。车辆空驶是一种很大的浪费，它不仅没有产生运输工作量，相反却消耗了燃料和轮胎，增加了机械的磨损，从而致使运输成本上升。车辆空驶距离越长，这种影响也就越严重。

提高里程利用率，是提高车辆运输工作生产率和降低运输成本的有效措施，对经济效益有重要影响。企业实际里程利用率不高的主要原因是企业的运输生产受客流量、货流量在时间上和空间上分布不均衡等客观因素的影响,以及车辆运行调度等主观因素的影响。从企业自身角度出发,加强运输组织工作是提高里程利用率的一项重要措施。为此应积极做好货(客)源组织工作,正确掌握营运区内货(客)源的形成及其货(客)流的规律,确保生产均衡性;加强运输市场的管理,坚持合理运输;不断提高车辆运行作业计划的准确性,积极推广先进的调度方法;科学地确定收、发车点和组织车辆行驶路线;正确选择双班运输的交接地点;尽量调派与装运货物相适宜的车型,组织回程车辆运输组织;加强经济调查,合理规划车站、车队、车间(包括修理厂)、加油站之间的平面位置等。

编制运输生产计划时,通常要先确定里程利用率,然后再计算重车行程。重车行程的计算公式为:

$$L_1 = L\beta \tag{3-16}$$

确定里程利用率的计划值时,一般以上期实际达到的里程利用率指标值为参考依据,并通过预测分析计划期内客流量和货流量在时间和空间分布的均衡程度测算确定。

四、车辆载重(客)能力利用指标

车辆的载重(客)能力是指车辆的额定载货质量或额定载客量。反映车辆载重能力利用程度的指标是重车载质(客)量利用率[又称吨(客)位利用率和实载率]。

1. 吨(客)位利用率

吨(客)位利用率是指车辆在重车行程中实际完成的周转量与重车行程载质量的百分比。重车行程载质量的计算方法,是以每辆车的重车行程分别乘以其额定载质(客)量加总求得。

吨(客)位利用率的计算方法有两种:静态的吨(客)位利用率和动态的吨(客)位利用率。

(1)静态的吨(客)位利用率是按一辆营运车的一个运次(班次),来考查其载重能力的利用程度。其计算公式为:

$$\gamma = \frac{P}{P_0} \times 100\% = \frac{qL_1}{q_0L_1} \times 100\% = \frac{q}{q_0} \times 100\% \tag{3-17}$$

式中:P——某运次(班次)车辆实际完成的周转量(t·km 或人·km);

P_0——某运次(班次)车辆的重车行程载质量(t·km 或人·km);

q——车辆实际完成的载质(客)量(t 或人);

q_0——车辆额定载质(客)量(t 或人),也称额定吨(客)位。

可见,静态的吨(客)位利用率表示车辆额定载质(客)量的利用程度,与重车行程无关。

(2)动态的吨(客)位利用率是按全部营运车辆一定时期内的全部运次,综合考查其载重能力利用程度。计算公式为:

$$\gamma = \frac{\sum P}{\sum P_0} \times 100\% = \frac{\sum(qL_1)}{\sum(q_0L_1)} \times 100\% \tag{3-18}$$

式中:$\sum P$——统计期内所有营运车辆实际完成的周转量之和(t·km 或人·km);

$\sum P_0$——重车行程载质量(t·km 或人·km)。

考核企业营运车辆载质(客)量利用程度,一般都是考核全部营运车辆。因而,这种动态的吨(客)位利用率应用较广。

车辆额定载质(客)量的大小与利用程度的高低,对车辆生产率有显著的影响。一般情况下,额定载质(客)量大的车辆具有较高的生产能力,但能力的发挥还取决于载质(客)量的利用程度。载质(客)量利用的越充分,车辆生产率就越高。

在车辆额定载质(客)量既定的情况下,影响载质(客)量利用程度的因素主要有:旅客、货物源条件,车辆调度水平,客运线网密度和发车频率,客运服务质量和服务水平,货物特性及货运种类,车辆类型及车厢几何尺寸,装车方式及装载技术,有关的装载规定和车货适应程度等。

2. 实载率

实载率是按全部营运车辆一定时期内的总行程计算的载重能力利用指标,是指汽车实际完成的周转量占其总行程载质(客)量的百分比,用以反映总行程载质(客)量的利用程度。总行程载质(客)量的计算方法,是以每辆车的总行程分别乘以其额定载质(客)量加总求得。实载率的计算公式为:

$$\varepsilon = \frac{\sum P}{\sum P_0'} \times 100\% = \frac{\sum (qL_1)}{\sum (q_0 L)} \times 100\% \qquad (3-19)$$

式中:$\sum P_0'$——总行程载质量(t·km 或人·km);

其他符号意义同前。

【例3-5】 11 月某企业 A 车(额定载质量为 50t)总行程为 6400km,其中重车行程4460km,共完成货物周转量 22160t·km;B 车(额定载质量为 5t)总行程为 6300km,其中重车行程 4200km,共完成货物周转量 18160t·km;C 车(额定载质量为 10t)总行程为 6000km,其中重车行程 3600km,共完成货物周转量 36000t·km。试求 A、B、C 三辆车 11 月的实载率。

解:三辆车在 11 月总行程可能完成的最大运输工作量为 123500t·km,但其实际完成的运输工作量为 76320t·km,所以,其实载率为:

$$\varepsilon = \frac{\sum P}{\sum P_0'} \times 100\% = \frac{76320}{123500} \times 100\% = 61.8\%$$

对于单辆车或一组吨(客)位相同的车辆,则其实载率可表示为:

$$\varepsilon = \frac{\sum (qL_1)}{q_0 \sum L} \times 100\% = \frac{\sum (qL_1)}{q_0 \dfrac{\sum L_1}{\beta}} \times 100\% = \gamma\beta \qquad (3-20)$$

因此,实载率是反映车辆在行程利用和载质量利用方面的一个综合性指标。要提高实载率,一方面要努力提高吨(客)位利用率,另一方面要减少车辆空车行程,提高里程利用率。

实载率虽然能够综合反映车辆行程和载重能力的利用程度,较全面地评价车辆有效利用程度,但在组织运输过程时不能完全以实载率代替里程利用率和吨(客)位利用率。分析车辆生产率诸多影响因素的影响程度时,也应对里程利用率和吨(客)位利用率分别进行分析。这是因为这两个指标的性质、内涵不同,对组织运输生产各有不同的要求。以实载率代替里程利用率和吨(客)位利用率,会掩盖超载等问题的存在。例如,假设有甲、乙、丙、丁四个货车车组,它们各自的实际里程利用率和吨位利用率见表 3-1。

各车组车辆利用程度数据 表 3-1

组别	里程利用率 β (%)	吨位利用率 γ (%)	实载率 ε (%)
甲	83.3	96	80
乙	66.7	120	80
丙	50.0	160	80
丁	40.0	200	80

单就实载率而言,四个车组都是 80%。但从里程利用率和吨位利用率两个指标看,情况就大不相同。假如四个车组的货车额定载质量都是 5t,各组车辆平均每次装卸的货物按甲、乙、丙、丁依次是 4.8t、6t、8t、10t。由此可以看出,甲组的运输生产组织工作基本正常,乙组有违章超载现象但不严重,丙组严重超载,丁组则更加严重,超载 1 倍。另外,在车辆运行中空驶浪费严重,特别是丁组有 60% 的行程是空驶。如果只考核实载率,这些情况就被掩盖了。

五、车辆动力利用指标

部分营运载货车辆除自身可以装载货物外,还能够拖带一辆或多辆挂车载货而行,以汽车列车的形式参与货物运输。载货车辆汽车列车的常见形式如图 3-3 所示。

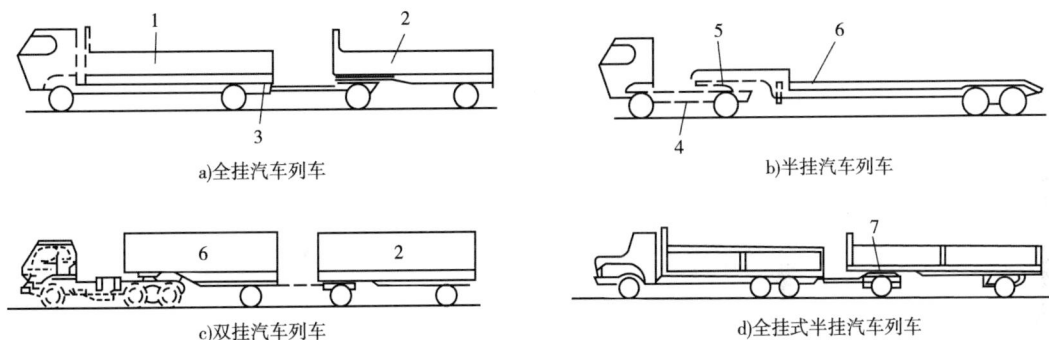

图 3-3 拖挂运输车辆

1-货车;2-全挂车;3-牵引钩;4-牵引车;5-牵引座牵引销;6-半挂车;7-牵引拖台

反映载货车辆汽车列车开展情况以及挂车载质量利用程度的指标就是拖运率,也称作车辆动力利用指标。拖运率是指挂车完成的周转量占主、挂车合计完成的总周转量的百分比,用以表示车辆拖挂能力的利用程度,其计算公式为:

$$\theta = \frac{\sum P_t}{\sum P_m + \sum P_t} \times 100\% \qquad (3-21)$$

式中:$\sum P_t$——统计期内挂车完成的周转量;

$\sum P_m$——统计期内主车完成的周转量。

开展拖挂运输的经济效益十分显著。在一定的货源、道路、现场等条件下,拖运率的大小,与运输组织水平、汽车与挂车的性能、车辆配备以及构成、运输法规等密切相关。开展拖挂运输,是提高运输效率和降低运输成本的一个有效途径。

综上所述,评价车辆利用指标共有 5 个方面 12 项,如表 3-2 所示。

车辆运用程度评价的指标体系 表 3-2

车辆利用的单项指标	时间利用指标	车辆完好率	α_a
		车辆工作率	α_d
		平均每日出车时间	T_d
		出车时间利用系数	δ
		车辆昼夜时间利用系数	ρ
	车辆速度利用指标	技术速度	v_t
		营运速度	v_d
		平均车日行程	$\overline{L_d}$
	车辆行程利用指标	里程利用率	β
	车辆载质(客)量利用指标	载质(客)量利用率	γ
		实载率	ε
	车辆拖挂能力利用指标	托运率	θ

第二节　汽车运输工作的综合评价指标

生产率是对生产效率的度量,是指所产出的运输产品数量与生产过程中所耗费的资源的数量之比。简而言之,生产率是产出与投入(或输出与输入)之比。

生产率有多种表示方法。若把产出与实现这一产出量所需人时相比,该产出率就是劳动生产率;若把产出与实现这一产出量所需的车时相比,该生产率就是汽车运输生产率。前者没有把物化劳动的耗费计算进去,不能全面地反映投入产出之比;后者没有把整个生产系统的劳动力的耗费计算进去,也不能全面地反映投入产出之比。因而把产出与全部投入(包括劳动力与资金的投入)之比称为全面生产率,它对资金密集型生产系统具有更为重要的意义。

提高运输生产率,将使单位运输成本下降,利润增加,不仅有利于激活运输经济,而且增加了社会积累,有利于经济的增长与社会资源的有效配置。评价汽车运输工作效果的综合指标包括汽车运输生产率和汽车运输成本。

一、汽车运输生产率

汽车运输生产率,通常用单车期产量、车吨(客)位期产量和车公里产量表示。单车期产量是指统计期内平均每辆车所完成的货物(旅客)周转量,它反映汽车单车运用的综合效率;车吨(客)位期产量是指统计期内平均每个吨(客)位所完成的货物(旅客)周转量,它反映汽车每个吨(客)位运用情况的综合效率;车公里产量是指统计期内车辆平均每行驶 1km 所完成的货物(旅客)周转量。

1. 单车期产量指标

按照计算的时间单位不同,单车期产量指标包括单车年产量、单车季产量、单车月产量、单车日产量和单车车时产量等多个指标。其中,用单车日产量指标来比较不同时期的车辆生产率时,可以避免计算期日历天数可能不同而造成的影响。

1)单车年(季、月、日)产量

单车年(季、月、日)产量指标可用下述方法计算。

(1)按周转量和平均营运车数计算,计算公式为:

$$W_{Pt} = \frac{\sum P}{A} \qquad (3-22)$$

式中:W_{Pt}——单车期产量(t·km 或人·km),是指统计期(年、季、月、日)内单车完成的货物(旅客)周转量;

$\sum P$——指统计期(年、季、月、日)内全部营运车辆完成的货物(旅客)周转量之和(t·km 或人·km);

A——平均营运车数(辆),是指统计期内平均每天拥有的营运车辆数,可按式(3-23)计算:

$$A = \frac{U}{D} \qquad (3-23)$$

(2)按车辆运用效率指标计算,计算公式为:

$$W_{Pt} = \frac{D\alpha_d L_d \beta q_0 \gamma}{1 - \theta} \qquad (3-24)$$

【例3-6】 某汽车货运公司9月1日有营运货车400辆,9月10日租入营运车5辆投入营运,9月15日有10辆报废车退出营运,9月25日又有6辆新车投入营运,到月底再无车辆增减变动,9月份共完成货物周转量7988000t·km。求该货运公司的单车月产量。

解:该公司9月份的总车日数为:

$$U = 400 \times 30 + 5 \times 21 + 6 \times 6 - 10 \times 16 = 11981(\text{车日})$$

平均营运车数为:

$$A = \frac{U}{D} = \frac{11981}{30} = 399.4(\text{辆})$$

则单车月产量为:

$$W_{Pt} = \frac{\sum P}{A} = \frac{7988000}{399.4} = 20000(\text{t·km})$$

2)单车车时产量

单车车时产量又称为运输车辆的工作生产率和总生产率。常用车辆运用单项指标来表示,以便分析各单项指标对运输工作生产率的影响特性和影响程度。工作生产率是车辆在路线上平均每一工作车时所完成的运量或周转量,又称为工作车辆生产率;总生产率是指车辆平均每一总车时所完成的运量或周转量。按运输形式的不同,又可以分为载货汽车、公共汽车和出租汽车的工作生产率和总生产率。

下面按运输形式不同,分别对载货汽车、公共汽车和出租汽车的工作生产率和总生产率进行确定。

(1)载货汽车的工作生产率和总生产率。

①工作生产率。载货汽车的运输工作通常是以运次为基本运输过程进行组织。

在一个运次中的货运量、货物周转量分别为:

$$Q_c = q_0 \gamma \qquad (3-25)$$

$$P_c = Q_c L_l = q_0 \gamma L_l \tag{3-26}$$

完成一个运次的所需的工作车时为：

$$t_c = t_t + t_{lu} = \frac{L_l}{\beta v_t} + t_{lu} \tag{3-27}$$

式中：t_c——车辆完成一个运次的工作车时（h）；

t_t——车辆在一个运次中的行驶时间（h）；

t_{lu}——车辆在一个运次中的停歇时间（h），主要是用于装卸货物而停歇的时间，即 $H_l + H_u$。

工作生产率是单位工作车时所完成的货运量 W_q（t/h）或货物周转量 W_p [（t·km）/h]，所以工作生产率的计算公式为：

$$W_q = \frac{Q_c}{t_c} = \frac{q_0 \gamma}{\dfrac{L_l}{\beta v_t} + t_{lu}} \tag{3-28}$$

$$W_P = \frac{P_c}{t_c} = \frac{q_0 \gamma L_l}{\dfrac{L_l}{\beta v_t} + t_{lu}} \tag{3-29}$$

②总生产率。在统计期平均每一总车时内，车辆在路线上的工作车时 T'_d 为：

$$T'_d = \frac{U_d T_d}{24 U} = \left(\frac{U_d}{U}\right) \times \left(\frac{T_d}{24}\right) = \alpha_d \rho \tag{3-30}$$

所以，平均每一总车时车辆所完成的货运量 W'_q（t/h）和货物周转量 W'_P [（t·km）/h] 分别为：

$$W'_q = W_q T'_d = \frac{q_0 \gamma \alpha_d \rho}{\dfrac{L_l}{\beta v_t} + t_{lu}} \tag{3-31}$$

$$W'_P = W_P T'_d = \frac{q_0 \gamma \alpha_d \rho L_l}{\dfrac{L_l}{\beta v_t} + t_{lu}} \tag{3-32}$$

由上述计算公式可知，影响载货汽车工作生产率的因素有额定载质量、重车载质量利用率、重车行程、里程利用率、技术速度及装卸停歇时间六项。影响总生产率的因素还有工作率及总车时利用率。

在一定的运输工作条件下，上述各指标值都反映了工作条件对生产率的影响，是影响生产率的使用因素。实际工作中，汽车运输企业可以通过优化各使用因素的状态，来提高生产率指标。

（2）公共汽车的工作生产率和总生产率。

①工作生产率。公共汽车（含公路客运）一般以单程（也称车次）为基本运输过程进行组织。公共汽车工作生产率，是指平均每工作车时车辆所完成的客运量或乘客周转量，用以评价公共汽车在线路上工作车时内的利用效果。

公共汽车在线路上工作时，由于在一个车次内车辆所载运乘客在沿线各停车站不断交替变化（乘客上下车），客流沿各路段的分布具有不均匀性，因此，车辆在各路段的实际载客

量可能各不相同。所以在一个车次内,车辆实际完成的载客人数及乘客周转量分别为:

$$Q_n = q_0 \gamma \eta_a \tag{3-33}$$

$$P_n = Q_n \overline{L_p} \tag{3-34}$$

式中:η_a——乘客交替系数;

γ——载客量利用率;

$\overline{L_p}$——平均运距,指统计期内所有乘客的平均乘车距离(km)。

其中,乘客交替系数是指在一个车次时间内,各路段平均载客客位中,每客位实际运送的乘客人数,以车次的线路长度 L_n 与平均运距之比表示,即:

$$\eta_a = \frac{L_n}{\overline{L_p}} \tag{3-35}$$

公共汽车在一个车次中的工作车时为:

$$t_n = t_{nr} + t_{ns} = \frac{L_n}{\beta v_t} + t_{ns} \tag{3-36}$$

式中:t_{nr}——公共汽车在一个车次中的行驶时间(h);

t_{ns}——公共汽车在一个车次中的沿线各站停歇时间(h)。

因而,公共汽车在一个车次中的单位工作时间内完成的客运量和乘客周转量分别为:

$$W_q = \frac{Q_n}{t_n} = \frac{q_0 \gamma \eta_a}{\frac{L_n}{\beta v_t} + t_{ns}} \tag{3-37}$$

$$W_P = \frac{Q_n \overline{L_p}}{t_n} = \frac{q_0 \gamma \eta_a \overline{L_p}}{\frac{L_n}{\beta v_t} + t_{ns}} = \frac{q_0 \gamma L_n}{\frac{L_n}{\beta v_t} + t_{ns}} \tag{3-38}$$

载货汽车和公共汽车的 W_p 在形式上是一样的,所以各个相应的使用因素对生产率的影响也是相似的,但各使用因素的意义不同。而载货汽车和公共汽车的 W_q,在形式上稍有差别,这是由于公共汽车运输是以车次为基本运输过程这一特点所致,故在形式上多了乘客交替系数(η_a)。

②总生产率。公共汽车总生产率的确定方法类似于载货汽车总生产率的确定方法,即单位总车时内公共汽车所完成的客运量 W_q'(人/h)和旅客周转量 W_P'[(人·km)/h]。计算公式为:

$$W_q' = \alpha_d \rho W_q \tag{3-39}$$

$$W_P' = \alpha_d \rho W_P \tag{3-40}$$

公共汽车运输总生产率在形式上与载货汽车完全一致。

(3)出租汽车的工作生产率和总生产率。

出租汽车运输,通常按行驶里程与等待乘客的停歇时间收费。所以出租汽车生产率通常用每小时完成的收费行驶里程和收费停歇时间来度量。出租汽车的运输组织通常按运次进行组织,每个运次的时间由四部分组成,即收费里程(L_g)的行驶时间、收费停歇时间(t_g)、不收费里程(L_n)的行驶时间和不收费停歇时间(t_n)。出租汽车的工作车时(t_c)为:

$$t_c = \frac{L_g + L_n}{v_t} + t_g + t_n \tag{3-41}$$

出租汽车的里程利用率表明了出租汽车总行程的利用程度,是收费里程与总里程(L)之比,故又称为收费行程系数,计算公式为:

$$\beta = \frac{L_g}{L} = \frac{L_g}{L_g + L_n} \tag{3-42}$$

所以,出租汽车的工作车时(t_c)也可表示为:

$$t_c = \frac{L_g}{\beta v_t} + t_g + t_n \tag{3-43}$$

①出租汽车的工作生产率。出租汽车在单位工作时间内完成的收费里程 W_1(km/h)及收费停歇时间 W_t(h/h)即为出租汽车的工作生产率,可分别用以下两式计算:

$$W_1 = \frac{L_g}{t_c} = \frac{L_g}{\dfrac{L_g}{\beta v_t} + t_g + t_n} \tag{3-44}$$

$$W_t = \frac{t_g}{t_c} = \frac{t_g}{\dfrac{L_g}{\beta v_t} + t_g + t_n} \tag{3-45}$$

②出租汽车的总生产率。出租汽车在单位总车时内完成的收费里程 W_1(km/h)和收费停歇时间 W_t(h/h)即为出租汽车的总生产率,分别为:

$$W_1' = \alpha_d \rho W_1 \tag{3-46}$$

$$W_t' = \alpha_d \rho W_t \tag{3-47}$$

由以上公式可知,影响出租汽车生产率的因素有收费行程、收费行程系数、技术速度、每个运次的收费停歇时间及不收费停歇时间。

2. 车吨(客)位期产量指标

车吨(客)位期产量是指统计期内平均每个吨(客)位所完成的周转量,包括车吨(客)位年产量、车吨(客)位季产量、车吨(客)位月产量及车吨(客)位日产量等多个指标。

用车吨(客)位期产量指标反映和比较车辆运输生产率时,可以消除不同车辆额定吨(客)位不同的影响。其中,车吨位日产量和车客位日产量指标,在反映和比较不同单位或不同时期的运输生产率时,既可消除车辆不同吨位或客位的影响,也可消除计算期日历天数可能不一致的影响。因此,车吨(客)位日产量指标,可以比较准确地反映汽车运输企业生产组织工作的重量和水平。

车吨(客)位期产量的计算方法有两种:按周转量与平均总吨(客)位计算;按车辆各项运用效率指标计算。

(1)按周转量与平均总吨(客)位计算,计算公式为:

$$W_{Pt}' = \frac{\sum P}{N} \tag{3-48}$$

式中:W_{Pt}'——车吨(客)位期(年、季、月、日)产量(t·km 或人·km);

$\sum P$——统计期内全部营运车辆完成的周转量之和(t·km 或人·km);

N——平均总吨(客)位(吨位或客位),是指统计期内平均每天在用营运车辆的总吨(客)位。

(2)按车辆各项运用效率指标计算,计算公式为:

$$W'_{Pt} = \frac{D\alpha_d \bar{L}_d \beta \gamma}{1 - \theta} \qquad (3-49)$$

3. 车公里产量指标

车公里产量是指统计期内车辆平均每行驶 1km 所完成的周转量,可按下述方法计算。

(1)按周转量和总行程计算,计算公式为:

$$W_{Pk} = \frac{\sum P}{L} \qquad (3-50)$$

式中:W_{Pk}——车公里产量(t·km 或人·km);

L——统计期全部车辆的总行程(km),可以根据每辆营运车累计,也可以按式(3-51)计算。

$$L = AD\alpha_d \bar{L}_d \qquad (3-51)$$

(2)按有关车辆运用效率指标计算,计算公式为:

$$W_{Pk} = \frac{\beta \bar{q}_0 \gamma}{1 - \theta} \qquad (3-52)$$

显然,完成同样的周转量采用提高车公里产量的办法增加的运行费用不多,增加总行程则会较多地增加运行费用。但片面追求较高的车公里产量,可能会引起超载现象的发生。由此可见,车公里产量是一个很重要的、敏感性较强的指标。

二、汽车运输工作生产率分析

1. 各因素的影响特性分析

要提高汽车运输工作生产率,必须了解各使用因素对工作生产率的影响特性及影响程度,以便结合企业自身的条件,确定优先改进哪个因素对生产率的提高更为有利。由于公共汽车、出租汽车的工作生产率均相似于载货汽车,因此下面以载货汽车工作生产率为例进行分析。

由载货汽车工作生产率的计算公式可知,影响生产率的因素共有六项,即车载额定载质量 q_0、吨(客)位利用率 γ、里程利用率 β、技术速度 v_t、车辆在一个运次中的停歇时间 t_{lu} 及重车行程 L_1,而工作生产率又分为以货运量计算的 W_q 和以周转量计算的 W_p 两种。上述六项使用因素,除平均运次重车行程对 W_q 和 W_p 的影响不同外,其他使用因素对其影响是一致的。

由于各使用因素对生产率的影响关系很复杂,为了分析简便,在分析某一使用因素的变化对生产率的影响时,可以假设其他因素为常数。因此,下面以 W_q 的生产率关系式为对象来分析装卸作业停歇时间对载货汽车工作生产率的影响特性和影响程度。

1)技术速度(v_t)与里程利用率(β)的影响

为了便于阐述技术速度对车辆生产率的影响规律,根据静态分析法,并设定工作生产率计算公式中 v_t 是变量,而其他因素为常量,保持不变,则得到如下关系式及相应的特性曲线图(图 3-4)。

$$W_p v_t - a v_t + b W_p = 0 \qquad (3-53)$$

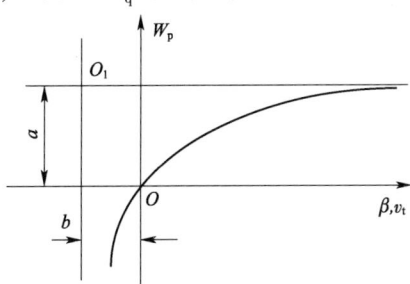

图 3-4 运输车辆生产率与技术速度的关系

式中：$a = \dfrac{\bar{q_0}\gamma \bar{L_1}}{t_{1u}}$；$b = \dfrac{\bar{L_1}}{t_{1u}\beta}$。

由图 3-4 可见，当技术速度的初值越小时，其值的变化对生产率的影响程度较大，当技术速度初值很大时，其值的变化对生产率的影响程度较小。提高车辆技术速度固然重要，但保持车辆的经济速度更能充分保证运输安全和经济性，不仅降低了运输成本，也是提高运输车辆生产率的有效途径。

为了提高车辆的技术速度，要求车辆具有良好的动力性能且驾驶员具有良好的驾驶技术。

里程利用率(β)对生产率的影响与技术速度对生产率的影响特性相同，如图 3-4 所示，里程利用率增加，车辆在工作时间内的载重行程随之增加，车辆生产率提高。

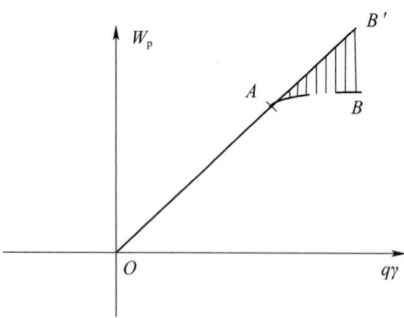

图 3-5　运输车辆生产率与实际载质量的关系

2）实际载质量($\bar{q_0}\gamma$)的影响

采用与上述相同的方法，可以将式(3-53)工作生产率的计算公式改写为式(3-54)形式，其影响特性曲线如图 3-5 所示。

$$W_p = \frac{\bar{q_0}\gamma}{a} \qquad (3\text{-}54)$$

式中：$a = \dfrac{1}{v_t\beta} + \dfrac{t_{1u}}{\bar{L_1}}$。

由图 3-5 可知，平均吨位(q_0)与吨位利用率(γ)和车辆生产率呈线性关系，且提高平均吨位与吨位利用率对提高车辆生产率的影响极为明显。

但是，在其他因素不变的情况下，由于载质量的增加，反而会导致车辆技术速度的下降和装卸作业停歇时间的增加，其结果使车辆生产率增长幅度发生变化（即图 3-5 中原来的 AB' 变成了 AB）。

在车辆核定吨位既定的情况下，影响车辆载重能力的因素也是多方面的，例如货源货流条件、货运的类别、车辆类型、集装箱类型、装车(箱)方式、集装箱积配载技术、车货间的适应程度等。因此，以货供车，以车配货，不断提高装载技术和车辆调配水平，有助于提高车辆吨位利用率。

3）装卸作业停歇时间(t_{1u})的影响

车辆运输过程中的货物装卸工作，是进行运输生产活动的重要环节，车辆装卸作业停歇时间的长短，对车辆生产率有很大的影响，如对工作生产率计算公式进行整理，可得关系式(3-55)以及相应的特征曲线(图 3-6)。

$$W_p t_{1u} + aW_p - b = 0 \qquad (3\text{-}55)$$

式中：$a = \dfrac{\bar{L_1}}{v_t\beta}$；

$b = \bar{q_0}\gamma \bar{L_1}$。

由图 3-6 可知，当装卸停歇时间很大时，生

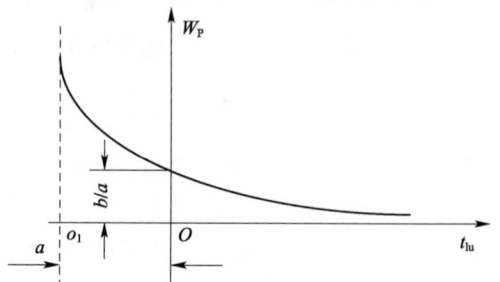

图 3-6　运输车辆生产率与装卸作业停歇时间的关系

产率将降低而趋近于零，因为横坐标轴为双曲线的渐近线。而且 c 值越小（即 L_1 越小），v_t 及 β 值越大时，装卸停歇时间的变化对生产率的影响程度越大。即当运距较短，车辆行驶速度较快时，装卸停歇时间对生产率的影响更为显著。

为了缩短装卸停歇时间，一方面，应努力提高装卸作业效率，使装卸作业的停歇时间压缩到最低限度，另一方面应尽量避免或减少非装卸时间的停歇时间，使这部分时间接近或等于零。因此，在运输过程中应合理组织装卸工作，实现装卸工作机械化，制定汽车装卸作业时间表，有节奏地进行装卸工作，并应简化手续，以减少装卸停歇时间。采用类似的方法，可分析其他使用因素对运输工作生产率的影响特性。

2. 各因素的影响程度分析

综上所述，车辆生产率的变化，是多种单项指标综合影响的结果。为了掌握各项指标对生产率的影响程度，以便确定改进哪项效率指标对提高生产率最为有利，可以采用绘制生产率特性图的方法进行。生产率特性图就是生产率随各单向效率指标变化的综合图，如图 3-7 所示。逐一分析各使用因素与生产率之间的变化关系，得到一组各使用因素与生产率之间的变化关系曲线。将这些曲线叠加绘制在一张坐标图上，坐标图的纵轴表示生产率变化，横轴分别表示各使用因素的变化情况，分析各影响因素对生产率变化的敏感性。

例如：分析生产率 $W_q = 3.43\text{t/h}$ 的水平线（$A-A$）与各因素特性曲线交点的横坐标。各影响因素的主要指标如下：

$$L_1 = 10\text{km}; v_t = 30\text{km/h}; \beta = 0.5; q_0 \cdot \gamma = 4\text{t}; t_{lu} = 0.5\text{h}$$

如果要想提高生产率达到 $W_q = 4\text{t/h}$ 的水平，即提高 16.3%，则需在 $W_q = 4\text{t/h}$ 处画一水平线（$B-B$）。$B-B$ 线与各曲线相交点的横坐标值，就是当其他因素不变时单独改善该项因素应该达到的数值。即：将实际载质量 $q_0\gamma$ 提高到 4.55t；或是将装卸停歇时间 t_{lu} 降低到 0.33h；或是将里程利用率 β 提高到 0.665；或是将技术速度 v_t 提高到 40km/h；或是将载重行程 L_1 降低为 7km。对比各影响因素对生产率的敏感程度，并进行高低排序。

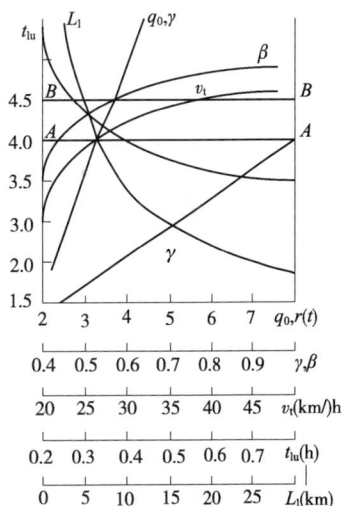

图 3-7 载货汽车工作生产率特性图

由图 3-7 可知，各使用因素对汽车运输工作生产率的影响程度由高到低依次为实际载质量（$q_0\gamma$）、重车载质量利用率（γ）、重车行程（L_1）、装卸停歇时间（t_{lu}）、里程利用率（β）及车辆技术速度（v_t）。

因此，利用汽车运输生产率特性图可以确定出在某一具体运输条件下提高生产率的最合理方法，如提高重车载质量利用率和额定载质量是提高生产率最有效的方法，缩短装卸停歇时间也是提高生产率的有效方法。而提高里程利用率及技术速度，对生产率的影响不显著，但对运输成本却有显著影响。

第三节　汽车运输成本的计算与分析

汽车运输的成本、利润和运价是公路运输组织中一个非常重要的经济问题。不断降低运输成本是增加企业利润的基础,而利润是满足社会需要和扩大再生产的重要源泉。运输成本的高低也是直接影响公路运价水平的重要因素,而运价高低,又直接影响企业的利润与社会效益。因此,成本、利润和运价是直接关联和相互依存的,研究汽车运输的成本、利润和运价问题,是公路运输组织的重要内容之一。

一、汽车运输成本构成

汽车运输成本是公路运输企业为完成旅客、货物运输任务所消耗的活劳动和物化劳动的总和。成本不仅是补偿运输生产耗费的尺度,也是衡量运输服务工作质量和经济效益的重要指标。运输生产过程中原材料消耗的多少,劳动生产率的高低,运输的质量水平,车辆设备的完好和利用程度,运输生产的组织和管理水平等,都直接影响运输成本水平。

公路运输企业运输成本范围按其用途分为车辆费用和企业管理费两类,共 10 个项目。

(1)车辆费用:指营运车辆从事运输生产所发生的各项费用,包括工资、职工福利费、燃料费、轮胎费、保修费、大修理基金提存、折旧费、交通规费及其他共九个费用项目。

(2)企业管理费:指企业为管理和组织运输生产所发生的各项管理费用和业务费用。根据费用归口管理的要求,企业管理费用可分为企业管理部门管理费、车辆管理费和车站管理费三类分别核算。

汽车运输成本不仅是评价汽车运输工作效果的综合指标,也是考核运输企业的主要经营指标之一。在汽车运输生产过程中,运输生产率的高低、运输服务质量的好坏、运输组织水平的优劣、车辆维修技术的高低等最终都以货币形式反映到成本指标上来,进而影响汽车运输企业、物流企业的经济效益。因此,在保证运输服务质量的前提下,不断降低运输成本,对于物流企业、运输企业的生存和发展具有重要意义。

二、汽车运输成本的计算

汽车运输成本(S)通常用单位运输成本来衡量。单位运输成本是指完成每单位运输产品产量所支付的费用,以统计期内汽车运输企业所支出的全部费用($\sum C$)与所完成的运输产品产量($\sum P$)的比值来表示,即:

$$S = \frac{\sum C}{\sum P}(\text{元/t} \cdot \text{km 或元/人} \cdot \text{km}) \tag{3-56}$$

公路货运企业的全部费用,还可按照同车辆行驶及产量的关系分为三部分:变动费用(C_e)、固定费用(C_f)及装卸费用(C_u)。其中装卸费用,各运输企业在确定成本时单独计算,所以公路货运企业的运输成本费用只包括前两项费用,即:

$$\sum C = C_e + C_f \tag{3-57}$$

其中变动费用(C_e),指与车辆行驶及产量有关的费用,又称车辆运行费用,按每千米行程计算。它包括:运行材料费、车辆折旧费、车辆保修费、养路费及其他与车辆行驶有关的各项费用。

固定费用(C_f),指与车辆行驶及产量无直接关系的费用,即不论车辆行驶与否,企业总要支付的费用,又称企业管理费,按车辆的在册车日或车时计算。它包括:职工月工资、行政办公费、房屋维修费、牌照费、职工培训费、宣传费及业务手续费等。

1. 载货汽车的运输成本

载货汽车单位运输成本可表示为 1t・km 的变动费用与 1t・km 的固定费用之和,即:

$$S_g = S_c + S_f \tag{3-58}$$

式中: S_g ——载货汽车的单位运输成本 $[元/(t・km)]$;

S_c ——统计期内单位产量分摊的变动成本 $[元/(t・km)]$;

S_f ——统计期内单位产量分摊的固定成本 $[元/(t・km)]$。

其中,

$$S_c = \frac{LC_c}{\sum P} = \frac{(L/H_d)C_c}{(\sum P)/H_d} = \frac{v_d C_c}{W_p} \tag{3-59}$$

$$S_f = \frac{\sum C_f}{\sum P} = \frac{(\sum C_f)/H_d}{(\sum P)/H_d} = \frac{C_f}{W_p} \tag{3-60}$$

式中: C_c ——单位行程的变动费用(元/km);

C_f ——车辆单位工作车时的固定费用(元/h);

$\sum C_f$ ——统计期内企业支付的全部固定费用(元)。

则:

$$S_g = S_c + S_f = \frac{v_d C_c}{W_p} + \frac{C_f}{W_p} \tag{3-61}$$

其中:

$$v_d = \frac{L_1 v_t}{L_1 + \beta v_t t_{1u}} \tag{3-62}$$

$$W_p = \frac{q_0 \gamma L_1}{\dfrac{L_1}{\beta v_t} + t_{1u}} \tag{3-63}$$

则载货汽车的单位运输成本为:

$$S_g = \frac{1}{q_0 \gamma \beta}\left[C_c + \frac{C_f(L_1 + t_{1u}\beta v_t)}{v_t L_1}\right] \tag{3-64}$$

2. 公共汽车的运输成本

公共汽车的单位运输成本同样可以表示为每人・km 的变动成本与每人・km 的固定成本之和。类似于载货汽车运输成本的求解方法,可得到公共汽车的单位运输成本为:

$$S_b = \frac{1}{q_0 \gamma \beta}\left[C_c + \frac{C_f(L_n + t_{ns}\beta v_t)}{v_t L_n}\right] \tag{3-65}$$

式中: S_b ——公共汽车的单位运输成本 $[元/(人・km)]$;

L_n ——线路长度(km);

t_{ns} ——沿线各站停站时间(h)。

3. 出租汽车的运输成本

出租汽车的单位运输成本可按照每千米收费里程或每小时收费停歇时间确定。计算公式分别为:

$$S_c = \frac{\sum C_c}{\sum L_g} = \frac{\sum C_c}{\beta L} = \frac{\sum C_c / L}{\beta} = \frac{C_c}{\beta} \tag{3-66}$$

$$S_t = \frac{\sum C_f}{\sum L_g} = \frac{\sum C_f}{\beta L} = \frac{\sum C_f/H_d}{\beta(L/H_d)} = \frac{C_f}{\beta v_d} \tag{3-67}$$

其中：

$$v_d = \frac{L}{H_d} = \frac{L_g/\beta}{\dfrac{L_g}{\beta v_t} + t_g + t_n} = \frac{L_g v_t}{L_g + (t_g + t_n)\beta v_t} \tag{3-68}$$

所以出租汽车每公里收费里程的运输成本为：

$$S_1 = \frac{\sum C}{\sum L_g} = S_c + S_f = \frac{1}{\beta}\left(C_c + \frac{C_f}{v_d}\right) = \frac{1}{\beta}\left\{C_c + \frac{C_f[L_g + \beta v_t(t_n + t_g)]}{v_t L_g}\right\} \tag{3-69}$$

式中：S_1——出租汽车单位收费里程的运输成本(元/km)；

C_c——出租汽车单位行程的变动费用(元/km)；

C_f——出租汽车单位工作车时的固定费用(元/h)。

同理，出租汽车以单位收费停歇时间表示的运输成本为：

$$S_t = \frac{1}{\beta t_g}\left\{C_c L_g + \frac{C_f[L_g + \beta v_t(t_n + t_g)]}{v_t}\right\} \tag{3-70}$$

第四节　公路运输服务质量评价指标

一、公路运输服务质量概述

随着社会经济的快速发展，物资流通的速度也在逐年上升，在此背景下一大批汽车运输企业应运而生，机遇和风险并存，在运输市场不断扩大的情况下，市场的竞争也日趋激烈。顾客在选择货运企业时越来越关注运输质量，因此运输服务质量变成了衡量一个企业实力的首要标准。运输企业要想在激烈的竞争中占据有利地位，必须改善服务质量，以此来赢得市场份额。

公路运输服务质量，是指公路运输服务在满足旅客、货物用户的运输需要方面所达到的程度。满足程度越高，表明运输服务质量越好。

公路运输服务质量特性主要指：安全性、及时性、准确件、经济性、方便性、舒适性六个方面。

1. 安全性

运输活动的特点之一就是只改变旅客、货物的空间位移，而不改变其属性和形态。因此，在运输活动的全过程中，首先必须保证旅客、货物的安全，防止货损、货差以及旅客人身伤害。

2. 及时性

运输的及时性是指满足客户所需要的最佳运输时速。对货物运输来说，及时实现货物的空间位移，最大限度地缩短再生产过程中流通的时间。对旅客来说，尽可能减少旅客在途时间，尽快到达目的地。

3. 准确性

准确性指汽车客货运输准备及运送工作准确。如在货运方面要求办理托运手续、安排车辆及货物交接准确；在城市定线定站式公共客运方面要求车辆准点运行；在城间长途定线式公共客运方面除要求车辆准点进行外,还要求准确运输等。

4. 经济性

在完成同样任务的条件下,应尽量节约运输过程中物化劳动和活劳动的耗费,以减少客户费用支出,这也是客户关心的问题,它是运输质量的主要特性之一,必须给予足够的重视和关注。

5. 方便性

公路运输经营者积极主动地急顾客之所急,想顾客之所想,为顾客提供一整套便利周到的服务,是十分重要的。对旅客运输来说,在购票、候车、进站、上车、下车、行包托运及提取等环节,均要求方便和手续简便;对货物运输来说,要做到招之即来,来之能运和服务良好,充分体现手续简便,送货到门。

6. 舒适性

舒适性是指客运方面旅客乘车舒适程度,随着人民物质文化生活水平的提高和交通运输业的发展,人们对旅行中的舒适性的要求不断提高,因此,要求旅客运输工作要最大限度地满足旅客对舒适性的要求。

二、公路运输服务质量的评价指标

公路运输的特殊性决定了运输质量评价的复杂性。目前,公路运输(包括城市运输)服务质量的评价指标如表3-3所示。

运输服务质量评价指标 表3-3

类别	评价指标	计 算 式
安全	事故频率(次/1000000km)	$R_a = \dfrac{责任事故次数 Z}{车辆总行程 \sum L}$
	事故损失率(元/10000km)	$R_l = \dfrac{责任事故直接损失 C_l}{车辆总行程 \sum L}$
及时	运送速度(km/h)	$v_c = \dfrac{运送距离 L}{运送时间 T_c}$
	乘客出行时间(min)	$t_a = 步行时间 t_t + 候乘时间 t_w + 乘行时间 t_r + 换乘时间 t_e$
	旅客购票时间(min)	$t_b = 待购时间 t_M + 售票时间 t_T$
准确	准点率(%)	$R_0 = \dfrac{车辆准点运行次数 Z_0}{全部行车次数 \sum Z} \times 100\%$
	正运率(%)	$R_H = \dfrac{正确运人数 Q_H}{运输总人数 \sum Q} \times 100\%$
	差错率(%)	$R_m = \dfrac{受理业务差错件数 I_m}{受理业务总件数 \sum I} \times 100\%$
经济	客运费率(%)	$R_P = \dfrac{平均每百公里乘距的乘车费 C_P}{服务地区居民平均月收入 C_s} \times 100\%$
	货运费率(%)	$R_g = \dfrac{平均每 10t \cdot km 货运费用 C_{10}}{服务地区居民平均月收入 C_s} \times 100\%$

类别	评价指标	计 算 式
方便	简便受托率(%)	$R_s = \dfrac{\text{简便受托业务件数 } I_s}{\text{受理业务总件数 } \sum I} \times 100\%$
	换乘率(%)	$R_e = \dfrac{\text{换乘人数 } Q_e}{\text{乘客总人数 } \sum Q} \times 100\%$
舒适	主要线路最高满载率(%)	$\gamma_b = \dfrac{\text{最高路段客流量 } Q_s}{\text{最高路段车容量 } Q_0} \times 100\%$
	车辆服务合格率(%)	$R_f = \dfrac{\text{执行合格服务项目数 } R_K}{\text{检查项目总数 } \sum R} \times 100\%$

思考与练习

1. 简述车辆利用指标体系的构成。

2. 提高运输生产率的途径有哪些？

3. 画图分析说明单项指标对运输生产率的影响。

4. 分析说明各使用因素对运输成本的影响途径。

5. 怎么评价汽车运输服务质量？

6. 一辆额定载质量 $q_0 = 5t$ 的载货汽车,某日出车 6h,共完成 5 次运输任务,见表 3-4,全天空车行程为 20km,试计算 β、v_d、γ、ε。

车辆运输任务表　　　　　　　　　　　　　　　　　　　　　　表 3-4

运次	1	2	3	4	5
$q_i(t)$	5	4	5	3	5
$L_{li}(km)$	16	15	15	16	14

7. 某月份某运输企业,其额定载质量为 $q_0 = 10t$ 的载货汽车的主要利用指标如下:$\gamma = 0.9$,$L_l = 20km$,$v_t = 40km/h$,$\beta = 0.6$,$t_{lu} = 0.5h$。

(1)试计算以周转量及货运量表示的该车辆的(工作)生产率 W_p 和 W_q。

(2)应用静态分析法分析装卸作业停歇时间 t_{lu} 对 W_p 的影响,要求列出关系式并画出相应的特性曲线图。

第四章　公路运输生产计划工作组织

运输生产计划是在运输市场调查、分析与预测的基础上,结合运输企业的内外经营环境,对运输企业在计划期内应完成的运输工作量、运力配置与运用、行车作业等运输生产主要技术经济指标及实现途径的部署和安排。运输生产计划是企业经营活动的主要内容,是组织运输生产和调度的重要依据。

第一节　运输需求的概念及特征

一、运输需求的概念

运输需求是指在一定的时期内和一定的价格水平下,社会经济生活对旅客(乘客)与货物空间位移方面所提出的具有支付能力的需要。运输需求必须具备两个条件,即具有实现位移的愿望和具备支付能力,缺少任一条件,都不能构成现实的运输需求。

"需求"与"需要"是两个不同的概念,简单地说,需求是有支付能力的需要。运输需要是指旅客(乘客)与货主对运输供给者提出的为实现空间位移的要求,而运输需求,则是指这种要求当中的有支付能力、可以实现的部分。因此,运输需要的概念较运输需求要大。

每个具体的运输需求一般包括以下6项要素。

(1)运输需求量(流量)。通常用客运量和货运量表示,用来说明客运需求和货运需求的数量与规模。

(2)流向。指旅客(乘客)或货物发生空间位移的空间走向,表明客货流的产生地和消费地。

(3)流距(运输距离)。指旅客(乘客)或货物所发生的空间位移的起始地至到达地之间的距离。

(4)运价。指运输每位旅客(乘客)或单位质量(体积)的货物所需要的运输费用。

(5)流时和流速(运送时间和送达速度)。前者是指旅客(乘客)或货物发生空间位移时从起始地至到达地之间的时间;后者指旅客(乘客)或货物发生空间位移时从起始地至到达地之间单位时间内的位移。

(6)运输需求结构。是按不同货物种类、不同旅客(乘客)类型或不同运输距离等对运输需求的分类。

二、运输需求的基本特征

运输需求来源于社会经济活动,不同的社会经济活动对运输的需求不一样。因此,社会经济活动的多样性和复杂性,决定了运输需求及其影响因素的多样性和复杂性。与商品需求相比,物流运输需求具有多方面的特殊性,主要表现在以下 5 个方面。

1.派生性

如果对某种商品或服务的需求是由另一种或几种商品或服务的需求所衍生出来的,那么对该商品或服务的需求就称为派生性需求。运输需求基本上是一种派生需求,它是由社会经济活动派生出来的,因为货主或旅客提出位移要求的目的并不是位移本身,而是为实现生产或生活的目的,完成空间位移只是其为实现真正目的的一个必不可少的环节。

派生性特点说明,货物运输需求总是由目的地对货物的消费需求或使用需求引起的,运输企业的行为不能导致货物运输需求。此外,运输提供商的行为,例如特定的运输路线、运输费率、服务水平,会影响产品需求量的大小,进而影响运输需求量。因为低廉、优质的运输服务能降低产品的到岸成本,能在一定程度上增加对产品的需求,进而增加运输该产品的需求。

2.多样性

人类活动的目的、形式多种多样,由此产生的运输需求在方向、范围、强度和质量方面也各不相同,因此引发运输需求的多样性。

首先,不同的货物由于其在质量、体积、形状上的差异性,需要不同的包装、保管和运输条件来维持货物的使用价值,因而在运输过程中必须采取不同的技术措施。例如,油品等液态货物需要用槽车、罐车、油船或管道来运输;危险品、易腐货物、长大件货物等要求特殊的运输条件。这些都可形成不同的货物运输需求。

其次,不同的运输工具也对应着不同的运输需求。例如:铁路运输需求、公路运输需求、航空运输需求、水运需求、管道运输需求。

3.波动的规律性

运输需求的规律性是指运输需求随时间做规律性的波动。总体来说运输需求的波动性表现在空间与时间两个方面。

(1)运输市场的空间特征。运输需求是社会经济发展对运输的需求,需求的大小依赖于社会、经济、文化、科技等方面的发展水平。在不同的国家或同一个国家的不同地区,运输需求具有很强的区域不平衡性(空间上的不平衡性),甚至在同一条运输线路(航线)的不同方向上,运输需求也具有明显的差异性。运输需求空间分布的特性决定了运输市场的空间分布特征。

(2)运输市场的时间特征。旅客运输需求和货物运输需求在一天之内、一年之内,甚至较长的时期内都会随时间而波动。在不同的时间和季节当中,运输需求在数量、内容、结构等方面存在明显的差异。在一段时间内,运输需求非常的旺盛,而在另一段时间内,运输需求又可能极度的低迷。运输需求的季节性变动,使运输市场的时间特征十分明显。

总之,运输需求起源于社会经济活动和工业活动,而社会经济及工业经济的发展具有一定的规律性,因此,对物流运输的需求也具有规律性。正确把握物流运输需求波动的规律性对分析和预测运输需求变化具有十分重要的作用。

4.部分可替代性

可替代性是指不同的运输需求在一定范围内可以相互替代的特点。

从运输需求产生的基本目的看,其基本目的是改变货物的空间位置,这一基本效用决定了不同种运输需求的可替代性。例如,某货物从 A 城市到 B 城市的运输需求,既可以利用铁路运输或公路运输,也可以使用航空运输或船舶运输;既可以由甲公司来运输,也可以由乙公司来运输。

应该注意,运输需求的替代性只能存在于一定的范围内。在很多情况下,不同的运输需求之间是不能相互替代的。例如,不同目的地的运输需求是不能相互替代的,不同类型的产品的运输需求也不能相互替代。

5. 运输供求的价格弹性

运输供求的价格弹性,包括运输需要的价格弹性和运输供给的价格弹性。

运输需要的价格弹性,简称需要弹性,指运输需要量变化率($\Delta Q'/Q'$)与运价变化率($\Delta P'/P'$)之比,用以表示运输需要随运价变化而变化的程度大小。

在通常情况下,价格与消费的关系是:对价格提高的商品消费减少,而对价格降低的商品消费增多。影响运输需要价格弹性的主要因素有:有无可代替运输需要的其他方式;运输费用在产品总成本中或家庭生活费用中所占比例大小;运输需要的必要性大小等。

运输供给的价格弹性,简称供给弹性,以运输供给的变化率($\Delta G'/G'$)与运价的变化率($\Delta P'/P'$)之比来表示。影响运输供给弹性大小的主要因素有:运输设施的投资额、剩余运力、运输市场情况及运输服务的即时性等。原始投资越小,运输供给弹性就越好。运输服务即时性的影响,主要表现在即时产品不能储存,不能调拨,因而与有形产品生产相比,运输供给弹性较小。

三、运输需求与运输量的关系

运输需求是社会经济生活在人与货物空间位移方面所提出的有支付能力的需要;而运输量则是指在一定运输供给条件下所能实现的人与货物空间位移量。这两个概念,既相互区别,又相互联系。在假定需求与供给均衡,或者在供给大于需求的情况下,运输需求量才是现实的运量。但如果供给不足,实际运量肯定要小于经济发展所产生的运输需求量。这里的实际运量小于需求量的那一部分,并不是由于人们的支付能力不足造成的,而是由于供给不足造成的。图 4-1 是运输需求、运输供给与运输量相互关系的示意图,由该图可以形象地看出,运输需求的真正实现,即运输量的形成是受运输供给制约的。

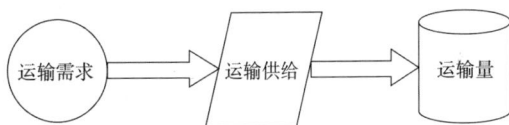

图 4-1 运输需求、运输供给和运输量间的相互关系

运输量预测是根据运输及其相关变量过去发展变化的客观过程和规律性,参照当前已经出现和正在出现的各种可能性,运用现代管理、数学和统计的方法,对运输及其相关变量未来可能出现的趋势和可能达到的水平的一种科学推测。

过去有许多预测工作没有分清运输需求与运输量的区别,在大部分预测过程中主要采用了以过去的历史运输量数据预测未来运输需求的方法,以"运输量预测"简单代替运输需求预测,这种概念上的误差当然会影响到预测的准确程度。显然,在运输能力满足需求的情况下,运输量预测尚可以代表对运输需求量的预测;而在运输能力严重不足的情况下,不考虑运输能力限制的运输量预测结果,就难以反映经济发展对运输的真正需求。

因此,在实际工作中,要注意运输需求预测和运输量预测这两者之间的区别,在实际经济分析中要注意预测所依据的资料、条件和方法,严格把握它们的经济含义。

第二节 客运与货运需求的基本特征

一、货流分析

1. 货物的种类及特征

货物分类的方法很多,不同的分类标准会得出不同的分类体系。为了有效地进行货物运输组织工作,常常将货物按运输组织工作的需要进行分类。一般可从货物装卸方法、运输和保管条件、托运批量、物理属性和重要程度等特征进行分类。

1)按货物装卸方法分类

(1)计件货物。

计件货物是可以用件计数的货物。每一件货物都有一定的质量、形状和体积,可按件重或体积计量装运。带运输包装的件装货物,按其包装物的形状可分为桶装、箱装和袋装货物等多个种类;按其包装物的性质,又可分为硬质包装、软质包装和专业包装。集装货物可以视为成件货物的一种特殊形式,如采用托盘、集装箱、集装袋等运输的货物。

(2)散装货物。

散装货物又可分为堆积货物和灌装货物。堆积货物是指不能计点件数,可以用堆积方法来装卸的货物,即允许散装散卸的货物,如煤炭、砂石、矿石、土等。灌装货物一般指液体货物,如油类、液体燃料、水等,可以用罐装方法进行装卸搬运的货物。

大批量运输或专门运输散装货物,对车辆性能、装卸设施、承载器具等均有一定的要求。

2)按货物运输和保管条件分类

(1)普通货物。

普通货物指在运输、配送、保管及装卸搬运过程中,不必采用特殊方式或手段进行特别防护的一般货物。

(2)特种货物。

特种货物指在运输、配送、保管及装卸搬运等过程中,必须采取特别措施才能保证其完好无损和安全的货物。特种货物又可分为危险货物、大件(长大、笨重)货物、鲜活易腐货物和贵重货物等。

3)按货物托运批量分类

(1)整车货物。

根据运输工具的不同,整车货物又可分为公路运输整车货物和铁路运输整车货物。

公路运输整车货物是指一次托运货物的质量在 3t 以上或虽不足 3t,但其性质、体积、形状需要一辆汽车运输的货物。铁路运输整车货物是指一批货物的质量、体积或形状需要一辆 30t 或 30t 以上货车运输的货物。

整车货物的特点是货流较稳定,装卸地点变动较少。常见的货物如粮食、煤炭、建筑材料等,这些货物宜采用载质量大的运输工具运输,并使用生产效率高的机械装卸。

（2）零担货物。

零担货物也可分为公路运输零担货物和铁路运输零担货物。

公路运输零担货物是指一次托运货物的质量在3t及3t以下或不满一整车的小批量货物。铁路运输零担货物是指不够整车运输条件的货物，且一件体积最小不得小于0.02m³（一件质量在10kg以上的除外），每批货物不得超过300件。

零担货物的主要特点是货物种类繁多、批量小、货流不稳定、装卸地点经常变动，因此宜采用载质量小的运输工具进行运运。

4）按货物的物理属性分类

根据货物的物理形态，可以将运输的货物分为固体、液体和气体三种不同性质的货物。

在不同的地理区域和经济区域，甚至在产业发展的不同阶段，三种物理形态的货运量的构成是不同的。以我国目前货物物理属性构成来说，固体货物的运输量最大，其中又以块状货物（如煤炭、矿石等）和粉末状货物（如水泥、化肥等）居多。

在同一类货物中，其密度也是一项重要的物理性质。密度不同的货物对车辆载质量、容积的利用以及装载与运输过程的安全性和服务质量，都会有较大的影响。

5）按运输对象的重要程度分类

依据运输物资的重要程度及运输时间要求的缓急性，可将运输对象分为重点物资货物和一般物资货物。货物运输时间的缓急，主要是依据国家政策及有关规定确定的。

重点物资货物是指在运输时间上对国民经济、人民生活、宏观效益等方面有重要影响的物资，如抢险救灾、战备急需的物资。

一般物资货物是指相对重点物资货物而言的其他各种货物。这类货物在运输时间上没有特殊的要求。托运人自己要求优先运输的货物，一般不算重点物资货物；另外，有些一般性货物也有较强的时间要求，如农业生产用的种子、农药、化肥、鲜洁农产品等。

2.货流及货流图

1）货流

货流是在一定时期和一定范围内，一定种类和一定数量的货物，沿一定方向进行有目的的位移。货流是一个经济范畴的概念，本身包含着货物别、数量、方向、运距和时间五个方面的要素。货流的大小通常可借助货流量表示。

路段货流量(t/h)是指在一定时间内沿该路段的一个方向通过的货物数量。流向是指货流沿路段的流动方向。当沿路段上两个方向都有货流时，货流量大的方向称为该路段的货流顺向，货流量小的方向一般称为货流反向。路段货流量的计算公式为：

$$I = \frac{Q}{T} \tag{4-1}$$

式中：I——路段的货流量(t/h)；

Q——统计期内沿路段单方向通过的货物数量(t)；

T——统计期时间(h)。

2）货流图

为了清晰地反映货物种类、数量、方向等因素构成的货流量和流向，可以采用货流图来描述。货流图是用于表示一定时期内沿某运输路线货（客）流特征的图形。

绘制货流图时,把货物沿实际运输路线的曲线流动表示成直线。从起运点开始,以运输路线的轴线为横坐标,按比例绘出各有关货运点间的距离;再将不同种类的货物数量按一定比例,用不同符号(或颜色)标在纵坐标上,将同一方向(如顺向)的货流表示在横坐标的一侧,而将相反方向的货流表示在另一侧,这样就得出一个表明不同货物种类构成的流向和流量的货流图。货流图上的每个矩形面积表示不同货物种类构成的货物周转量。

货流图可针对某一地区、某一调度区、某车站、车队或班组营运范围的主要货物种类或重要物资来绘制。对一些运量较大的主要路线,也可视情况需要分别绘制。为了便于绘制货流图和分析货流,可先编制各货运点的货流表,见表4-1。据此可以很方便地绘出货流图,如图4-2所示。

货流表(单位:t) 表4-1

发货点 \ 收货点	A	B	C	共计发送
A		200	300	500
B	500		300	800
C	200	400		600
共计到达	700	600	600	1900

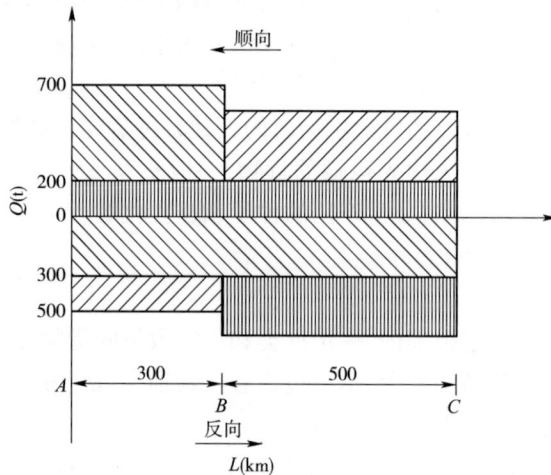

图4-2 货流图

货流图的主要作用体现在以下几方面:

①货流图能够清晰地表明各种货物的流量、流向、运距,便于进行有计划的组合与安排。

②便于发现运输组织计划中存在的问题,增强货物流向的合理性。

③便于根据货流特点组织车辆,进行装卸设备等的配置与调度。

④便于编制和检查车辆运行作业计划,组织合理运输。

⑤便于确定线路的通过能力、装卸站点的作业能力,为线路、站点的新建、扩建提供必要的基础资料。

利用计算机作为手段,开发有关的应用软件,则可使得货流图的绘制工作变得更为简单、实用和高效。

3.货流分布的不平衡性

货流的分布在方向和时间上是不平衡的。货流的不平衡状态是货流布局研究的重点内容之一。

1)货流的方向不平衡性

货流沿运输路线两个方向的货流量不相等。这种不平衡的程度可用回运系数 r_d 进行度量。回运系数指运量较小方向的货流量 Q_{min} 与运量较大方向的货流量 Q_{max} 之比,即:

$$r_d = \frac{Q_{min}}{Q_{max}} \times 100\% \tag{4-2}$$

显然,回运系数 r_d 越小,表明货流的方向不平衡程度越大;反之,则表明不平衡程度越小。

产生货流在运输方向上不平衡的主要原因是资源分布的不均衡性与开发程度不同,社会物质生产部门在地理位置上的差异性以及生产力水平的参差不齐等。货流的方向不平衡性一般不可能完全消除,其结果必然导致部分运载工具的空载运行,造成部分运力的浪费。这种浪费可以通过合理组织运输工作而将其减少至最低限度。

2)货流的时间不平衡性

货流在不同时间的货流量不相等,这种波动程度可采用波动系数进行度量。波动系数 r_t 指全年运量最大季度(或月份)的货流量与全年平均季度(或月份)货流量 $\overline{Q}$ 之比,即:

$$r_t = \frac{Q_{max}}{\overline{Q}} \times 100\% \tag{4-3}$$

显然,波动系数 r_t 越小,表明货流的时间不平衡程度越小;反之,则表明不平衡程度越大。

货流在时间上的不平衡主要是由生产、消费以及其他条件(如自然条件)造成的。一般而言,大部分工业制成品形成的货流,在时间上的不平衡性较小;而农产品、以农产品为原料的工业品所形成的货流,在时间上的不平衡性较高。此外,由于某些自然因素(如冰冻、台风、水灾、地震等)的作用,也可能会增加上述不平衡的程度。

二、客流分析

旅客运输的基本任务就是要最大限度地满足人民群众对于出行乘车的需要,确保安全、迅速、经济、便利地将旅客送往目的地。旅客通常有以下几种分类方法。

1.按旅客出行目的分类

按旅客出行目的,可以将旅客分为公务出差、商务、旅游、探亲、通勤、外出打工、生活购物等不同类型。

根据旅客出行特点不同,可将客运工作分为以下两类:

(1)工作性客运,是一种因公外出、通勤、上学等乘客出行需要而产生的客运。这类客运的主要特点是运输时间比较集中,运量较大且有规律性,乘客对运送时间方面要求较高。

(2)消费性客运,是一种因探亲访友、旅游观光等乘客出行需要而产生的客运。其主要特点是随机性大,流量与流向难以掌握。

2.按发送旅客的区域分类

按发送旅客的区域可分为市内乘客、城乡旅客、城间旅客和国际旅客。

(1)市内乘客。旅客出行范围主要在城区,此类乘客在时间、空间上分布很不均衡。客运工作的主要特点是行车频率高,运输距离短,交替频繁,停车次数多,大多由城市公交系统提供相应服务。

(2)城乡旅客。旅客出行范围主要在城市与乡村之间,此类旅客多为早进城市晚回乡,出行距离较短,多由短途客运系统提供相应服务。

(3)城间旅客。旅客出行范围主要在城市之间,此类旅客流量相对稳定,在短时间内不会出现偶然性的高峰;旅客平均运距长,多由长途客运系统提供相应服务。

(4)国际旅客。旅客出行范围在国与国之间,这部分旅客流量较小且较集中,多由航空客运系统和铁路客运系统提供相应服务。

一般而言,长途旅客构成的客流较稳定,对舒适性、定时性和快速性要求较高,特别是有些旅客还要转乘其他运输工具,因此编制行车(航班)时刻表或船期表时应与其他运输方式的运输时刻相衔接;而短途旅客构成的客流在时间与空间上分布往往不均匀。

3.按旅客是否包租运输工具分类

可将旅客分为团体旅客和零散旅客。

(1)团体旅客,指一次出行人数较多且目的地一致,由运输企业安排专车(船、机)运送的旅客。这类旅客运输具有直达运输、统一结算运费、规定旅行线路等特点。

(2)零散旅客,指同时出行人数不多,到达地点各异,搭乘既定线路的运输工具的旅客。

三、客流及客流图

客流是指一定时间内某一运输路线一定方向的旅(乘)客流动,客流同样包含流量、流向、流距、流时和类别五个基本要素。流向有上行和下行之别。公路运输一般以对应站点的位置来划分,如从重要城镇的站点往外行为上行,反之为下行;铁路规定进京方向或是从支线到干线为上行,反之为下行。

客流图的绘制方法与货流图相似,图4-3为依据某公交线路路段小时客流OD表(表4-2)绘制的客流图。

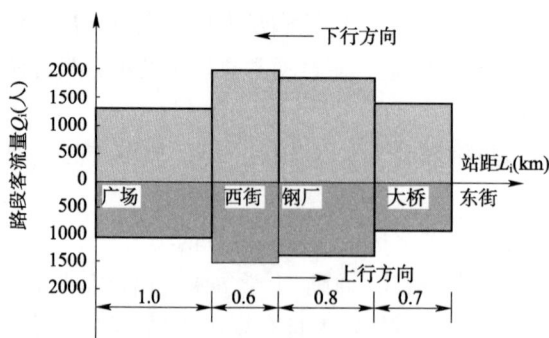

图4-3 线路客流图

某公交线路路段小时客流 OD 表　　　　　　　　　　表4-2

项目 \ 停车站		广 场	西 街	钢 厂	大 桥	东 街
站距 L_i（km）		1	0.6	0.8	0.7	
路段序号		1	2	3	4	
路段客流量 Q_i（人）	上行方向 →	1000	1500	1400	800	
	下行方向 ←	1200	2000	1800	1400	

四、客流分布的波动性

客流在地区、方向和时间上的分布极不平衡，可称之为客流分布的波动性。这种客流分布的波动性实质上反映了运输需求在空间及时间分布的不均匀性。其中空间分布的不均匀性表现为路段、站点分布的波动性及方向分布的波动性。

如图4-4所示，几乎在每条道路上都可以看到客流沿方向即路段分布的不均匀性。在该城市的几个道路交叉口点和 D、F 点附近形成客流大量集中状态，还有一些换乘及交通枢纽点（如 L、M 点）客流发生急剧变化，并且越是远离城市中心区，客流也越少，这主要受城市居民区及工业区的布局影响。

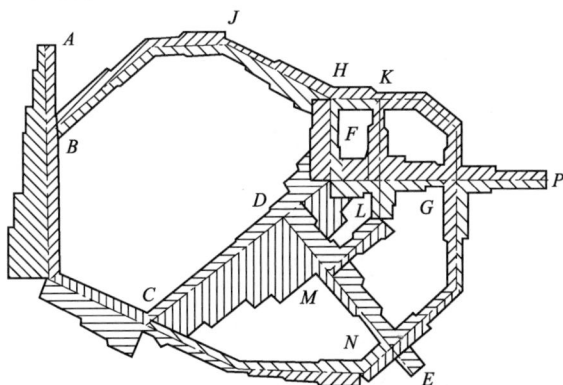

高峰小时客流：1000人/h
　　　　　　　500人/h

图4-4　某市高峰小时客流统计图

通过研究旅（乘）客运输沿运输时间、方向及区域分布的波动性，可以向旅（乘）客提供适宜的运输服务项目、优质的运输服务及合理的运输组织方式和方法。旅（乘）客运输需求的波动性，势必要求客运经营者所提供的运输能力、组织水平与之相适应。

1. 客流在空间分布的不均匀性

1）路段不均匀系数 K_{li}

对客流沿路段（断面）分布的不均匀程度，采用指标"路段不均匀系数"进行评价。路段不均匀系数，指统计时间内营运线路某路段客流量 Q_{li} 与平均路段客流量 $\overline{Q_1}$ 之比，即：

$$K_{li} = \frac{Q_{li}}{\overline{Q_1}} \quad (i = 1, 2, \cdots, n) \tag{4-4}$$

式中：K_{li}——统计期内，第 i 路段的路段不均匀系数，$i = 1, 2, \cdots, n$；

Q_{li}——统计期内，第 i 路段的客流量(人)；

$\overline{Q}_l$——统计期内，平均路段的客流量(人)；

n——营运线路的路段数。

通常将 $K_{li} > 1$ 的路段称为客流高峰路段。当 K_{li} 值较高时，应采用诸如加开区间车等措施，以改进运输服务质量。

【例 4-1】 某运输公司某营运线路总计分为 4 段，分别用 AB 段、BC 段、CD 段、DE 段表示，该线路一年内的路段客流量统计见表 4-3，试计算该线路各路段的路段不均匀系数。

路段客流量统计(单位:万人) 表 4-3

路段月份	1	2	3	4	5	6	7	8	9	10	11	12
AB	2.5	3.0	2.1	3.2	1.6	2.4	2.6	3.1	3.2	1.9	2.6	2.9
BC	3.6	2.9	2.8	3.4	3.6	4.1	2.9	3.7	4.0	3.7	4.8	4.1
CD	6.4	6.2	5.8	5.7	5.6	5.1	6.3	6.1	6.8	6.9	6.7	5.9
DE	4.1	3.9	3.7	4.2	3.8	3.5	4.1	4.6	4.2	3.4	4.5	3.9

解：AB 段、BC 段、CD 段、DE 段在一年内的客流量分别为：$Q_{AB} = 31.1$ 万人；$Q_{BC} = 43.6$ 万人；$Q_{CD} = 73.5$ 万人；$Q_{DE} = 47.9$ 万人。

故 $\overline{Q} = 49.025$ 万人。

AB 段、BC 段、CD 段、DE 段的平均客流量为 49.025 万人，则各路段的不均匀系数为：

$$K_{AB} = 0.63; K_{BC} = 0.89; K_{CD} = 1.50; K_{DE} = 0.980$$

因为 $K_{CD} > 1$，所以 CD 段为该营运线路的客流高峰路段。

2)站点不均匀系数 K_{zj}

站点不均匀系数指统计期内营运线路的某停车站旅客(乘客)集散量 Q_{zj} 与各停车站旅客(乘客)平均集散量 $\overline{Q}_z$ 之比，用以评价客流沿营运线路各站点分布的不均匀程度，即：

$$K_{zj} = \frac{Q_{zj}}{\overline{Q}_z} \quad (j = 1, 2, \cdots, m) \tag{4-5}$$

式中：K_{zj}——营运线路第 j 站点不均匀系数；

Q_{zj}——第 j 站点旅客(乘客)的集散量(人)；

$\overline{Q}_z$——各站点旅客(乘客)的平均集散量(人)；

m——营运线路的停靠站数目。

站点集散量，指在统计时间内到达某停车站乘客的上车人数(集结量)与下车人数(疏散量)的统称。通常将 $K_{zj} > 1$ 的停靠站称为客流高峰站，如图 4-5 中的 1、4、6、9 公交站。一般当 K_{zj} 较高时，可以开设只在这类站点停靠的营运快车，以缓和这类站点旅客(乘客)上下车的拥挤程度，及时疏散滞留在这类停靠站的旅客(乘客)，城市公交系统尤其适用。

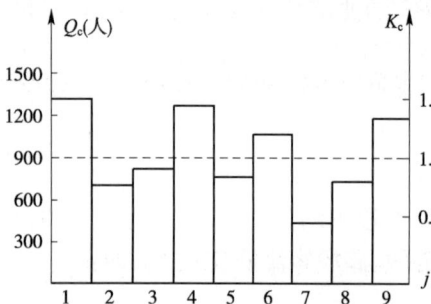

图 4-5 某公关汽车线路站点集散量分布图

3)方向不均匀系数 K_f

①方向上的客流动态。方向上的客流动态是指某条运输线路旅客(乘客)在流动方向上的变化状态,每条运输线路都有去程、回程之分(公共交通每条线路有上行、下行之分),在同一时间间隔内两个方向的客流量经常是不平衡的,有的线路差异甚至较大。方向上的客流动态有以下两种类型:

a.双向型客流。凡是某条线路两个方向的客流相等或接近相等,就称为双向型客流。大部分地区的市区线路均属于这种类型,由于两个方向的客流近乎相等,车辆运行调度工作就相对容易。

b.单向型客流。凡是某条线路两个方向的客流有很大差异,就称为单向型客流。由市区通向郊区的市郊线路上,大多属于这种类型,由于同一线路两个方向的客流量很不平衡,车辆利用就会受到影响,这给车辆运用的调度工作带来不少困难。

②客流的方向分布规律。为了评价客流在方向分布上的不均匀程度,通常采用方向不均匀系数这一指标。方向不均匀系数 K_f 是指统计期内营运线路的最大单向客运量 Q_{fmax} 与平均单向客运量 $\overline{Q}_f$ 之比,即:

$$K_f = \frac{Q_{fmax}}{\overline{Q}_f} \tag{4-6}$$

式中: K_f ——某营运线路的方向不均匀系数;

Q_{fmax} ——营运线路的最大单向客运量(人);

$\overline{Q}_f$ ——营运线路的平均单向客运量(人)。

如果 K_f 过高,运输企业也应采取某些措施,如增加车次、开设线路快车等,以提高运输服务质量。尽管这些措施可能会导致另一单向的车辆运力未能充分利用,但相对社会效益和企业获取的经济效益而言,上述措施的采用仍是值得的。

2.客流在时间分布的不均匀性

旅客运输需要按运输时间分布的波动性,主要表现为以下几个方面:

(1)一年之内季节性波动,如收获季节的农副产品运输、学校放寒假学生的运送、春秋旅游旺季游客的运输等,均表现出一年之内的季节性波动。

(2)日间波动,如节假日期间、周五晚、周一早城间和城市客运所表现的客流波动,月初与月末的旅客运输表现出的日间波动等。

(3)日内沿不同小时分布的波动,如一日之内早晚上下班时出现的客运高峰及平时的低峰运输,以及夜间旅客运输表现日内沿不同小时分布的波动等。

客流时间分布波动性的指标主要有以下三个:

(1)月不均匀系数 K_{yi}。月不均匀系数指营运线路在一年内某月运送的客运量 Q_{yi} 与全年平均每月客运量 $\overline{Q}_y$ 之比,即:

$$K_{yi} = \frac{Q_{yi}}{\overline{Q}_y} \quad (i = 1, 2, \cdots, 12) \tag{4-7}$$

式中: K_{yi} ——第 i 月的月不均匀系数;

Q_{yi} ——第 i 月的客运量(人);

$\overline{Q}_y$ ——平均每月的客运量(人)。

月不均匀系数在旅游旺季、节假日较高。

(2)日不均匀系数 K_{ri}。日不均匀系数指营运线路在月营运时间内(假设30天内),某日客运量 Q_{ri} 与平均日客运量 $\overline{Q}_r$ 之比,即:

$$K_{ri} = \frac{Q_{ri}}{Q_r} \quad (i=1,2,\cdots,30) \tag{4-8}$$

式中:K_{ri}——第 i 日的日不均匀系数;

$\quad Q_{ri}$——第 i 日的客运量(人);

$\quad \overline{Q}_r$——平均每日的客运量(人)。

(3)小时不均匀系数 K_{si}。小时不均匀系数指营运线路在日营运时间内,某1h的客运量 Q_{si} 与平均每小时客运量 $\overline{Q}_s$ 之比,即:

$$K_{si} = \frac{Q_{si}}{Q_s} \quad (i=1,2,\cdots,n) \tag{4-9}$$

式中:K_{si}——第 i 小时的小时不均匀系数;

$\quad Q_{si}$——第 i 小时的客运量(人);

$\quad \overline{Q}_s$——平均每小时的客运量(人);

$\quad n$——日营运时间(h)。

通常,$K_{si} \geqslant 1.8 \sim 2.2$ 时,称为客流高峰小时;$K_{si} < 1.0$ 时,称为客流低峰小时;其他时间为客流半峰小时。

充分研究运输需要沿运输时间、方向及区域分布的波动性,其目的是适时提供相应的运输服务,以提高运输服务质量和经济效益。所谓运输供给的波动性,是指运输企业所提供的运输能力必须根据运输需要的波动性而适时加以调整,因此出现运输供给的不均匀性。

第三节　运输量调查与预测

一、运输调查

运输调查是借助于适当的调查方法和调查形式,对一定范围、时期内运输需求和动力供给进行系统而有计划、有目的的搜集、整理和分析。调查所取得的资料是运输经营与管理部门进行货物运输工作量预测、客流预测的主要依据,也是运输企业做出经营决策和编制经营计划的重要参考依据。

1.运输调查的目的及内容

1)运输调查的目的

运输调查的目的主要如下:

(1)对营运服务区域内的货(客)流分布、构成和规律做到心中有数,便于合理地调整运力的布局,使运力和运量在一定时期内保持基本平衡。

(2)了解并掌握营运服务区域内计划期的货(客)流流量、流向、流时和变化趋势,为制订公路货物运输计划提供依据。

(3)了解货主对运输的需要情况。

（4）为公路、铁路分流，以及为开办各种形式的联运和联营提供依据。

（5）查清营运服务区域内各种运输方式的规模及其分布。

2）货运调查的内容

（1）货主需求情况的调查。主要包括：

①现有货主的地区分布和数量。

②货主的类别、规模、基本经济情况。

③货主的托运习惯、托运的动机和心理。

④货主对公路货运企业服务的满意和信赖程度。

⑤货主的潜在要求。

（2）货运供给情况的调查。主要包括：

①营运服务区域内运输市场的供应情况及发展趋势。

②公路货运企业自身情况的调查，包括公路货运企业在运输、价格、广告、服务等方面的情况以及企业的市场占有率和经营策略的适应性等。

③竞争对象的调查，主要包括：竞争企业的数量、规模、运输成本、价格、经营策略、市场占有率等。

3）客运调查的内容

（1）客运需求情况的调查。主要包括：对居民居住与工作（学习）地点分布、出现目的、出行工具、出行时间等的综合调查。调查项目包括被调查者性别、年龄、家庭成员情况、文化程度、职业、一昼夜间的出行情况（如出行目的、出行的出发地与目的地、出行时间、换乘次数、换乘地点、出行工具等）。

（2）客运服务调查。用以了解客运服务现状满足客运需求程度的调查，包括客运供给调查和客运服务质量调查。

客运供给调查用以获取下述资料：某线路各停车站间对应的客运量、各路段（断面）客流量、各停车站点乘客集散量、路段或路线的车辆满载率情况、客流沿不同乘行方向的分布等。为方便调查，通常在各停车站驻站观察调查。其中，路段或路线的车辆满载率可以划分为几档（如半满座、满座、有站位、满载、不能再上乘客等），由调查人员目测后，在调查表相应满载率栏目处做好记录。客运供给调查表格见表4-4。

客运供给调查表   表4-4

站点名称：			调查人员：				调查时间：　　年　　月　　日		
班次	车号	到站时间	离站时间	乘客变动情况			站点人数变动情况			满载率	备注
				到达人数	下车人数	上车人数	发车人数	离站人数	滞留人数		

2. 运输调查的步骤

运输调查是一项较为复杂的工作，为使此项工作达到预期的目的，必须有计划、有组织、有步骤地进行。调查可分为准备、实施、结果处理三个阶段，共八个步骤，如表4-5所示。

公路货运量调查的步骤   表 4-5

阶段	序号	步　骤	内　容
准备	①	确定调查的目的	明确调查所要解决的主要内容以及调查的要求
	②	拟定调查计划	确定参加调查人员、对象、预算、进度、范围等
实施	③	设计调查表格	根据调查的要求,设定指标并制成表格,用作记录与分析
	④	拟订调查方法	根据调查的要求,以及时间、费用选定合适的方式与方法
	⑤	实施调查	进行分步骤、分阶段的调查
处理	⑥	整理调查资料	将调查所得的资料进行分类、汇总、使之系统化、条理化
	⑦	提出调查报告	阐述调查目的、采用的方式与方法、调查结果、参考性意见
	⑧	追踪检查	检查调查的结论与建设是否被采纳及效果如何

表 4-5 中所列各步骤均存在信息反馈的过程。当我们在实施调查中遇到一些不曾考虑而又必须予以考虑的问题时,可考虑及时修改或重新制订调查实施计划,设计新的调查表格进行补充调查。

3.运输调查的方式与方法

1)运输调查的方式

(1)全面调查。是公路货运经营单位或管理部门为了认识和掌握运输规律,取得比较全面、细致、准确的资料更好地编制运输计划,以公路货运市场总体为调查对象,组织专门机构和人员进行的内容广泛的调查。全面调查取得的资料全面、细致、准确,但耗费人力、财力等较多。因此,一般都是在年度开始前两个月进行一年一次的调查。为开辟新的营运线路,则应及时对该路线的沿线区域进行全面调查。

(2)抽样调查。是一种非全面的调查,它利用概率统计的随机原理从被研究的总体中抽出一部分样本进行调查,从而推断整个货运市场的特征。抽样调查是从样本推断总体,因而存在一定误差是难免的。问题的关键是要综合考虑各方面因素,确定一个合适的抽样率。

(3)典型调查。是为了探索普遍规律,研究并提出对同类问题的解决措施、方法,而选取一些具有代表性的地区、线路或物资单位作为典型调查的对象,对之进行周密地了解和分析,从中寻求同类事物的共同规律。

典型调查可弥补全面调查的不足,其关键是选择的对象要有代表性。典型单位的选择通常要考虑的问题:首先,被选单位要能反映一类问题,或者能体现共同的要求;其次,被调查的单位对整个公路货运企业有较大的影响。一些先进的单位或者落后的单位和试点单位皆可能被选为调查的对象。通过对典型单位的调查,可以总结其经验与教训,以便在产业中推广。

(4)专题调查。是公路货运企业为了研究公路货运生产中某一关键问题,或某一重点货种,专门进行的一种深入而系统的调查。专题调查的针对性很强,它要求选择一些重点、关键问题进行调查,如公路货运企业运输质量问题的调查等,特定的时间(如节假日)客流的调查。

(5)经常调查。经常调查是公路货运经营单位为随时掌握营运服务区域内货量、流向、流量变化情况并积累有关资料而经常进行的一种调查。也称统计调查法,以客运为例,利用售票、检票等原始记录,通过表格整理,得到调查资料,以便于了解某路线、班次对客运要求的适应程度和客运效果。公路客运班车载客动态整理表见表4-6。

公路客运班车载客动态整理表

表4-6

年 月 日

项目	站点	始发站A		中间站B			终点站C		合计	
	旅客动态									
	站距									
班次	班名	发车时间	发车人数	下车人数	上车人数	发车人数	到达时间	到达人数	发送人数	旅客周转量

2）运输调查的方法

运输调查的方法很多,常见的有以下几种:

（1）询问法。是将要调查的事项以当面、书面、电话、问卷等形式,向被调查者提出询问和笔录,以获得所需资料的一种调查方法。此法简单易行,调查者可灵活掌握,并可以随时间一些调查者感兴趣的问题。

（2）观察法。是调查者亲赴货运现场或通过电子设备,对调查对象的行为、反应及感受进行侧面观察和记录的一种方法。如公路客运的驻站（点）观察法,是通过对主要站点进行定期或不定期的观察,了解该站（点）上下车旅客交替人数和留站（点）人数,掌握该站（点）全日各时间段客流量的变化程度和高、低峰时间,判明车次安排是否合理,站点设置是否适当,为调整班次和行车时间及站点设置提供资料。驻站观察记录表见表4-7。

驻站观察记录表

表4-7

年 月 日

车次	车号	到站时间	正点或晚点	乘客流动人数				留站人数		备注
				到达人数	下车人数	上车人数	发车人数	近程	远程	

（3）实验法。是在一定实验条件下进行小规模模拟实验,然后,对实验结果进行分析的调查方法,如公路货运企业开辟新的运输形式就可以在小范围进行实验,然后再进行推广。

二、运输量预测

1. 运输量预测的含义

运输量预测,是在旅客、货物运输调查和对调查资料进行全面、系统研究的基础上,结合国民经济和社会发展对运输的需求,预测未来期间旅客、货物运输量的发展趋势及其概率特征。

按预测时间长短,运输量预测可分为短期预测、中期预测和长期预测。短期预测即年度预测,是制订年度、季度运输生产计划的基础;而中期预测（1～5年,一般以3年为多见）和长期预测（5年以上）则是制订企业运输战略规划的基础。短期预测要求对影响预测的各种因素全面考虑,其准确性与可靠性大。

2.运输量预测的内容

1)客运量预测内容

根据预测的不同目的,客运量预测可分为全社会客运量预测(又称综合客运量预测)、营运性客运量预测和运输企业客运作业量预测。

全社会客运量是指在一定区域、统计时间段(通常为一年)内通过运输系统完成的客运总量,包括营运性客运量和非营运性客运量。全社会客运量预测是依据相关部门统计的全社会客运总量年鉴资料和有关规划中的发展目标对未来年份可能发生的客运需求量进行的预测。由于社会经济发展水平及人口增减状况与客运量的变化相关很大,通常在进行综合客运量预测之前先预测社会经济主要指标及人口数量的变化情况,以此来反映且检验综合客运量的预测结果。符合发展趋势的预测结果能够正确反映社会客运需求情况,为交通主管部门实施运输基础设施规划、运输管理规划提供基础依据,同时为运输企业掌握客运市场提供信息。

营运性客运量是指全社会客运量中由运输企业组织完成的客运量部分,包括公交运输、轨道运输、出租车运输、旅游包车等要求旅客支付一定运输费用的出行所产生的客运量。营运性客运量预测可以由全社会客运量预测结果按相关关系分解所得,也可以依据相关部门统计的营运性客运量资料进行预测。营运性客运量与当地运输供给状况密切相关,对营运性客运量的预测往往为交通运输管理部门掌握营运市场,合理制订运输策略,规划场站设施建设,调整运力运量结构提供依据。

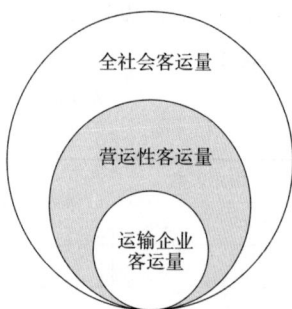

图4-6 全社会客运量、营运性客运量和运输企业客运量的包含关系

运输企业客运作业量是指通过某客运公司组织完成的旅客运量。运输企业客运量属于营运性客运量,对其预测基于企业历史客运量资料,预测结果有利于运输企业掌握客运作业量变化规律,做出正确投资决策及经营策略,调整运力匹配。图4-6为全社会客运量、营运性客运量和运输企业客运量的包含关系图。

2)货运量预测内容

公路货运量预测与客运量预测相似,根据预测目的不同,货运量预测可分为全社会货运量预测(又称综合货运量预测)、营运性货运量预测和运输企业货运量预测。

全社会货运量是指在一定区域、统计时间段(通常为一年)内完成的货物运输总量,包括营运性货运量和非营运性货运量。营运性货运量是指通过签订运输协议,由货运企业或物流公司完成的货物运输总量,而非营运性货运量是指个人或生产单位自行组织的货物运输量,运输货物不进入运输市场。运输企业货运量是指通过某货运企业组织完成的货物运输量。需要注意,有些运输企业既经营营运性货运量又承担非营运性货运量,如挂靠于某些生产企业的运输企业为扩大经营规模,同时承揽一些营运性货运量。

由于货运量的产生与国民经济发展水平、产业结构及发展水平有密切关系,通常在货运量预测时需要预测经济发展、各产业产值增长状况。全社会货运量预测、营运性货运量预测或运输企业货运作业量预测分别依据相应的货运量统计资料,通过适当的预测方法预测未来货运量的变化情况。

全社会货运量预测能够反映未来社会货运需求情况,为交通主管部门实施运输基础设施规划,从宏观上协调运输需求与运输供给,制订宏观运输政策提供依据。营运性货运量预测可以反映货运市场未来趋势变化,为交通运输管理部门掌握市场规律,制订运输策略,规划站场设施,调整运力结构提供依据。运输企业货运作业量预测有利于货运企业掌握货运作业量变化情况,做出正确的投资决策及经营策略,调整运力匹配。

3.运输量的预测步骤

运输量预测的程序可以概括为以下几个步骤:

(1)确定预测的目标。这是进行预测要最先解决的问题,即预测目的是什么,解决什么问题,预测的对象是什么,预测的期限多长和范围多大等。

(2)拟定预测计划。主要包括:预测的内容、参加预测的人员及分工、预算的编制、预测的进度等。

(3)收集、分析和整理信息资料。只是一大堆资料、数据还不能称作信息,只有经过系统加工整理的资料和数据方能称作信息。

(4)选择预测方法,建立预测模型。要根据市场发展趋势,建立相应的数学模型,然后,根据数学模型预测的公路运输量。

(5)估计预测误差。预测是根据事物的过去及现在去预计未来,而未来具有很大的不确定性。因此,预测误差的产生是难免的,需要尽可能准确地估计可能产生的误差,并对预测值进行适当的估计。

(6)检验预测结果。将预测结果与实际发生情况进行对比,找出其差额,分析产生的原因,以修正预测模型,提高预测精度。预测同样也存在信息反馈的过程。当检查的结果表明预测不准确,存在较大的误差时,我们可以根据有关的信息,修改预测模型,重新进行分析与计算,直到获得符合实际的预测结果。

4.运输量预测的方法

预测理论产生了许多种预测方法,归纳起来大致可以分为两大类:定性预测法和定量预测法。根据预测实践的经验,在进行运输量预测时,要根据社会经济现象的不同特点和所掌握的数据,选择合适的预测方法,并将两种预测方法结合起来使用,以实现较好的预测效果。常见的预测方法如下:

1)定性预测法

定性预测法是靠人的主观经验和综合分析判断能力,对未来的发展状况做出估计的方法。主要适用于企业数据较少或数据不充分的情况。常用的定性预测方法有以下几种:

(1)德尔菲法(Delphi)。

定性预测最常用的方法是德尔菲(Delphi)法,它是在20世纪40年代由美国兰德公司创立并使用的。其预测过程大致包括以下内容:

①由预测组织人员将需要预测的问题一一拟出,然后将这些问题连同本次预测活动的目的、意义等背景材料,一并寄给预测专家。

②预测专家各自独立地回答各个预测问题,并将答案回寄给预测组织人员。

③预测组织人员对收集的专家意见汇总、分类和整理,将那些专家意见相差较大的问题

再抽出来,附上几种典型意见请专家进行第二轮预测。

④重复上述过程,直到专家的意见趋向一致或更加集中在一两种意见上为止。并以上述专家的最终意见作为预测结果。

德尔菲预测方法的基本特点包括:

①参与预测的专家比较多,有尽可能全的代表面。

②征集意见的方法是"背靠背",彼此不见面,不通气,避免了受"权威"人士的影响,从而有利于预测活动的民主性和科学性。

③多次反复,以便能够充分运用所有参与者的知识、经验和能力,这样可以获得更为准确的结果。

(2)经验判断法。

经验判断法的基本特点是在资料缺乏的情况下,依据有关人员的经验和判断能力,根据已掌握的情况,对运输量的发展趋势做出分析和预测。根据参加预测人员的不同,此方法可分为两大类。

①专家判断法。由运输部门负责人召集部门管理人员,通过会议听取他们的预测意见,然后由负责人在听取意见的基础上进行最后预测。此方法简便迅速,但主要取决于专家的经验和判断能力,有时会不准确。

②专业人员分析法。召集有关专业人员通过会议进行预测。由于专业人员的工作范围有限,不掌握全部资料,故他们的看法也有局限性,易出现预测数过大或过小的现象。为克服这一缺点,可采用推定平均值的方法加以预测,其计算公式为:

$$推定平均值 = \frac{最高估计值 + 4 \times 最可能估计值 + 最低估计值}{6} \tag{4-10}$$

2)定量预测法

定量预测法是依据必要的统计资料,借用一定的数学模型,对预测对象的未来状态和性质进行定量测算等方法的总称。运输预测常用的定量预测方法有以下几种:

(1)增长率统计法。

增长率统计法是指根据预测对象在过去的年均增长率,类推未来某期预测值的一种简便预测方法。计算公式为:

$$\hat{Y}_t = Y_n (1 + r)^t \tag{4-11}$$

$$r = \left(\sqrt[n]{\frac{Y_n}{Y_0}} - 1 \right) \times 100\% \tag{4-12}$$

上述式中:$\hat{Y}_t$——预测对象在未来第 t 期的预测值;

$\quad\quad Y_0$——预测对象在统计期期初的统计值;

$\quad\quad Y_n$——预测对象在统计期期末的统计值;

$\quad\quad n$——统计期包含的时期数减1;

$\quad\quad t$——预测期离统计期期末的时期数;

$\quad\quad r$——预测变量在统计期内的年均增长率。

【例4-2】 某运输企业 2014 年 1 ~ 11 月的货运量见表 4-8。试用增长率统计法预测 2015 年 3 月份的货运量。

某企业货运量统计表 表4-8

月份	1	2	3	4	5	6	7	8	9	10	11
货运量(万t)	10	11	10	12	16	12	15	13	19	18	20

解：
$$r = \left(\sqrt[n]{\frac{Y_n}{Y_0}} - 1 \right) \times 100\% = \left(\sqrt[10]{\frac{20}{10}} - 1 \right) \times 100\% = 7.2\%$$

$$\hat{Y}_t = Y_n (1 + r)^t = 20 \times (1 + 7.2\%)^4 = 26.4(\text{万 t})$$

2015 年 3 月的货运量预测值为 26.4 万 t。

（2）最小平方法。

最小平方法是测定长期趋势最普遍使用的方法，所以也称作趋势延伸法。其基本思想是把历年的运量实绩，按年顺序排序，构成一个统计数序，建立适应的数学模型。常用的数学模型有三种：直线形、指数形、抛物线形。如运量逐年增减量大致相同，则用直线方程；如运量逐年增减率大致相同，则用指数方程；如运量逐年增减量的差分数值大体相同，则用抛物线形方程。下面以配合一条趋势直线为例进行说明。趋势直线方程为：

$$Y_t = a + bt \tag{4-13}$$

式中：Y_t——第 t 期的预测运输量；

a、b——常数；

t——时间变量。

运用最小平方法，可求得标准方程组：

$$\begin{cases} \sum y = na + b \sum t \\ \sum (ty) = a \sum t + b \sum t^2 \end{cases} \tag{4-14}$$

式中：n——统计期包含的时期数。

设法使 $\sum t = 0$，求常数 a、b。

$$a = \frac{\sum y}{n}, b = \frac{\sum (ty)}{\sum t^2} \tag{4-15}$$

然后将 a、b 代入式（4-13），进行运量预测。

【例4-3】 某汽车运输公司连续六年的客运量统计资料见表4-9，试利用最小平方法预测第 7 年的客运量。

某汽车运输公司客运量 表4-9

年份	1	2	3	4	5	6	合计
客运量 y(万人)	100	105	110	115	110	120	660

解：首先做出趋势方程计算表（表4-10）。

趋势方程计算表 表4-10

年份	客运量 y(万人)	t	t^2	ty
1	100	−5	25	−500
2	105	−3	9	−315
3	110	−1	1	−110
4	115	1	1	115

年份	客运量 y(万人)	t	t^2	ty
5	110	3	9	330
6	120	5	25	600
合计	660	0	70	120

然后将计算表中的计算数据代入式(4-15),得:

$$a = \frac{\sum y}{n} = \frac{660}{6} = 110$$

$$b = \frac{\sum(ty)}{\sum t^2} = \frac{120}{70} = 1.7$$

趋势方程为:

$$Y_t = 110 + 1.7t$$

第7年客运量预测为:

$$y_7 = 110 + 1.7 \times 7 = 121.9 \ 万人$$

(3)回归分析法。

回归分析法是最常用的预测模型之一。所谓回归分析法是指利用大量统计数据,找出不具备一一对应函数关系的变量之间的数量统计规律,利用得出的回归方程进行预测。

通常情况下,一元线性回归预测模型较简便,使用较多,但预测精度受到限制,主要用于中、短期预测。其模型的标准形式为:

$$y = a + bx \tag{4-16}$$

式中:y——预测值,即预测对象所代表的变量;

x——影响因素,即相关变量;

a、b——回归系数。

回归系数 a、b 的计算公式为:

$$a = \frac{\sum y_i - b\sum x_i}{n} \tag{4-17}$$

$$b = \frac{n\sum x_i y_i - \sum x_i \sum y_i}{n\sum x_i^2 - (\sum x_i)^2} \tag{4-18}$$

式中:x_i、y_i——原始观察值;

n——统计数据项数。

上述模型建立后,必须对模型进行检验。只有经检验合格的模型,方可用于实际预测。这种检验常通过计算相关系数 $r(0 \leq |r| \leq 1)$ 来进行。$|r|$ 值越大,说明 x 与 y 线性相关程度越高,具体计算见例4-4。

【例4-4】 居民的人均收入与客运量之间存在相关关系,根据表4-11的统计资料(实际工作中一般要取20对以上的数据,这里为简化计算,只取了6对数据),利用回归分析法预测2015年的客运量(设2015年的人均年收入为330百元)。

某地 2008—2013 年居民人均收入与客运量 　　　　　　　　　　　表 4-11

序号	年度(年)	年人均收入 x(百元)	年客运量 y(千万人次)
1	2008	116	43.5
2	2009	149	58.0
3	2010	158	69.3
4	2011	177	102.6
5	2012	208	129.9
6	2013	292	207.5

解:经过初步分析,年人均收入与年客运量之间存在一元线性相关关系。若 x 表示年人均收入,y 表示年客运量,则建立的回归模型为:$y = a + bx$。由于 $n = 6$,所以回归系数为:

$$b = \frac{n \sum x_i y_i - \sum x_i \sum y_i}{n \sum x_i^2 - (\sum x_i)^2} = \frac{18415.56}{18811.34} = 0.979$$

$$a = \frac{\sum y_i - b \sum x_i}{n} = \frac{610.8 - 0.979 \times 1100}{6} = -77.68$$

所以,回归模型就可确定为:

$$y = -77.68 + 0.979x$$

计算相关系数 r:

$$r = \frac{n \sum x_i y_i - \sum x_i \sum y_i}{\sqrt{[n \sum x_i^2 - (\sum x_i)^2][n \sum y_i^2 - (\sum y_i)^2]}} = 0.992$$

x 与 y 为高度相关,故可以利用年人均收入对年客运量进行预测,预测 2015 年的客运量为:

$$y = -77.68 + 0.979x = -77.68 + 0.979 \times 330 = 245.39(千万人次)$$

(4)指数平滑法。

指数平滑法的原理就是通过对历史观察值进行加权处理,平滑掉部分随机信息,并根据观察值的表现趋势,建立一定模型,据此对预测对象做出预测。指数平滑法包括一次指数平滑、二次指数平滑和三次指数平滑。其中,一次指数平滑计算公式为:

$$\hat{Y}_{t+1} = \alpha Y_t + (1 - \alpha) \hat{Y}_t \tag{4-19}$$

式中:$\hat{Y}_{t+1}$——$t+1$ 期的预测运输量;

　　　Y_t——t 期的实际运输量;

　　　α——平滑系数($0 \leqslant \alpha \leqslant 1$);

　　　$\hat{Y}_t$——t 期的预测运输量。

平滑系数 α 的值越小,说明近期数据对预测值影响越小,预测得到的结果比较平稳;反之,则近期数据对预测值的影响越大,远期数据对预测值的影响越小。

α 取值问题的确定有两种方法:一是由经验确定,若统计资料实际值的长期趋势为接近稳定的常数,应取居中的 α 值(一般取 0.4 ~ 0.6);若统计资料实际值呈明显的季节性波动(即波动大),则应取较大的 α 值(一般取 0.6 ~ 0.9),使近期的实际值在指数平滑值中有较大作用,从而使近期的实际值能迅速反映在未来的预测值中;若统计资料实际值长期趋势变动较缓慢(即波动小),则应取较小的 α 值(一般取 0.1~0.4),使远期资料值的特征也能反映在指数平滑值中。二是试验法,选择几个不同的 α 值进行试算,取其平均误差小者进行预测。

【例4-5】 试用一次指数平滑法预测例4-2中12月份的货运量($\alpha = 0.8$)。

解:计算过程略,计算结果见表4-12。

指数平滑法数据计算表(单位:万 t)   表4-12

项目 月份	Y_t ①	αY_t ②	$(1-\alpha)\hat{Y}_t$ ③	$\hat{Y}_{t+1}$ ④ = ② + ③
1	10			10.0
2	11	8.0	2.0	10.0
3	10	8.8	2.0	10.8
4	12	8.0	2.2	10.2
5	16	9.6	2.0	11.6
6	12	12.8	2.3	15.1
7	15	9.6	3.0	12.6
8	13	12.0	2.5	14.5
9	19	10.4	2.9	13.3
10	18	15.2	2.6	17.8
11	20	14.4	3.6	18.0
12		16.0	3.6	19.6

通过表4-12的平滑计算可知,12月份货运量的预测值为19.6万 t。

第四节 公路货运企业生产计划的编制

一、货运企业生产计划的含义

货运企业生产计划是指货运企业对计划期内本企业应完成的货物运输量、货运车辆构成和车辆利用程度等方面进行必要的部署和安排。

货运企业生产计划是企业经营计划的组成部分。生产计划由运输量计划、车辆计划和车辆运用计划三部分组成。运输量计划和车辆计划是货运企业生产计划的基础部分,车辆运用计划是车辆计划的补充计划。运输量计划表明社会对货运服务的需要,车辆计划和车辆运用计划则表明运输企业可能提供的运输生产能力。编制货运生产计划的目的就是要在需要与可能之间建立起一种动态的平衡。

综合平衡是编制计划的基本方法。在编制公路货运生产计划时,必须实现以下的基本平衡:

(1)生产任务同设备能力、物资供应、劳动力之间的平衡。这是需要与可能之间的平衡。生产能力是企业完成生产任务的基本条件。公路货运经营单位必须配备一定的人力、物力与财力,并对之加以合理组织与科学运用,才能圆满地完成各项任务。

（2）各项计划指标之间的平衡。计划指标是货运经营单位在计划期内用数字表示的各个方面所需要达到的技术经济目标和发展水平。由于运输服务供给资源之间相互联系、相互制约，各项生产要素之间需要相互协调、相互匹配，因此，各项计划指标也应该做到相互平衡。

二、公路货运生产计划的构成

1. 运输量计划

1）运输量计划的内容

运输量计划以货运量和货物周转量为基本内容，主要包括：关于货运量与货物周转量的上年度实绩、本年度及各季度的计划值以及本年计划与上年实绩比较等内容。常见的运输量计划表见表4-13。

某运输公司 2015 年度货物运输量计划表　　　　　　　　　表 4-13

指　标	单位	上年度实绩	本年度计划					本年度计划值与上年度实绩值比较（%）	备注
			全年	一季	二季	三季	四季		
1. 货物运输量	t	1200	1800	300	400	500	600	150	
其中：零担货物	t								
合同货物	t								
集装箱货物	t								
特种货物	t								
2. 货物周转量	t·km	125000	200000	40000	50000	50000	60000	160	
其中：零担货物	t·km								
合同货物	t·km								
集装箱货物	t·km								
特种货物	t·km								

公路货物运输企业在生产力的三要素中，仅掌握了劳动者、劳动工具，不掌握劳动对象。因此，要求公路货运企业进行深入而详尽的市场调研，以掌握货流的详细情况。

通常可根据下列资料确定货物运输量：

（1）国家近期运输方针和政策。

（2）各种运输方式的发展情况。

（3）公路网的发展情况。

（4）企业长期计划中的有关指标和要求。

（5）运输市场调查和预测的结果，以及托运计划、运输合同等资料。

（6）服务地区经济发展以及其他有关的资料。

2）运输量计划的编制

运输量的确定，通常有下述两种方法：

（1）当运力小于运量时，以车定产。公路货物运输产业活动中经常存在着运力与运量的矛盾。当运力不能满足社会需要时，只能通过对运输市场的调查，掌握公路货物运输的流量、流向、运距,确定实载率和车日行程后,本着确保重点,照顾一般的原则,采用以车定产的办法确定公路货物运输量的计划值。公路货运企业能够完成的货物周转量可用下式进行测算。

$$P = \frac{AD\alpha_d \bar{L}_d \beta \bar{q}_0 \gamma}{1 - \theta} \quad (4-20)$$

式中:P——计划货物周转量($t \cdot km$);

　　A——平均营运车数(辆);

　　D——计划期天数(d);

　　α_d——车辆工作率(%);

　　$\bar{L}_d$——平均车日行程(km);

　　β——里程利用率(%);

　　$\bar{q}_0$——营运车辆平均额定载质量(t);

　　γ——重车载质量利用率(%);

　　θ——拖运率(%)。

计划期能够完成的货运量为:

$$Q = \frac{P}{\bar{L}_1} \quad (4-21)$$

式中:Q——货运量(t);

　　$\bar{L}_1$——计划期货物平均运距(km)。

(2)当运力大于社会需要时,以需定产。即根据运输需求量,决定公路货运服务供给投入运力的多少。一般情况下,此种公路货运服务供给应在保持合理车辆运用效率指标水平的基础上,预测投入的车辆数,并将剩余运力另作安排。其测算方法是:

$$A' = \frac{P}{D\alpha_d \bar{L}_d \beta \bar{q}_0 \gamma}(1 - \theta) \quad (4-22)$$

式中:A'——运输量计划需投入(占用)的车辆数(辆);

　　P——已知的周转量计划值($t \cdot km$)。

此时的剩余运力为:

$$\Delta A = A - A' (辆) \quad (4-23)$$

式中:ΔA——剩余运力(辆);

　　A——公路货运企业拥有的车辆数(辆)。

需要注意的是,运距的长短、里程利用率与吨位利用率的高低以及装卸停歇时间的长短等都影响车日行程,并连锁反应到影响周转量。因此,里程利用率、吨位利用率、车日行程必须根据不同情况分别测算后综合确定。运输量计划值还必须通过与车辆运用计划平衡后确定。

2.车辆计划

1)车辆计划的内容

车辆计划即企业计划期内运输能力计划,主要需列明企业在计划期内营运车辆类型及各类车辆数量增减变化情况及其平均运力。它是衡量企业运输生产能力大小的重要指标。

车辆计划的主要内容包括：车辆类型及区分年初、年末及全年平均车辆数、各季度车辆增减数量、标记吨位等，见表4-14。

某汽车货运公司2014年度车辆计划表　　　　　　　　　　　　表4-14

车辆类别		额定吨位（t）	年初		增（+）或减（-）			年末		全年平均	
			车数（辆）	吨位数（t）	季度	车数（辆）	吨位数（t）	车数（辆）	吨位数（t）	车数（辆）	吨位数（t）
普通货车	大型货车										
	中型货车										
	小型货车										
集装箱车	20TEU										
	40TEU										
	…										
挂车	全挂车										
	半挂车										
特种车	危险品运输车										
	冷藏车										
	活体动物运输车										

2）车辆计划的编制

（1）确定车辆数。

表4-14中的车辆数是指平均车数。平均车数是指公路货运企业在计划期内所平均拥有的车辆数。计算公式为：

$$\overline{A} = \frac{U}{D} \tag{4-24}$$

式中：$\overline{A}$——平均车数（辆）；

U——计划期总车日数（车日）；

D——计划期日历日数（d）。

表4-14中的吨位是指平均吨位，可分为平均总吨位数与平均吨位。它是反映货运企业在计划期内可以投入营运的运力规模的大小。这两个值只是体现了企业的生产能力，并不代表实际的产量，区别在于车辆是否投入营运。

其中，总车吨（座）位日是指在计划期内营运车辆的额定吨（座）位累计数。它是营运车日与额定吨位的乘积，表明车辆总的载重能力，计算公式为：

$$Q = \sum (A_i D_i q_i) \tag{4-25}$$

平均总吨位是指公路货运企业在计划期内平均每天营运车辆的总吨（座）位数。计算公式为：

$$\overline{q}_{总} = \frac{\sum (A_i D_i q_i)}{D} \tag{4-26}$$

平均吨位是指公路货运企业在计划期内平均每辆车的吨（座）位数。其计算公式为：

$$\overline{q} = \frac{\sum(A_i D_i q_i)}{\sum(A_i D_i)} \qquad (4\text{-}27)$$

式中:$\overline{q}$——计划期营运车辆平均吨位(t);

A_i——计划期内 i 组营运车数(辆);

q_i——计划期内 i 组车辆平均吨位数(t);

D_i——计划期内 i 组车辆的保有日数(日);

i——为计划期内按相同保有日数及标记吨位划分的车辆组别序号($i=1,2,\cdots,m$);

D——计划期天数(日)。

编制车辆计划时,年初车辆数及吨位数根据统计期年末实有数据列入。车辆增加和减少数量,根据实际增加和减少情况计算。标记吨位,一般以行车执照上的数据为准。若车辆经过了改装,则应以改装后的数据为准。年末车辆数及吨位数,按计划期车辆增、减变化后的实用数据统计。

(2)确定车辆增减时间。

增减车辆的时间通常采用"季中值"法确定,即不论车辆是季初还是季末投入或退出营运,车日增减时间均以每季中间的那天算起。这是因为在编制计划时很难预订车辆增减的具体月份和日期。为简化计算工作,可采用表4-15所列近似值作为计算各季度车辆增加后或减少前在企业内的保有日数。

增减车辆季中计算日数
表4-15

季度	第一季度	第二季度	第三季度	第四季度
增加后计算日(d)	320	230	140	45
减少前计算日(d)	45	140	230	320

【例4-6】 某汽车运输企业年初有额定载质量为 5 吨位的货车 30 辆,4 吨位的货车 50 辆。二季度增加 5 吨位的货车 40 辆,四季度减少 4 吨位的货车 30 辆,计算该车队年初车数、年末车数、总车日、平均车数、全年总车吨位。

解:年初车数 $=30+50=80$(辆)

年末车数 $=30+50+40-30=90$(辆)

总车日 $=30\times365+(50\text{-}30)\times365+40\times230+30\times320=37050$(车日)

平均车数 $=37050/365=101.5$(辆)

全年总车吨位日 $=30\times365\times5+20\times365\times4+40\times230\times5+30\times320\times4=168350$(车吨位日)

全年平均总吨位 $=168350/365=461.23$(吨位/日)

3. 车辆运用计划

1)车辆运用计划的内容

车辆运用计划是计划期内全部营运车辆生产能力利用程度的计划,它由车辆的各项运用效率指标组成,是平衡运力与运量计划的主要依据之一。同等数量、同样类型的车辆,运用情况不同,效率发挥有高有低,完成的运输工作量会有差异。因此,编制车辆计划必须紧密结合车辆运用效率计划编制。

车辆运用计划由一套完整的车辆运用效率指标体系所组成。通过这些指标的计算,最后可以求出车辆的计划运输生产效率。车辆运用计划见表4-16。

车 辆 运 用 计 划   表4-16

指　　标		上年度实绩	本 年 度					与上年度比较
			全年	第一季度	第二季度	第三季度	第四季度	
主车	平均营运车数(辆)	20	30	20	25	32	40	150%
	总吨位(t)	960						
	平均吨位(t)	8						
	车辆完好率(%)	96						
	工作车日数(车日)	340						
	营运速度(km/h)	40						
	平均每日出车时间(h)	10						
	平均车日行程(km)	400						
	总行程(km)	136800						
	行程利用率(%)	67						
	载重行程载质量(kg)	237800						
	吨位利用率(%)	110						
	货物周转量(t·km)	6540						
挂车	拖运率(%)							
	货物周转量(t·km)							
综合	货物周转量(t·km)							
	平均运距(km)							
	货运量(t)							
	单车期产量(t·km)							
	车吨期产量(t·km)							

2)车辆运用计划的编制

车辆运用计划编制的最关键的问题是确定各项车辆运用效率指标值。各指标的确定应以科学、合理、可行、先进而又留有余地为原则,应能使车辆在时间、速度、行程、载质量和动力等方面得到充分合理的利用。科学合理的指标为组织汽车货运生产提供了可靠的保证。反之,不切实际的指标必然直接影响运输计划的顺利贯彻执行。

编制车辆运用计划有两种方法,即顺编法和逆编法。

(1)顺编法。

顺编法是以"可能"为出发点,即先确定各项车辆运用效率指标值,在此水平上确定计划可完成的运输工作量。其具体计算过程是:首先根据计算汽车运输生产率的顺序,逐项确定各项效率指标的计划数值,如工作车日数、总行程、重车行程载质量等;再计算保持相同水平时,可能完成的运输工作量;最后与运输量计划相对照,如果符合要求,表明可以完成任务,就可根据报告期的统计资料和计划期的货源落实情况,编制车辆运用计划。如果计算的结果与运输量计划有较大差异,特别是低于运输量计划时,则应调整各项车辆运用效率指标直至两者基本相等时,才能据以编制车辆运用计划。

【例4-7】 某汽车货运企业2012年第一季度平均营运车数为100辆,其额定载质量为5吨位。经分析测算,全年平均车辆完好率可达93%,工作率为90%,技术速度为50km/h,工作车时利用率为80%,平均每日出车时间为10h,里程利用率为70%,重车载质量利用率为100%;运输量计划中列示的平均运输距离为80km,货物周转量为10200000t·km。根据这些资料,确定各项车辆运用效率指标的计划值,并据此编制车辆运用计划初稿。

解:编制车辆运用计划过程见表4-17。

根据各项车辆运用效率指标计划值的计算,该货运企业可完成的货物周转量为11340000t·km,与已定运输量计划指标10200000t·km相对照,略有超额,符合要求;可据此编制车辆运用计划。

车辆运用计划表

表4-17

序号	指标	计算过程	计划值
1	营运车日(车日)	100×90	9000
2	平均营运车辆数(辆)		100
3	平均总吨位(吨位/日)	9000×5×90	500
4	平均吨位(吨位/日)		5
5	完好率(%)		93
6	工作率(%)		90
7	工作车日(车日)	9000×90%	8100
8	工作车时利用率(%)		80
9	平均车日行程(km)	50×80×10	400
10	总行程(km)	400×8100	3240000
11	里程利用率(%)		70
12	重车行程(km)	3240000×70%	2268000
13	重车行程载质量(t·km)	2268000×5	11340000
14	重车载质量利用率(%)		100
15	可完成货物周转量(t·km)	11340000×100%	11340000
16	平均运距(km)		80
17	可完成货运量(t)	11340000/80	141750
18	车吨位季产量(t·km)	11340000/500	22680
19	单车季产量(t·km)	11340000/100	113400
20	车公里产量(t·km)	11340000/3240000	3.5

(2)逆编法。

逆编法是以"需要"为出发点,通过既定的运输工作量来确定各项车辆运用效率指标必须达到的水平。各指标值的确定必须经过反复测算,保证其有完成运输任务的可能;同时也要注意不应完全受运输量计划的约束,若把各项车辆运用效率指标的计划值压得过多,则会抑制运输生产能力的合理发挥。

【例4-8】 某汽车货运公司某年第一季度运输量计划中确定的计划货物周转量为7290000t·km,货运量为91125t,车辆计划中确定的营运车辆数为100辆,额定载质量为5吨位,完好率为95%,工作率为85%～95%,平均车日行程为178～200km,里程利用率为65%～75%,重车载质量利用率为90%～100%,拖运率为30%。试用逆编法编制车辆运用计划。

解:主车产量 $= 7290000 \times (1 - 0.3) = 5103000(t \cdot km)$

$$车吨位日产量 = \frac{计划期主车完成的周转量}{同期总车吨位日} = \frac{5103000}{45000} = 113.4(t \cdot km)$$

即第一季度每一个车吨位日必须完成113.4t·km的周转量才能完成运输量计划。

车吨位日产量还可以由下式计算,即:

$$车吨位日产量 = \alpha_d \overline{L}_d \beta \gamma$$

现在分析车辆工作率、平均车日行程、里程利用率和重车载质量利用率这四项指标分别达到什么水平才能使车吨位日产量达到113.4t·km。

拟定了四个组合方案,见表4-18。

四 个 组 合 方 案 表4-18

组合方案	$\alpha_d(\%)$	$\overline{L}_d(km)$	$\beta(\%)$	$\gamma(\%)$	车吨位日产量
1	90	185	70	97.4	113.5
2	87	190	75	98	121.5
3	85	190	70	107	113.7
4	88	185	68	102.4	113.4

这四个方案是综合考虑前期统计资料、本期预测资料及其他相关因素后确定的。经详细分析比较,第一个方案是一个可行性、可靠性最好的方案。按此方案确定这四项指标的值,则可完成的运输工作量为:

$$P = 90 \times 100 \times 5 \times 0.9 \times 185 \times 0.7 \times 0.974 \times 1/(1 - 0.3) = 7297695(t \cdot km)$$

大于运输量计划确定的周转量7290000t·km,可以确保完成第一季度的运输任务。据此编制的该季度的车辆运用计划见表4-19。

某汽车货运公司第一季度车辆运用计划 表4-19

	指　标	计算过程	计划值
主车	营运总车日(车日)	100×90	9000
	平均营运车辆数(辆)		100
	平均总吨位(吨位/日)	100×5	500
	平均吨位(吨位/日)		5
	完好率(%)		95
	工作率(%)		90
	工作车日(车日)	9000×0.9	8100
	平均车日行程(km)		185

	指　标	计算过程	计划值
主车	总行程(km)	8100×185	1498500
	里程利用率(%)		70
	重车行程(km)	1498500×0.7	1048950
	重车行程载质量(t·km)	1048950×5	5244750
	重车载质量利用率(%)		97.4
	货物周转量(t·km)	5244750×0.974	5108387
挂车	拖运率(%)		30
	货物周转量(t·km)	5108387/(1−0.3)×0.3	2189309
综合	货物周转量(t·km)	5108387+2189309	7297696
	平均运距(km)	7290000/91125	80
	货运量(t)	7297696/80	91221.2
	车吨位季产量(t·km)	7297696/100/5	14595.4
	单车季产量(t·km)	7297696/100	72977
	车公里产量(t·km)	7297696/1498500	4.87

车辆运用计划编制的关键在于各项效率指标的确定。指标的确定必须科学、合理、可行。此外,由于各项效率指标是相互联系、相互作用的,因此,必须注重各项指标之间的相互协调。如车辆完好率与车辆工作率之间,存在着一定的制约关系,即车辆完好率应大于等于车辆工作率,也就是车辆工作率的计划值以车辆完好率的计划值为极限。如果货源充足但车辆完好率不高,许多车辆经常处于非技术完好状态,提高车辆工作率便失去保障。车辆完好率低而强行提高车辆工作率,会产生许多不良影响,使燃料消耗增加,机件故障频出,行车安全无保障等。因此车辆完好率虽然不是车辆运用效率指标,但在编制车辆运用计划时,必须首先确定车辆完好率的计划值。

此外,在编制车辆运用计划时,车辆运用计划中的运输工作量计划值一般应略大于运输量计划中的计划运输量,不能无根据地任意提高各项运用效率指标的计划值。否则,将直接影响运输量计划的贯彻执行。

车辆运用计划的主要内容包括:区分主车、挂车及主挂车综合统计的各项指标,即平均车辆数(辆)、总吨位(t)、平均吨位(t)、车辆完好率 α_a(%)及工作率 α_d(%)、工作车日数(d)、营运速度(km/h)、平均每日出车时间(h)、平均车日行程(km)、总行程(km)、里程利用率(%)、载重行程(km)、载重行程周转量(t·km)、吨位利用率(%)、托运率(%)、平均运距(km)、货运量(t)、货物周转量(t·km)及单车产量(t·km)与车吨产量(t·km),还有各项指标的上年度实绩、本年度及各季度计划值、本年度计划与上年度实绩比较等。各项效率指标的相互关系如图4-7所示。

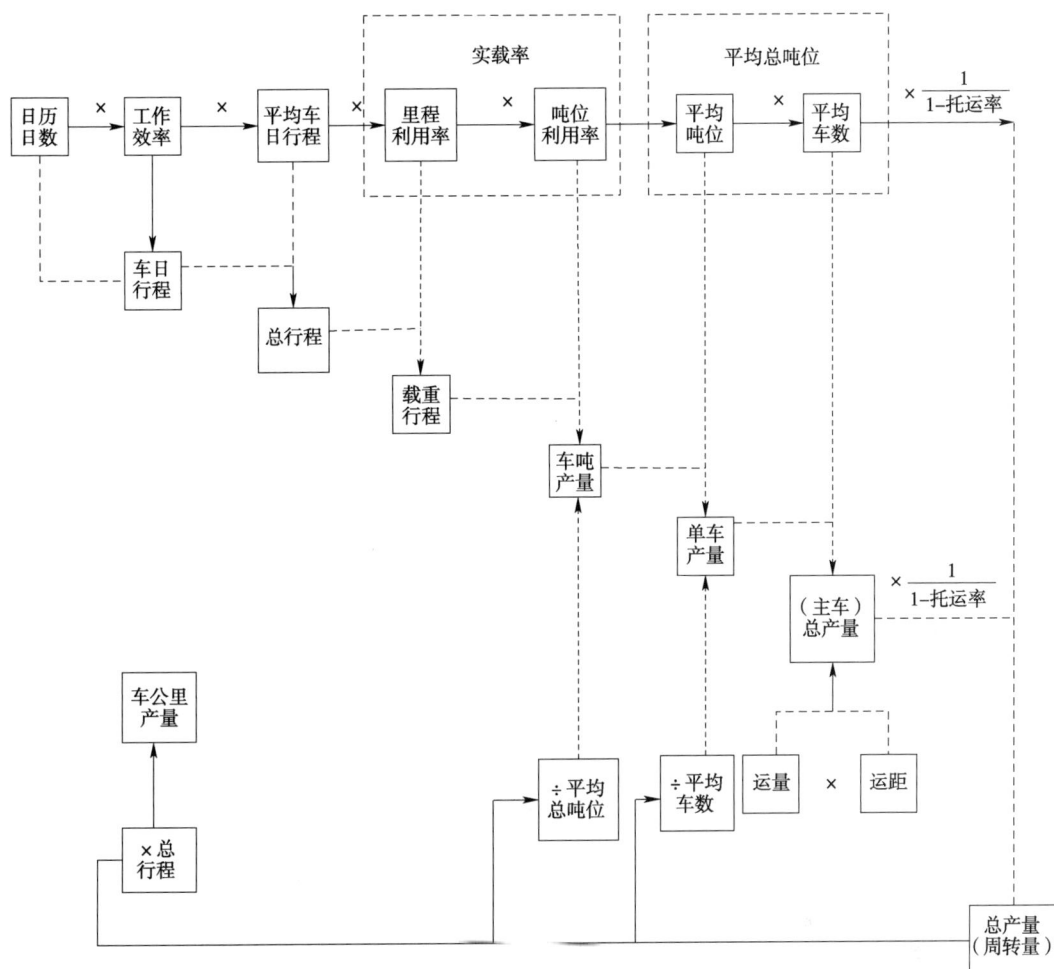

图 4-7　各指标的相互关系

第五节　车辆运行作业计划的编制

一、编制车辆运行作业计划的必要性

车辆运行作业计划工作是运输生产计划的继续。运输生产计划虽然按年、季和月安排了生产任务,但它只是纲领性的生产目标,不可能对运输生产的细节做出作业性的安排。为此,有必要制订车辆运行作业计划,以便实现具体的运输过程。

车辆运行作业计划是有计划地、均衡地组织日常运输生产活动,建立正常生产秩序的重要手段。运输生产计划一般为年度计划,按年、季或月安排运输生产任务。车辆运行计划一般以月、旬、日以至运次,对运输生产活动做出具体的部署和安排,一般以五日运行作业计划较常见。公路运输生产计划的构成及其相互关系如图 4-8 所示。

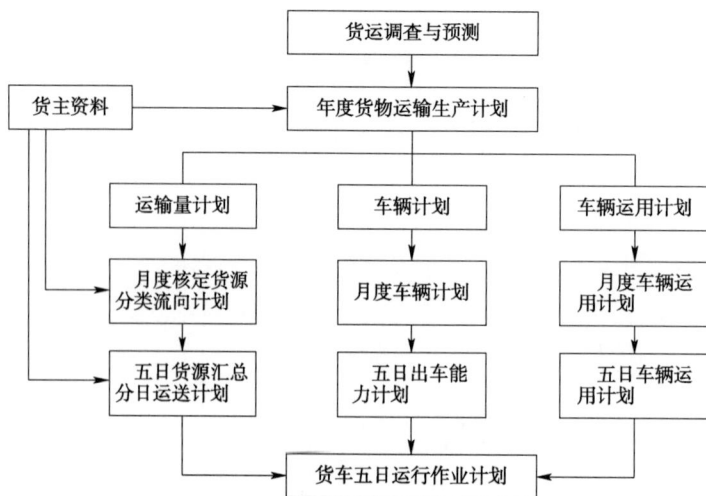

图 4-8 公路货运计划的构成及其相互关系

二、车辆运行作业计划的类型

车辆运行作业计划可有不同的形式,通常根据其执行时间的长短,将之分为以下几种:

(1)长期运行作业计划。适用于经常性的运输任务,通常其运输线路、起讫地点、运输量及货物类型等都比较固定。

(2)短期运行作业计划。其形式适应性较广,对于货物运输起讫地点较多、流向复杂、货物种类也比较繁多的货运任务,可对之编制周期为三日、五日、十日等作业计划。

(3)日运行作业计划。主要在货源多变、货源情况难以早期确定和临时性任务较多的情况下采用。

(4)运次作业计划。通常适用于临时性或季节性、起讫地点固定的短途大宗货物运输任务。如粮食入库、工地运输、港站短途集散运输等,常常采用这种计划形式。

三、车辆运行作业计划的编制

1. 编制货运车辆运行作业计划的依据

主要包括以下几个方面:

(1)企业的月度运输任务及车辆运用效率指标。

(2)货源调查资料、有关运输任务以及已被核准的运输合同。

(3)车辆技术状况及保修作业计划。

(4)装卸货地点的装卸能力及现场情况。

(5)计划期间的气象情况。

2. 车辆运行作业计划编制的原则

主要有以下几个方面:

(1)工农业生产的、急需的、抢险救灾及战备用物资优先安排。

(2)保证重点、兼顾一般,综合平衡、全面安排。

(3)运力与运量相平衡。

（4）充分发挥车辆效率、注重经济效益。

3. 车辆运行作业计划的编制步骤

编制车辆运行作业计划是一项复杂细致的工作。在货源比较充足时，要编制好车辆运行作业计划，以保持良好的运输生产秩序，不失时机地完成尽可能多的运输任务；在货源比较紧张时，也要通过编制合理的车辆运行作业计划，尽可能提高车辆运用效率。

编制步骤依次为：

（1）根据有关资料确定货源汇总和分日运送计划，见表4-20。

货源汇总和分日运送计划表 表4-20

年 月 日至 日

线别	托运单号	发货单位	起运点	收货单位	品名	包装	运距(km)	托运质量(t)	分日运送计划											剩余物资	
									日		日		日		日		日		运量(t)	处理意见
									运量(t)	车号	运量(t)	车号	运量(t)	车号	运量(t)	车号	运量(t)	车号		
合计																				

（2）认真核对出车能力及出车顺序，妥善安排车辆进行保修日期，见表4-21。

出车能力计划表 表4-21

年 月 日至 日

班组	车号	额定载质量/吨位	保修日期		上次保修至 日已行驶里程(km)	完好车日(车日)	备注
			保修类别	起止日期			

（3）逐车编制运行作业计划，合理确定行驶路线、妥善安排运行周期、选配适合车辆，见表4-22。

货车五日运行作业计划 表4-22

年 月 日至 日

日期	作业计划内容	运量(t)	周转量(t·km)	执行情况检查
1				
2				
3				
4				
5				
指标	计划			
	实际			

工作率	车日行程(km)	里程利用率(%)	实载率(%)	拖运率(%)	运量(t)	周转量(t·km)	说明

（4）检查各车运行作业计划执行情况,及时发现计划执行出现的问题并予以解决,并为编制下期运行作业计划做好准备。

（5）编制下期运行作业计划。

思考与练习

1. 运输需求的特点及影响因素有哪些?

2. 什么是货流? 它包括哪些构成要素?

3. 货流图有何作用? 说明货流图的绘制过程。

4. 已知某企业各货运点的货运量如表 4-23 所示。其中,*AB* 距离为 35km,*BC* 距离为 60km,*CD* 距离为 45km。*A* 为起点,绘制出货流图。

某企业各货运点的货运量统计表(单位:t)   表 4-23

发货点＼收货点	*A*	*B*	*C*	*D*	共计发送
A	0	500	300	200	900
B	400	0	450	300	1150
C	200	500	0	200	900
D	400	200	240	0	840
共计到达	1000	1200	990	700	3890

5. 简述运输调查的形式和方法。

6. 运输量预测的主要方法有哪些? 各有何优缺点?

7. 简述公路企业运输生产计划的构成。各构成部分的作用是什么?

8. 如何编制车辆运用计划?

9. 货运车辆运行作业计划有哪些类型?

10. 某汽车货运公司某年第一季度运输量计划中确定的计划货物周转量为 7290000t·km,货运量为 91125t,车辆计划中确定的营运车辆数为 100 辆,额定载质量为 5 吨位,完好率为 95%,工作率为 85%～95%,平均车日行程为 178～200km,里程利用率为 65%～75%,重车载质量利用率为 90%～100%,托运率为 30%。试用逆编法编制车辆运用计划。

第五章 公路货物运输组织形式

我国交通基础设施和运输装备不断改善,为公路运输市场的快速发展创造了有利条件,也使公路客货运输的平均运距不断延长,加之我国运输需求量的逐年增加,运输向着高速化、重载化、集约化、规模化发展。在此发展环境下,甩挂运输、集装箱运输、国际多式联运、无车承运人等运输与经营形式逐渐成为公路货运组织形式的发展趋势。

第一节 甩挂运输

一、甩挂运输概述

甩挂运输作为先进的运输组织形式,已在国际上得到广泛应用。改革开放以来,道路甩挂运输的理念在我国逐渐被接受并被试点应用,国家有关部门采取了一系列措施推进道路甩挂运输的发展。然而受各种制约因素的影响,我国道路甩挂运输发展滞后,牵引车和挂车数量少,拖挂比低,道路货物运输仍然以普通单体货车为主,与实现节能减排和发展现代物流的要求不相适应。

甩挂运输是指牵引车按照预定的运行计划,在货物装卸作业点甩下所拖的挂车,换上其他挂车继续运行的运输组织方式。在甩挂运输实践中,运输企业使牵引车或牵引汽车(带牵引装置的载货汽车)与半挂车能够自由分离与接合,通过半挂车或挂车的合理调度与搭配,缩短因装卸货物而造成的牵引车或牵引汽车的停靠时间,提高牵引车辆的利用率。

甩挂运输适用于运距较短、装卸能力不足且装卸停歇时间占汽车列车运行时间的比重较大的情况。若运距大到一定程度,由于装卸停歇时间占汽车列车运行时间的比重很小,反而使得汽车列车的生产率不一定高于同等载货汽车的生产率,而且还增加了组织工作的复杂性。

二、甩挂运输所用主要装备

1.汽车列车

根据国际标准化组织和我国的有关标准,汽车列车被定义为"一辆汽车(载货汽车或牵引车)与一辆或一辆以上挂车的组合。"牵引汽车是汽车列车的动力来源,而挂车是被拖挂车辆,本身不带动力源。汽车列车能适应多种运输需要,专用汽车中的厢式汽车、罐式汽车、自卸汽车、起重举升式汽车、仓栅式汽车及其他特种结构汽车等均可以采用汽车列车的形式。根据结构形式,汽车列车可分为以下五种:

(1)半挂汽车列车。由半挂牵引车同一辆半挂车组合。

(2)全挂汽车列车。由汽车(一般为载货货车)同一辆或一辆以上全挂车组合。

（3）双挂汽车列车。由半挂牵引车同一辆半挂车、一辆全挂车组合。

（4）全挂式半挂汽车列车。由汽车（一般为载货货车）通过牵引车与一辆半挂车组合。

（5）特种汽车列车。由牵引车同特种挂车组合。

根据汽车列车的最大装载质量，汽车列车又可分为轻型、中型和重型汽车列车，重型汽车列车最大装载质量可达数百吨。

2. 牵引车

牵引车是汽车列车的动力源，用以牵引挂车来实现汽车列车的运输作业。根据结构与功能，牵引车可分为以下三类：

（1）半挂牵引车。半挂牵引车用来牵引半挂车，与普通载货汽车相比，其车架上无货箱，只用作牵引，而在车架上装有鞍式牵引座，通过鞍式牵引座承受半挂车的前部载荷，并且锁住牵引销，拖带半挂车行驶。实践中可在载货汽车底盘的基础上，选取合适的后桥主传动比，缩短轴距，并在车架上配置鞍式牵引座进行改装。

（2）全挂牵引车。用于全挂列车和特种挂车列车的牵引，一般可由通用的载货汽车改装。全挂牵引车车架上装有货箱，车架后端的支承架处安装有牵引钩，通过牵引钩和挂环使牵引车与全挂车连接。拖带特种挂车的牵引车车架上装有回转式枕座，采用可伸缩的牵引杆同特种挂车连接，在运送超长尺寸货物时，也可通过货物本身将牵引车与特种挂车连接起来。

（3）场站用牵引车。用于机场、铁路车站、港口码头等特殊作业区域内，可牵引半挂车或全挂车，完成货物运送和船舶的滚装运输作业。场站用牵引车一般选用电动机或内燃机作动力，机动性好，能满足不同货物高度和不同行驶速度的要求。

全挂牵引车前后大多装有牵引钩，可迅速连接或脱挂一辆或一辆以上的全挂车；半挂牵引车多装有低举升型牵引座，使连接或脱挂半挂车方便可靠；场站用轻型和中型牵引车多用载货汽车改装，场站用重型牵引车大多是装载机变型产品。

3. 挂车

挂车是汽车列车组合中的载货部分，在牵引车的带动下实现货物的转移。挂车车身可按货物的不同要求制成各种专用或特殊结构，如罐式挂车、厢式挂车、集装箱挂车、自卸挂车、商品汽车运输专用挂车等。根据牵引连接方式，挂车可分为以下三类：

（1）半挂车。半挂车是用于连接半挂牵引车的被拖挂车辆，其部分质量通过鞍式牵引座由半挂牵引车承担。

（2）全挂车。全挂车是完全靠拖挂的车辆，通过牵引钩和挂环与牵引车相连，其本身的质量和装载质量均不在牵引车上。为减少轮胎的侧滑、磨损和汽车列车的转向阻力，一般将全挂车前轴设计成转向轴。按最大装载质量的不同，全挂车可分为轻型、中型和重型，其中重型全挂车又有重型平板挂车、重型长货挂车和重型桥式挂车3种。

（3）特种挂车。特种挂车有两种连接方式，一种为全挂连接的牵引钩和挂环式，其牵引杆是可伸缩的，以适应不同长度货物的装载需要；另一种为非直接连接式，挂车车台通过所承载货物与牵引车上的回转式枕座连接。

4. 公铁两用车

公路铁路两用车辆（以下简称"公铁两用车"）是在驮背运输（把公路车辆放到铁路车辆

上实现的运输)基础上演变而来的,实际上是一种大型公路挂车。它利用螺旋弹簧或液压装置将轮胎升起后可以直接装在铁路车辆转向架上,由转向架承载而在铁路轨道上运行(或者由公路挂车装上导向架构成铁路车辆,在公路上行驶时只需将导向架升起)。公铁两用车能有效解决传统甩挂运输车辆无效载荷与有效载荷比值较大、经济性不够理想等问题,既发挥了铁路远距离运输的规模效益,又具备公路门到门运输的灵活性。公铁两用车符合现代多式联运组织的需要,代表了货物运输的一种发展趋向。公铁两用车的优势主要表现在以下几个方面:

(1)采用公铁两用车,省去了铁路车辆自重,有效载质量与运输工具自身质量之比可明显提高,也就是说,运输同样质量的货物可以节省牵引力,这是公铁两用车技术得以迅速发展的原因之一。

(2)不论挂车的长度如何,当它们编成铁路列车时,挂车之间的距离很小,这使得列车运行时空气阻力较低。

(3)公铁两用车的总高度低,可增大装载货物高度,从而增大车辆的装载容积。

(4)公铁两用车不需要大型起重机等换装设备,只需将铁轨嵌入地面,便于挂车上、下铁轨即可,这可减少铁路车辆的投资,也可减少场站的装卸作业设备投入。

(5)公铁两用车既具有公路运输车辆的装卸灵活性,又具有铁路运输车辆长距离快速货运的高效率,可以实现真正的"门—门"运输。公铁两用车可以在公路和铁路运输之间自由而迅速地转换、换装,可避免由此可能造成的货损货差。

美国于20世纪70年代末开始发展公铁两用车。目前,美国的公铁两用车技术主要有以下三种形式:

第一种公铁两用车技术是 Road Trailer。采用该技术的公铁两用车由公路向铁路换装的作业过程是:挂车驾驶员把转向架叉取到铁轨上,挂车向后退至转向架,利用挂车的压缩空气系统使车身升高,然后车身移动到转向架上;移动完成后自动锁销便把挂车车体与连接座锁住;放掉挂车上的压缩空气,依靠强力螺旋弹簧把轮胎提升并离开铁轨;该挂车依托转向架再向后倒退,与另一辆已装好的挂车前端连接舌衔接;驾驶员从车上下来、插入连接销,就可完成一辆挂车的编组。有的车站甚至不需任何辅助设备,由挂车驾驶员便可完成全部换装作业。

第二种公铁两用车技术是 Roil Trailer。此技术是将一辆公路挂车配上可装卸的铁路转向架,该系统适合 6~15m 甚至 17m 长的挂车。Roil Trailer 车辆有两个特点:首先,挂车构架底角与铁路转向架的连接采用了国际标准的旋锁连接,这可以加快公路和铁路之间的转换速度,而且通过转向架向挂车构架传递纵向牵引力更加有效;其次,在货场进行公路与铁路之间的转换时,提升挂车不需要压缩空气。

第三种公铁两用车技术是 Rail Trailer。该系统是用公路挂车或集装箱连接特制的铁路平车(低、短平台车)组成铁路列车。一辆挂车的后端与另一辆挂车的前端放在同一辆铁路平车上,形成"挂车—平车—挂车—平车……"的编组顺序。挂车的轮胎固定在前一辆平车上,挂车的中心立轴支柱固定在中间一辆平车上。挂车向平车上装卸时只需使用低廉的活动渡板,不需昂贵的装卸设备和过多的操作人员。平车装有标准的车钩和制动系统,可用铁路机车直接牵引或加挂在一般货运列车编组中。

三、甩挂运输的主要优势

与传统运输方式相比,甩挂运输具有明显的优势,这些优势主要体现在两大方面:依托具备良好兼容性和可扩展性的车辆,甩挂运输可获得装备优势;依托先进、科学的组织管理方式,甩挂运输可获得技术经济优势。

1. 车辆装备方面

(1)挂车具有很好的兼容性。挂车的类型多样,包括厢式挂车、罐式挂车、平板挂车、集装箱挂车、商品汽车运输专用挂车等若干类,如在厢式半挂车的这一大类里还可以分出保温半挂车、冷藏半挂车等,在其他大类中也能区分出大量的细分车型。所以挂车对于其他道路运输车型的替代作用具备非常明显的条件。

(2)车辆的投入产出率高。挂车具有价格比较低廉、运输效率高、载质量大、单位运费较低等优点。对于挂车,国际一流水平的标准是降低牵引车燃油消耗率、装备质量最小化、有效载荷和有效容积最大化。挂车的运转机构如车轴、悬架、轮胎等经严格筛选,其总行驶里程至少可以达到牵引车总行驶里程的 2 倍以上,且故障率极低,正常运行条件下设计使用寿命也超过 20 年。

(3)运载能力大,特别是容积的扩展空间大。根据我国相关标准,2008 年 1 月 1 日以后在高等级公路上使用的整体封闭式厢式半挂车最大长度可放宽到 14.6m,与其组成的铰接列车车长最大限值放宽到 18.1m。因此,在国家政策的推动和市场需求的拉动下,大型封闭式挂车运输将成为公路干线运输的重要力量,且普通挂车市场需求逐渐向厢式车转移。可见,采用带挂车的汽车列车运输货物,是提高运输效率、降低运输成本的有效办法。

(4)有助于实现公路长途运输。汽车列车具有运输效率高、吨公里油耗低、经济效益好、能够实现门到门运输等优势,已成为公路货运的主要运输工具之一。实践表明,吨位大、效率高、可实现一车多挂的半挂车会随着公路运输业的发展而成为最合适的公路长途运输工具。

(5)可以实现运输网络节点上的暂时储存。发达国家的一些工商企业内部基本不设固定的仓库,也不自备货运车辆,几乎所有的周转、库存物资均存放在运输物流企业的厢式挂车或集装箱内,而这些厢式挂车或集装箱始终处于流通周转之中。在货运站的库房、货场比较紧张的情况下,采用甩挂运输使挂车车厢成为仓储的一部分,可以做到货不进库,收货后直接装车,减少仓储基础设施投资。

2. 技术经济方面

(1)甩挂运输能够增加牵引车的有效工作时间,降低牵引车相关的费用。

对于某些道路货运企业,车辆实际工作时间内的行驶时间低于或者基本等于货物的装卸时间和待装卸时间,这时,应用甩挂运输可使 2 台或 2 台以上的挂车由同一台牵引车根据需要在不同时段牵引,这样可大大节约牵引车的购置数量和费用。在北美和欧洲的部分国家,1 台可牵引 12.2m(40in)集装箱车或相应厢式车的牵引车售价大约为 1 台挂车售价的1.5 倍。按 1 部牵引车拖挂 2 部挂车测算,运输企业可节约 50% 左右的牵引车购置费用。当然,牵引车的价格不一定绝对高于挂车的价格,牵引车与挂车的配置比不一定特别高才有实行甩挂运输的必要,只要牵引车的费用相对于运输成本而言是不可忽视的,在营运中就有开展甩挂运输的必要。此外,牵引车数量的减少能够降低对企业自身停车场面积的需求,降低企业自有车辆的维修费用。

(2)甩挂运输能够减少雇用驾驶员的数量并降低相关人工费用。

由于运输企业对大型牵引车驾驶员的要求很高,世界各国大型牵引车驾驶员的雇用工资都比较高。统计资料表明,非甩挂运输货车的驾驶员工资在运输企业成本中所占比重为40%左右,而大型牵引车仅占25%,因此,许多企业宁愿更多地购置生产或服务设备以压缩对技术工人(包括大型牵引车驾驶员)的雇用。甩挂运输的应用不仅节约了运输工具的购置,而且减少了驾驶员的雇用数量,从而降低人员工资费用和与人员有关的其他支出(如社会福利、医疗保险、养老保险等)。

(3)甩挂运输有助于运输场站成本的压缩,实现规模效益。

甩挂运输需要在较高组织化程度的条件下进行,开展甩挂运输可以促进交通运输场站等基础设施的建设与发展,促进道路运输实现网络化经营,从而推动道路运输企业向集约化、规模化方向发展;在甩挂运输场站内,车辆进站,甩下原挂车,挂上新挂车,随即可走,这样压缩了等待装卸的时间,有利于加速车辆周转,增加车日行程;收货后直接装车,可减少搬运装卸次数,且整车交接、手续简单,保证了货运服务的品质。

(4)甩挂运输在提高运输工具容积利用率的基础上,能够促进多式联运的发展,并获得速度、成本等方面的更大收益。

开展甩挂运输可以促进道路运输与铁路运输、水路运输的多式联运,实现以道路甩挂运输为基础的驮背运输、滚装运输,充分发挥各种运输方式的技术经济优势,并减少针对货物的装卸作业等待时间,提高装卸效率和载运工具的容积利用率。在驮背运输、滚装运输的多式联运过程中,由干线运输牵引车将装好货物的挂车拖至铁路货场或港口,再由场内牵引车(或干线牵引车)将挂车移送至铁路平车、船舶甲板或舱位后与挂车分离,到达目的站或目的港后,再由另一端的牵引车将挂车运至目的地。这种多式联运组织形式显著地减少了对汽车动力部分的占用,提高了铁路车辆和船舶的容积利用率。此外,以甩挂运输为基础的驮背运输、滚装运输可以提高长途干线运输过程的运行速度。

四、甩挂运输的组织形式

根据汽车和挂车的配备数量、线路网的特点、装卸点的装卸能力等,甩挂运输可有不同的组织形式。

在运输实践中,甩挂运输所采用的组织形式有以下几种:

(1)一线两点甩挂运输。这种组织形式如图5-1所示,适宜往复式运输线路,即在线路两端的装卸作业点均配备一定数量的挂车,汽车列车往返于两个装卸作业点之间进行甩挂作业。根据线路两端不同货流情况或装卸能力,可组织"一线两点,一端甩挂"和"二线两点,两端甩挂"两种形式。

图5-1 一线两点,两端甩挂示意图

一线两点甩挂适用于装卸作业点固定、运量较大的线路上。但其对车辆运行组织工作有较高要求,必须根据汽车列车的运行时间、主挂车的装卸作业时间等资料,预先编制汽车运行图,以保证均衡生产。

（2）循环甩挂。这种组织形式是在车辆沿环形式路线行驶的基础上，进一步组织甩挂的组织方式。它要求在闭合循环的回路的各个装卸点配备一定数量的挂车，汽车列车每到达一个装卸点后甩下所带的挂车，装卸工人集中力量完成主车的装或卸作业，然后挂上预先准备好的挂车继续行驶，如图5-2所示。

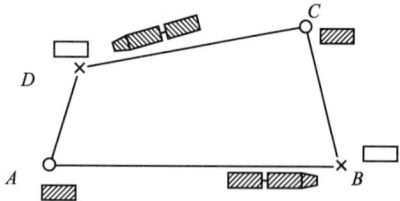

图 5-2　循环甩挂示意图

这种组织形式的实质是用循环调度的方法来组织封闭回路上的甩挂作业，它提高了车辆的载运能力，压缩了装卸作业停歇时间，提高了里程利用率，是甩挂运输中较为经济、运输效率较高的组织形式之一。循环甩挂涉及面广，组织工作较为复杂。所以组织循环甩挂时，一要满足循环调度的基本要求，二要选择运量较大且稳定的货流进行组织，同时还要有适宜组织甩挂运输的货场条件。

公路干线甩挂运输多采用循环甩挂模式，福建盛辉物流集团正是一个从传统干线运输企业成功向甩挂运输转型的典型案例。其甩挂运作如图5-3所示。

此外，某些大型生产制造业内部生产活动也开始应用甩挂运输形式。湖南华菱衡钢正是其中一个具有代表性的例子。衡钢在其内部生产工序厂房之间进行循环甩挂运输。衡钢首先将各厂房仓库设置为甩挂运输节点，各仓库保有一定数量的空挂车和装卸设备，以保证牵引车到达前能快速装卸货。牵引车根据各厂房的货运需求时间对运输车

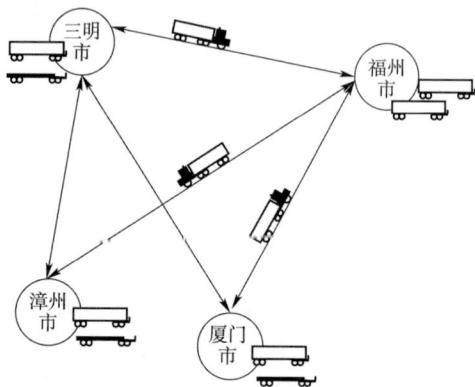

图 5-3　福建盛辉物流集团甩挂运作图

辆实行统一调度，将时间段比较密集且总运输质量不超过单位牵引车的上限载质量的运输任务分成一个任务组，一辆牵引车或多辆牵引车负责一个任务组的所有运输任务，如图5-4所示。

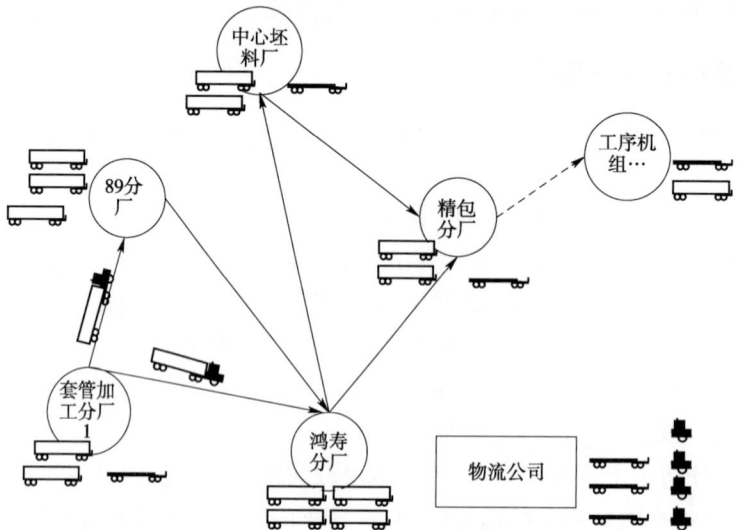

图 5-4　湖南华菱衡钢内部循环甩挂运输运作图

（3）一线多点，沿途甩挂。这种组织形式示意图如图5-5所示。它要求汽车列车在起点站按照卸货作业地点的先后顺序，本着"远装前挂，近装后挂"的原则编挂汽车列车。采用这一组织形式时，在沿途有货物装卸作业的站点，甩下汽车列车的挂车或挂一预先准备好的挂车继续运行，直到终点站。汽车列车在终点站整列卸载后，沿原路返回，经由先前甩挂作业点时，挂上预先准备好的挂车或甩下汽车列车上的挂车，继续运行直到返回始点站。

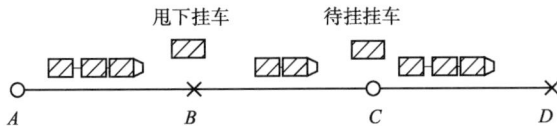

图5-5 "一线多点，沿途甩挂"示意图

一线多点，沿途甩挂的组织形式，适用于装货地点比较集中而卸货地点比较分散，或卸货地点集中而装货地点分散，且货源比较稳定的同一运输线路上。当货源条件、装卸条件合适时，也可以在起点或终点站另配一定数量的挂车进行甩挂作业。定期零担班车也可采用这一组织形式。

（4）多点一线，轮流拖挂。这种组织方式如图5-6所示。它是指在装（卸）点集中的地点，配备一定数量的周转挂车，在汽车列车未到达的时间内，预先装（卸）好周转挂车的货物，当在某线行驶的列车到达后，先甩下挂车，集中力量装卸主车，然后挂上预先装（卸）好的挂车返回原卸（装）点，进行整列卸（装）的甩挂运输组织形式。

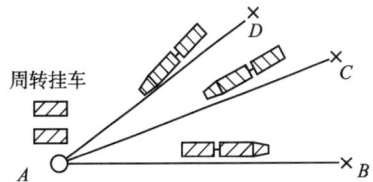

图5-6 "多点一线，轮流拖挂"示意图

多点一线，轮流拖挂组织形式实际上是一线两点、一端甩挂的复合，不同的只是在这里挂车多线共用，所以提高了挂车的运用效率。它适用于发货点集中、卸货点分散，或卸货集中、装货点分散的线路上。

集装箱港口甩挂运输是最常见的多点一线甩挂运输形式。依托于当地港口经济和对外贸易的发展，在港口与港口腹地之间开展甩挂运输，在我国已经较多地应用于沿海大型港口集装箱的集疏运，如浙江、山东、福建等沿海省市港口。

以宁波港为例，如图5-7所示，港口周边的宁波、台州和温州三市所辖的经济带和舟山、绍兴、金华、丽水和杭州等浙江省内地区均为其集装箱码头的直接经济腹地。在集装箱进出口量大的腹地，如金华、义乌、温州、台州等10多个地建立客户区域集装箱运营物流中心。以便于腹地客户点集中开展挂车装卸货业务，实现客户仓库与客户区域集装箱运营物流中心之间货物的快速集散。通过各运输节点之间的联动，从而实现了"客户仓库—客户区域集装箱运营物流中心""客户区域集装箱运营物流中心—港区集装箱物流运营中心""港区集装箱物流运营中心—港区"之间三段多车甩挂运输。

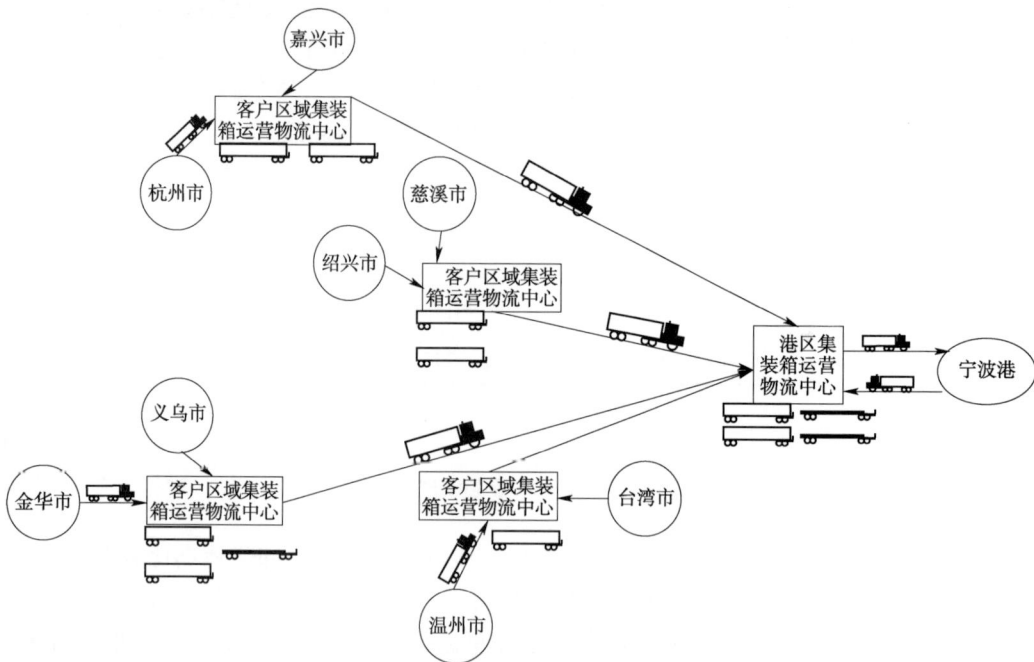

图 5-7　宁波港帅排运输出口流程图

第二节　零担货物运输

一、零担货物与整车货物运输的概念

1. 整车货物运输的概念

托运人一次托运的货物在 3t(含 3t)以上,或虽不足 3t,但其性质、体积、形状需要一辆 3t 以上车辆进行公路运输的,称为整车货物运输。为明确运输责任,整车货物运输通常是一车一张货票、一个发货人。以下货物必须按整车运输。

(1)鲜活货物,如冻肉、冻鱼、鲜鱼、活的牛、羊、猪、兔、蜜蜂等。

(2)需要专车运输的货物,如石油、烧碱等危险货物,粮食、粉剂等散装货物。

(3)不能与其他货物拼装运输的危险品。

(4)易于污染其他货物的不洁货物,如炭黑、皮毛、垃圾等。

(5)不易于计数的散装货物,如煤、焦炭、矿石、矿砂等。

2. 零担货物运输的概念

零担货物运输是指当一批货物的质量或体积不够装一车的货物(不够整车运输条件)时,与其他货物共享一辆货车的运输方式。我国《汽车零担货物运输管理办法》规定:公路零担货物运输指的是同一托运人一次托运同一到达站计费的质量不足 3t(不含 3t)的零担货物运输方式。汽车运输的零担货物具有运量小、批次和品种多、包装各异、流向分散等特点,加之零担货物性质比较复杂,以件包装货物居多,许多货物价值较高,多数品种怕潮、怕重压,需要几批甚至十几批货物才能配装成一辆零担车。

二、零担货物运输的特点及优势

零担货物运输是货物运输方式中相对独立的一个组成部分,相比于整车运输,由于其货物类型和运输组织形式的独特性,衍生出其独有的特点,主要表现在以下 4 个方面:

1. 货源的不确定性和来源的广泛性

零担货物来源广泛,而且货物的流量、流向、流时等多为随机发生,均具有不确定性,难以通过合同方式将其纳入计划管理范围内。

2. 组织工作复杂

零担货物种类繁杂,运输需求多样化,所以必须采取相应的组织形式,才能满足人们的货运需求。这就使得零担货运环节多,作业工艺细致,设备种类较多,对货物的配载和装卸要求较高。货运站作为零担货运的主要执行者,必须完成货源组织、零担货物的确认和零担货物配载等大量的业务组织工作。

3. 单位运输成本高

为了适应零担货物运输的需求,货运站要配备一定的仓库、货棚、站台,配备相应的装卸、搬运和堆垛机械以及专用厢式车辆,投资较高。再者,相对整车货物运输而言,零担货运中转环节多,易出现货损、货差,赔偿费用较高。因此,零担货物运输的单位运输成本较高。

4. 机动灵活

零担货物运输车辆大都定线、定期、定车运行,业务人员和托运单位对零担货运安排都比较清楚,便于沿线各站点组织货源,所以回程的实载率较高,经济效益显著。零担货物运输可做到上门取货、就地托运、送货到家、手续简单,能有效缩短货物的运送时间。这对于具有竞争性、时令性和急需的零星货物运输具有十分重要的意义。另外,零担货物运输还可承担一定的行李、包裹的运输,成为客运工作的有力支持者。

三、零担货源的组织

货源组织是零担货物运输组织的一项基础性工作。零担运输货源组织工作始于货源调查,直至货物受托为止,即为寻求、落实货源而进行的全部组织工作。常用的零担货源组织方法有以下 6 种方式:

(1)实行合同运输。合同运输有利于加强市场管理,稳定货源;有利于编制运输生产计划,合理安排运输生产;有利于加强运输企业责任感,提高服务质量;有利于简化运输手续,减少费用支出。合同运输是多年来运输部门行之有效的货源组织方式之一。

(2)建立零担货物运输代办站(点)。由于零担货物具有零星、分散、品种多、批量小和流向广等特点,这就需要通过站点和仓库来集散组织零担货源。但这些站(点)和仓库不能仅依靠运输企业自身的力量去设置。因此利用代办单位或个人的闲置资源开办零担货物代办站(点),是组织零担货源的较好方法,这种站(点)特别适合于农村地区。

(3)委托社会相关企业代理零担货运业务。货物联运公司、商业企业以及邮局等单位社会联系面广,有较稳定的货源,委托他们办理零担货运受理业务,是一种较为有效的零担货源组织方法。

(4)建立货源情报制度。零担货运企业可在零担货源比较稳定的物资单位聘请货运信息联络员,建立货源情报制度,充当本企业的业余组货人员。这样可以随时得到准确的货源消息。采取这种办法还可以零带整,组织整车货源。

(5)开展电话受理业务。设立电话受理业务可以使货主就近办理托运手续,特别是能向外地货主提供方便。

(6)建立信息平台,开展网上接单业务。当前互联网日益普及,电子商务高速发展,零担货运企业应积极利用这些先进的信息手段,开展网上接单业务,扩大货源。

四、零担货物运输的组织形式

零担货物运输的组织形式有以下几种。

1.固定式零担班车

固定式零担班车又称汽车零担货运班车,一般是以零担货运企业服务区域内的零担货物的流量、流向以及货主的实际需求为基础组织运行的。固定式零担班车又分为直达式零担班车、中转式零担班车和沿途式零担班车。

1)直达式零担班车

直达式零担班车是所有零担货运组织形式中最为经济的一种,是零担货运的基本形式。直达式零担班车的组织是在起运站将不同发货人托运至同一到达站且性质适于配装的零担货物装于一车,一直运送至到达站的运输组织形式,如图5-8所示。

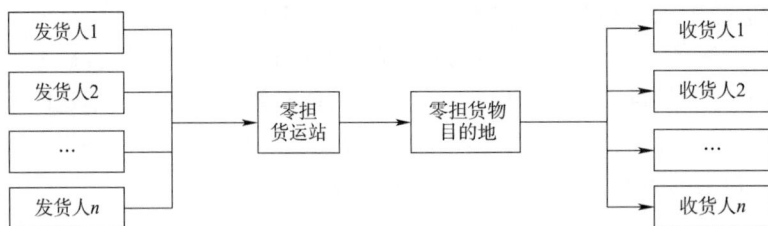

图5-8 直达式零担班车货运形式

直达式零担班车适用于货源充足、流向集中的线路。其主要优点是减少了货物在中转站的作业环节,因而减少了货损货差的发生;中转作业环节的减少,还有利于提高零担货物的运送速度,加速零担班车的车辆周转。

2)中转式零担班车

中转式零担班车是在起运站将不同发货人托运至同一去向但不同到达站且性质适于配装的零担货物同车送至规定的中转站,再与中转站的其他同性质零担货物组成新的零担班车,将零担货物运往目的地的运输组织形式,如图5-9所示。

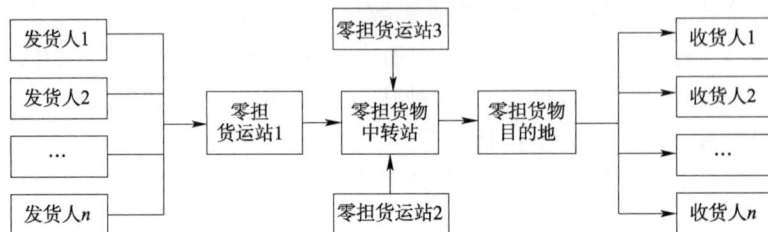

图5-9 中转式零担班车货运形式

中转式零担班车适用于货源不足、直达式零担班车组织条件不成熟的情况。中转式零担班车由于中转作业环节较多(为进行一次中转的组织形式,实际运输组织中,可能会发生多次中转),使得货运组织工作复杂,但它是直达零担班车的有益补充。

零担货物中转站点的选择和中转范围的划分,必须根据货源和货流的特点,按照经济区划原则,在充分做好调查的基础上加以确定,这是因为合理选择中转站和划分中转范围,对于加速零担货物的运送速度,减少不必要的中转环节,均衡各中转站的作业量大有裨益。零担货物在中转站点的中转作业一般有3种基本做法。

(1)落地法。将到达中转站的零担班车上的全部货物卸下入库,重新按照货物流向或到达站在货位上进行集结待运,而后将货物重新配装组成新的零担班车继续运送至各自的目的地,简称为"卸下入库,另行配装"。落地法的优点是简单易行,车辆载质量和容积利用较好;缺点是中转站的货物装卸作业量大,作业速度慢,仓库和场地的占用面积也较大,所以在中转作业中,应尽量避免使用落地法和减少落地货物的数量。

(2)坐车法。将到达中转站的零担班车上的核心货物(中转数量较多或卸车困难的货物)留在车上,其余货物全部卸下入库,而后在到达零担班车上加装与核心货物同一到达站的货物,组成新的零担班车,将核心货物和加装货物继续运送至目的地,简称为"核心不动,其余卸下,另行配装"。坐车法的优点是由于核心货物不用卸车,减少了中转站的装卸作业量,加快了货物中转作业速度,节约了货位与装卸劳力;缺点是不易检查和清点留在零担班车上的核心货物的装载情况和数量。

(3)过车法。几辆零担班车同时到达中转站进行中转作业时,将某零担班车上的货物直接换装到另外的零担班车上,而不卸到仓库中或货位上,将过车后的货物继续运送至目的地,简称为"不落地,直接换装"。

3)沿途式零担班车

沿途式零担班车是在起运站将不同发货人托运至同一去向但不同到达站且性质适于配装的零担货物组成零担班车,在运输线路上的各计划作业点卸下或装上零担货物后继续行驶,直至最后一个目的地的运输组织形式,如图5-10所示。

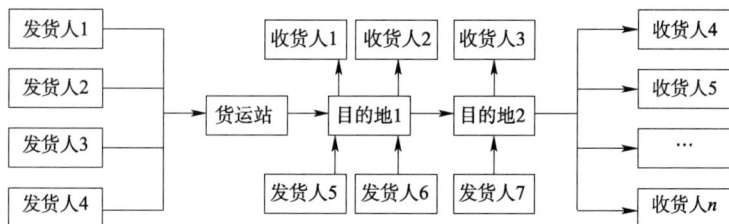

图5-10 沿途式零担班车货运形式

沿途式零担班车的运输组织工作比较复杂,车辆在途运行时间较长,但能满足托运者多品种、小批量的运输需求,并能充分利用车辆的载质量与容积。

2. 不定期零担班车/非固定式零担班车

不定期零担班车/非固定式零担班车又称加班车,是零担货运企业根据零担货流的具体情况,临时组织的一种零担班车,因此这种零担班车的计划性差,适宜在季节性强的零担货物线路上临时运行。

第三节　集装箱运输

一、集装箱运输概述

1. 集装箱运输的概念

集装箱运输(Container Transportation)是指以集装箱这种大型容器为载体,将货物集合组装成集装单元,以便在现代流通领域内运用大型装卸机械和大型载运车辆进行装卸、搬运作业和完成运输任务,从而更好地实现货物"门—门"运输的一种新型、高效率和高效益的运输方式。集装箱运输可以用于海洋运输、铁路运输、航空运输、公路运输、内河运输以及多式联运。

集装箱运输是对传统的以单件货物进行装卸运输工艺的一次重要革命,是当代世界最先进的运输工艺和运输组织形式,是交通运输现代化的重要标志。由于集装箱运输具有巨大的社会效益和经济效益,因而现代化的集装箱运输热潮已遍及全世界。各国都把集装箱运输的普及和发展作为该国运输现代化进程的标志,国际航运中心(国际运输中心、国际贸易中心)也以集装箱装卸中转量的规模为现代化进程的主要标志。

2. 集装箱运输的特点

集装箱运输是以集装箱作为运输单位进行货物运输的一种先进运输组织形式,其主要优势如下:

1)高效益的运输方式

集装箱具有坚固、密封的特点,其本身就是一种极好的包装。使用集装箱可以简化包装,有的甚至无须包装,实现件杂货无包装运输,可大大节约包装费用。货物装箱并铅封后,途中无须拆箱倒载,一票到底,即使经过长途运输或多次换装,也不易损坏箱内货物,降低了由于货损货差引发的费用。此外,集装箱由于装卸效率高,装卸时间缩短,对船公司而言,可提高航行率,降低运输成本,对港口而言,可提高泊位通过能力,从而提高吞吐量。

2)高效率的运输方式

由于集装箱装卸机械化程度很高,货物装卸搬运作业的标准化使得工作变得简单和有规律。因而每班组所需装卸人数很少,平均每个工人的劳动生产率大大提高。另一方面,由于集装箱运输方式减少了运输中转环节,货物的交接手续简便,提高了运输服务质量。据航运部门统计,一般普通货船在港停留时间约占整个营运时间的56%,而集装箱船舶的在港装卸停泊时间可大大缩短,仅占整个营运时间的22%。

3)高投资的运输方式

集装箱运输虽然是一种高效率的运输方式,但是它同时又是一种资本高度密集的行业。首先,船公司必须对船舶和集装箱进行巨额投资。根据有关资料表明,集装箱船每立方英尺的造价为普通货船的3.7~4倍,集装箱的投资也相当大。开展集装箱运输所需的高额投资,使得船公司的总成本中固定成本占有相当大的比例,高达2/3以上。其次,集装箱运输中的港口的投资也相当大。专用集装箱泊位的码头设施包括码头岸线和前沿、货场、货运站、维修车间、控制塔、门房,以及集装箱装卸机械等,耗资巨大。再者,为开展集装箱多式联运,还需有相应的内陆设施及内陆货运站等,为了配套建设,这就需要兴建、扩建、改造、更新现有的公路、铁路、桥梁、涵洞等,这方面的投资是惊人的。可见,实现集装箱化,需要大量的资金投入。

4）高协作的运输方式

集装箱运输涉及面广、环节多、影响大,是一个复杂的运输系统工程。集装箱运输系统包括海运、陆运、空运、港口、货运站以及与集装箱运输有关的海关、商检、船舶代理公司、货运代理公司等单位和部门。如果互相配合不当,就会影响整个运输系统功能的发挥,如果某一环节失误,必将影响全局,甚至导致运输生产停顿和中断。因此,整个运输系统各环节、各部门之间要高度协作,只有这样,才能保证集装箱运输系统高效率地运转。

5）适于组织多式联运

集装箱运输适于不同运输方式之间的联合运输。在换装转运时,海关及有关监管单位只需加封或验封转关放行,从而提高了运输效率。此外,由于国际集装箱运输与多式联运是一个资金密集、技术密集及管理要求很高的行业,是一个复杂的运输系统工程,这就要求管理人员、技术人员、业务人员等具有较高的素质,才能胜任工作,才能充分发挥国际集装箱运输的优越性。

在我国,装箱运输,尤其是集装箱海运已经成为一种普遍采用的重要的运输方式。目前,集装箱运输已进入以国际远洋船舶运输为主,以铁路运输、公路运输、航空运输为辅的多式联运为特征的新时期。

二、集装箱的种类与标准

1. 集装箱的定义

所谓集装箱,是指具有一定强度、刚度和规格专供周转使用的大型装货容器。使用集装箱转运货物,可直接在发货人的仓库装货,运到收货人的仓库卸货,中途更换车、船时,无须将货物从箱内取出换装。按国际标准化组织(International Organization for Standardization, ISO)第 104 技术委员会的规定,集装箱应具备下列条件:

（1）具有足够的强度,可长期反复使用。

（2）适于一种或多种运输方式的运送,途中转运时箱内货物不需换装。

（3）具有快速装卸和搬运的装置,特别便于从一种运输方式转移到另一运输方式。

（4）便于货物装满和卸空。

（5）具有 $1m^3$ 或 $1m^3$ 以上的容积。

2. 集装箱的种类

运输货物用的集装箱种类繁多,分类方法不一。仅以国际标准的第一系列集装箱为例,除按尺寸分类外,还可以按材料、结构和用途的不同进行分类。

1）按使用材料分类

现有的国际标准集装箱按使用材料分类,有钢集装箱、铝集装箱、玻璃钢集装箱和不锈钢集装箱 4 种。

（1）钢集装箱。钢集装箱的最大优点是强度大、结构牢、焊接性和水密性好,而且价格低廉;缺点是防腐性能力差,箱体笨重,相应地降低了装货能力。

(2)铝集装箱。最大优点是质量轻,提高了集装箱的装载能力,而且具有防腐性好和弹性好等优点。铝集装箱的使用年限比钢集装箱长,一般为 15～16 年。

(3)玻璃钢集装箱。玻璃钢集装箱的特点是强度大、刚性好,具有较高的隔热、防腐和耐化学侵蚀能力。主要缺点是质量较大,造价高。

(4)不锈钢集装箱。不锈钢是一种新的集装箱材料,它有以下优点:强度大,不生锈,外表美观;在整个使用期内无须进行维修保养,使用率高;耐蚀性能好。其缺点是:价格高,初始投资很大,一般都用作罐式集装箱。

2)按用途分类

随着集装箱运输的发展,为了适应装载各种不同种类的货物,出现了许多不同种类的集装箱,这些集装箱不仅外形不同,结构不同,其内尺寸的参数也不同。现就各种不同种类集装箱的特点介绍如下。

(1)杂货集装箱。杂货集装箱又称干货集装箱,是一种通用集装箱,用以装载除液体货物和需要调节温度的货物外的其他货物,其使用范围极广。

(2)敞顶集装箱。这是一种箱顶可以拆下来的集装箱,箱顶又分硬顶和软顶两种。软顶是指用可拆式扩伸弓梁支撑的帆布、塑料布式涂塑布制成顶篷,其他构件与通用集装箱相类似。顶篷用一整块钢板制成的为硬顶敞顶集装箱。

敞顶集装箱适合于装载大型货物和重型货物,如钢材、木材,特别是像玻璃板等易碎的重货。这些货物常利用吊车从箱顶部吊入箱内,既不易损坏货物,也便于在箱内把货物固定。

(3)台架式集装箱。这种集装箱没有箱顶和侧壁,甚至连端壁也去掉而只有底板和四个脚柱的集装箱。这种集装箱可以从前后、左右及上方进行装卸作业,适合装卸长大件和重活。

(4)平台集装箱。平台集装箱无上部结构,只有底结构的一种集装箱。平台的长度和宽度与国际标准集装箱的箱底尺寸相同,可使用与其他集装箱相同的紧固件和起吊装置。主要用于装卸长大笨重货物。

(5)冷藏集装箱。这是专为运输要求保持一定温度的冷冻货或低温货,如鱼、肉、新鲜水果、蔬菜等食品进行特殊设计的集装箱。国际上采用的冷藏集装箱基本上分两种:一种是集装箱内带有冷冻机的叫机械式冷藏集装箱;另一种箱内没有冷冻机而只有隔热结构,即在集装箱端壁设有进气孔和出气孔,箱子装在舱内,由船舶的冷冻装置供应冷气,这种叫作离合式冷藏集装箱,又称外置式或夹箍式冷藏集装箱。

(6)散货集装箱。散货集装箱是一种密闭式集装箱,有玻璃钢制和钢制两种。前者由于侧壁强度较大故一般装载相对密度较大的散货,如麦芽和化学品等;后者原则上用于装载相对密度较小的货物,如谷物。

散货集装箱除了端部设有箱门外,在箱顶上还设有 2～3 个装货口。装货口有圆形和长方形两种。在箱门的下方还设有两个长方形的卸货口。散货集装箱如图 5-11 所示。

(7)通风集装箱。通风集装箱的外表与杂货集装箱相同,是一种带有箱门的密闭式集装箱。为了通风,一般在侧壁或端壁上设有 4～6 个通风口。它适于装载菌类、食品以及其他需要通风、防止汗湿的货物,能有效地防止新鲜食品在运输途中腐烂变质,如将通风口关闭,同样可以作为杂货集装箱使用,其外形如图5-12所示。

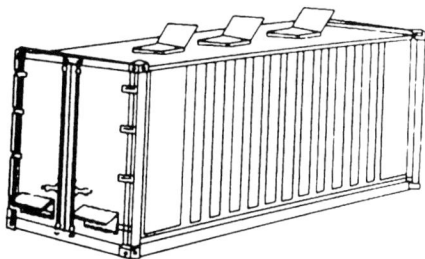

图5-11 20ft散货集装箱

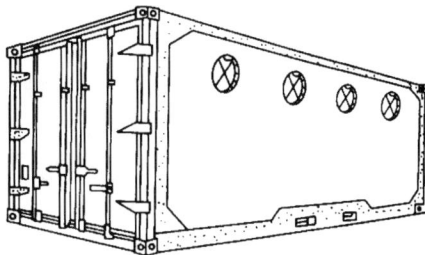

图5-12 通风集装箱

(8)罐式集装箱。罐式集装箱是专用以装运酒类、油类(如动植物油)、液体食品以及化学品等液体货物而设计的。

(9)动物集装箱。动物集装箱是一种用于装运鸡、鸭、鹅等活家禽和牛、马、羊、猪等活家畜的集装箱。为了遮蔽阳光,箱顶采用胶合板遮盖,侧面和端面都有用铅丝网制的窗,保证良好的通风。侧壁下方设有清扫口和排水口,配有上下移动的拉门,可把垃圾清扫出去。

(10)汽车集装箱。如图5-13所示,汽车集装箱是在简易箱底上装一个钢制框架,通常没有箱壁(包括端壁和侧壁),箱底应用防滑钢板,以防止汽车在箱内滑动。汽车集装箱有单层(只装一层)的和双层的两种。

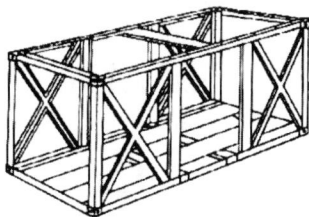

a)单层汽车集装箱

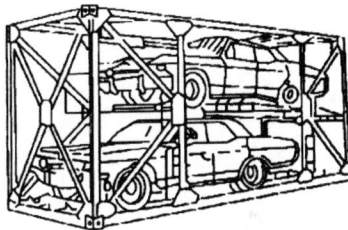

b)双层汽车集装箱

图5-13 汽车集装箱

(11)组合式集装箱。这是一种在独立的底盘上,箱顶、侧壁和端壁可以分解或组合的集装箱,它可以单独运输货物,也可以紧密地装在国际标准的20ft和40ft型箱内,作为辅助集装箱用,因此,又称为"子母箱"。由于它拆掉壁板后形似托盘,故又称"盘式集装箱",俗称G-tainer。

(12)服装集装箱。服装集装箱的特点是在箱内上侧梁上装有许多根横杆,每根横杆上垂下若干条皮带扣、尼龙带扣或绳索,成衣利用衣架上的钩直接挂在带扣或绳索上。这种服装装载法属于无包装运输,它不仅节约了包装材料和包装费用,而且减少了人工劳动,提高了服装的运输质量。

由于集装箱运输的发展,运输效率不断提高,集装箱运用的范围也越来越广泛。在交通运输中不断推广和运用以后,现在集装箱不仅用于民用系统,在军用系统中也得到了发展。除运输货物外,还有流动电站集装箱、流动舱室集装箱、流动办公室集装箱等。

3.集装箱的标准化

为了有效地开展国际集装箱多式联运,必须强化集装箱标准化。为了便于计算,以20ft

集装箱作为标准箱,简称 TEU(Twenty-foot Equivalent Units)。集装箱标准按使用范围分,有国际标准、国家标准、地区标准和公司标准 4 种。

1)国际标准集装箱

现行的国际标准为第 1 系列共 13 种,其宽度均一样(2438mm)、长度有 4 种(12192mm、9125mm、6058mm、2991mm)、高度有 4 种(2896mm、2591mm、2438mm、< 2438mm),如表 5-1 所示。其中 A 类表示 40ft、B 类表示 30ft、C 类秦示 20ft、D 类表示 10ft 集装箱。

第一系列集装箱规格尺寸和总质量   表 5-1

规格 (ft)	箱型	长		宽		高		最大总质量	
		公制 (mm)	英制 (ft in)	公制 (mm)	英制 (ft in)	公制 (mm)	英制 (ft in)	公制 (kg)	英制 (lb)
10	1D	2991	9'9.75"	2438	8'	2438	8'	10160	22400
	1DX					< 2438	< 8'		
20	1CC	6058	19'10.5"	2438	8'	2591	8'6"	24000	52900
	1C					2438	8'		
	1CX					< 2438	< 8'		
30	1BBB	9125	29'11.25"	2438	8'	2896	9'6"	25400	56000
	1BB					2591	8'6"		
	1B					2438	8'		
	1BX					< 2438	< 8'		
40	1AAA	12192	40'	2438	8'	2896	9'6"	30480	67200
	1AA					2591	8'6"		
	1A					2438	8'		
	1AX					< 2438	< 8'		

注:1ft = 12in = 304.8mm。

国际标准集装箱各种箱型之间的长度具有一定的尺寸关联,其长度关系如图 5-14 所示。

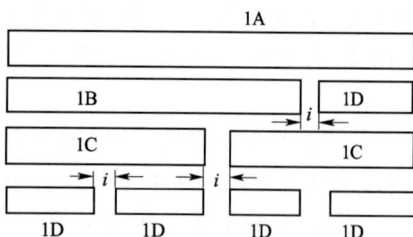

图 5-14　国际标准集装箱长度系列关系

图中,1A 型为 12192mm(40ft)集装箱;1B 型为 9125mm(30ft)集装箱;1C 型为 6058mm(20ft)集装箱;1D 型为 2991mm(10ft)集装箱。i 为间距,其值为 76mm(3in)。应有:

$$1A = 1B + i + 1D = 9125 + 76 + 2991 = 12192(mm)$$
$$1B = 1D + i + 1D = 9125(mm)$$
$$1C = 1D + i + 1D = 6058(mm)$$

集装箱的换算方法如下:

40ft 集装箱 = 2TEU　30ft 集装箱 = 1.5TEU

20ft 集装箱 = 1TEU　10ft 集装箱 = 0.5TEU

2)国家标准集装箱

各国政府参照国际标准并考虑本国具体情况来制定本国的集装箱标准。我国国家标准

《系列 1 集装箱分类、尺寸和额定质量》（GB 1413—2008）中规定了集装箱各种型号的外部尺寸、极限偏差及额定质量。

3）地区标准集装箱

此类集装箱标准，是由地区组织根据该地区的特殊情况制定的，此类集装箱仅适用于该地区。如根据欧洲国际铁路联盟（VIC）所制定的集装箱标准而建造的集装箱。

4）公司标准集装箱

某些大型集装箱船公司，根据本公司的具体情况和条件而制定的集装箱船公司标准，这类箱主要在该公司运输范围内使用。如美国海陆公司的 35ft 集装箱。

此外，目前世界还有不少非标准集装箱。如非标准长度集装箱有美国海陆公司的 35ft 集装箱、总统轮船公司的 45ft 及 48ft 集装箱；非标准高度集装箱主要有 9ft 和 9.5ft 两种高度集装箱；非标准宽度集装箱有 8.2ft 宽度集装箱等。由于经济效益的驱动，目前世界上 20ft 集装箱越来越多，而且普遍受到欢迎。

4. 集装箱的标记

为了方便集装箱的识别、交接和运输管理，国际标准化组织（ISO）对集装箱标记制定了国际标准，规定了集装箱标记的内容、标记字体的尺寸、标记位置等。集装箱标记又分为必备标记和自选标记两种，每一类中又分为识别标记和作业标记。集装箱标记代号的位置如图 5-15 所示。

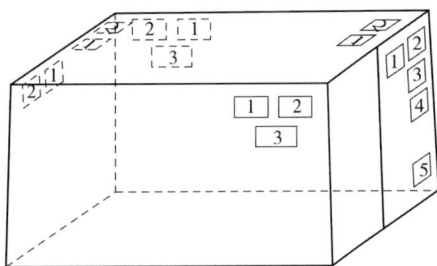

图 5-15 集装箱标记代号的位置

1-箱主代号；2-箱号或顺序号、核对数字；3-集装箱尺寸及类型代号；4-集装箱总重、自重和容积；5-集装箱制造厂名及出厂日期

1）必备标记

（1）识别标记。

识别标记包括箱主代码、顺序号和核对数字。

①箱主代码（Owner NO.）。集装箱所有者的代码由 4 位大写拉丁字母表示：前 3 个字母由箱主自己规定，并向国际集装箱局登记，登记时不得与登记在先的箱主有重复；第 4 个字母是识别代号，"U"表示常规集装箱，"J"表示带有可拆卸设备的集装箱，"Z"表示集装箱拖车和底盘车，如"COSU"为中国远洋运输（集团）总公司箱主代码。

②顺序号（Serial NO.）。顺序号为集装箱编号，由公司自定，用 6 位阿拉伯数字表示，若数字不足 6 位时，在数字前补"0"，以补足 6 位。

③核对数（CheckDigit）。核对数用于计算机核对箱主号与顺序号记录的正确性。

（2）作业标记。

作业标记包括额定质量、自重标记，超高标记（图 5-16），空、陆、水联运集装箱标志（图 5-17）和登箱顶触电警告标志（图 5-18）。

①额定质量和自重标记。集装箱的自重（空箱质量）和箱内装载货物的容许最大载货量之和，即最大工作总质量（Max Gross Mass），又称额定总重。集装箱的自重（Tare Weight）又称空箱质量（Tare Mass）。在标出额定质量和自重的同时，还可标出允许最大载货量（Net Weight）。三种质量标出时，要求用千克（kg）和磅（1b）两种单位同时表示。

②超高标记。凡高度超过 2.6m（8.5ft）的集装箱均应有如图 5-17 所示的超高标记，该

标记为在黄色底上标出黑色数字和边框。通常位于集装箱每侧的左下角,其他主要标记下方,距箱底约 0.6m 处。

③空、陆、水联运集装箱标志。此类集装箱具有与飞机机舱内相匹配的系固装置,适用于空运,并可与地面运输方式相互交接联运。

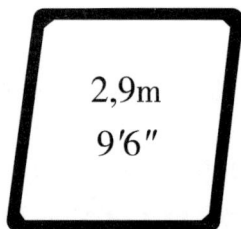

图 5-16　集装箱超高标记图　　　图 5-17　空/陆/水联运集装箱标志　　　图 5-18　箱顶触电警告标志

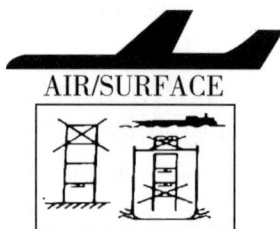

2)自选标记

(1)识别代码。

识别代码由国籍代码、尺寸和类型代码组成。

①国籍代码(CountryCode)。国籍代码用三个或两个阿拉伯数字表示,用以表示集装箱登记的国家或地区,如"PRC""CN"表示登记国为"中华人民共和国","GB×""GB"表示登记国是"英国","USA""US"表示登记国为"美国","J××""JP"表示登记国为"日本"。

②尺寸代码(Size Code)和箱型代码(Type Code)。规格尺寸和箱型代码集装箱的箱型尺寸代码是集装箱运输业务的需要,同时也是国际集装箱运输 EDI(电子数据交换)业务中最重要的代码之一。代码使用的是 UN/ISO 标准代码,代码库提供了 1984 年和 1995 年版本,现已逐渐使用 1995 年版的数字—字符型代码。

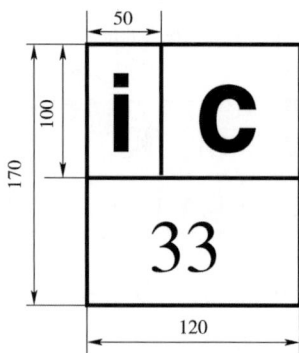

(2)作业标记。

作业标记主要为"国际铁路联盟标记"。凡符合《国际铁路联盟条例》规定的技术条件的集装箱,可获得国际铁联标记,如图 5-19 所示。该标志是在欧洲铁路上运输集装箱的必备通行标志。标记方框商标的"ic"表示国际铁路联盟,标记下方的数字表示各铁路公司代码("33"是中华人民共和国铁路的代码)。

图 5-19　国际铁路联盟标记
(尺寸单位:mm)

3)通行标记

集装箱除必须有"必备标注"与"自选标记"外,还必须有一些允许其在各国间通行的牌照,称为"通行标记"。现有的集装箱通行标记主要有:安全合格牌照、集装箱批准牌照、检验合格徽。

三、集装箱的交接

1.整箱货与拼箱货

集装箱运输,是将散件货物(Break Bulk Cargo)汇成一个运输单元(集装箱),使用船舶等运输工具进行运送的方式。集装箱运输的货物流通途径与传统的杂货运输有所不同,集装箱运输不仅与传统杂货运输一样以港口作为货物交接、换装的地点,还可以在港口以外的地点设立货物交接、换装的站点。

集装箱运输改变了传统的货物流通途径，在集装箱货物的流转过程中，其流转形态分为两种，一种为整箱货，另一种为拼箱货。

（1）整箱货（Full Container Load，FCL）。是指货主自行将货物装满整箱以后，以箱为单位托运的集装箱。这种情况通常在货主有足够货源装载一个或数个整箱时采用，除有些大的货主自己置备有集装箱外，一般都是向承运人或集装箱租赁公司租用一定的集装箱。空箱运到工厂或仓库后，在海关人员的监管下，货主把货装入箱内、加锁、铅封后交承运人并取得站场收据，最后凭收据换取提单或运单。

（2）拼箱货（Less ThanContainerLoad，LCL）。是指承运人（或代理人）接受货主托运的数量不足整箱的小票货运后，根据货类性质和目的地进行分类整理，把去同一目的地的货，集中到一定数量拼装入箱。由于一个箱内有不同货主的货拼装在一起，所以叫拼箱。这种情况在货主托运数量不足装满整箱时采用。拼箱货的分类、整理、集中、装箱（拆箱）、交货等工作均在承运人码头集装箱货运站或内陆集装箱转运站进行。

将整箱货与拼箱货进行比较，如表5-2所示。

整箱货和拼箱货的区别　　　　　　　　　　　　　　　　表5-2

项目	整箱货（FCL）	拼箱货（LCL）
货主数量	一个货主	多个货主
装箱人	货主	货运站、集拼经营人、NVOCC
制装箱单加封	货主	货运站、集拼经营人、NVOCC
货物交接责任	只看箱子外表状况良好、关封良好即可交接	须看货物的实际情况（如件数、外观、包装等）
提单上的不同	加注不知条款，如：SLAC（货主装箱、计数）、SLACS（货主装箱、计数并加封）、SBS（据货主称）、STC（据称箱内包括）	SLAC、SLACS、SBS、STC等不知条款无效
流转程序	发货人→装货港码头堆场→海上运输→卸货港码头堆场→收货人	发货人→发货地车站、码头货运站→装货港码头堆场→海上运输→卸货港码头堆场→收货地车站、码头货运站→收货人

2. 集装箱的交接地点

1）集装箱码头堆场（Container Yard，简称CY）

集装箱码头堆场包括集装箱前方堆场和集装箱后方堆场。集装箱前方堆场在集装箱码头前方，是为加速船舶装卸作业暂时堆放集装箱的场地。集装箱后方堆场是重箱或空箱进行交接、保管和堆存的场所。有些国家对集装箱堆场并不分前方堆场或后方堆场，统称为堆场。集装箱后方堆场是集装箱装卸区的组成部分。在集装箱码头堆场交接的货物都是整箱交接。在发货港集装箱码头堆场交接，意味着发货人自行负责装箱及集装箱到发货港集装箱码头堆场的运输。在卸货港集装箱码头堆场交接，意味着收货人自行负责集装箱货物到最终目的地的运输和拆箱。

2）集装箱货运站（Container Freight Station，简称CFS）

集装箱货运站是处理拼箱货的场所。它是将拼箱货的交接、配箱积载后，将集装箱送往集装箱堆场，此外，还接受集装箱堆场交来的进口货箱，并对其进行拆箱、理货、保管，最后分拨交给收货人。

集装箱货运站主要办理下列业务:

(1)拼箱货的理货和交接。

(2)对货物外表检验有异状时,办理批注。

(3)拼箱货的配箱积载和装箱。

(4)进口拆箱货的拆箱和保管。

(5)代承运人加铅封并签发站收据。

(6)办理各项单证和编制等。

从集装箱货运站的任务看,它实际上起到了货物集中、疏散的作用。集装箱货运站一般包括集装箱装卸港的市区货运站,内陆城市、内河港口的内陆货运站和中转站。在集装箱货运站交接的货物都是拼箱交接。在起运地集装箱货运站交接意味着发货人自行负责将货物送到集装箱货运站。在到达地集装箱货运站交接意味着收货人自己到集装箱货运站提取货物,并负责自行提货后的事宜。

3)发货人或收货人的工厂或仓库(Door)

在发货人或收货人的工厂或仓库交接的货物都是整箱交接。一般意味着发货人或收货人自行负责装箱或拆箱。

3.集装箱的交接方式

集装箱货运分为整箱和拼箱两种,因此,在交接方式上也有所不同,纵观当前国际上的做法,大致有以下4类:

(1)整箱交,整箱接(FCL/FCL)。货主在工厂或仓库把装满货后的整箱交给承运人,收货人在目的地同样以整箱接货,换言之,承运人以整箱为单位负责交接。货物的装箱和拆箱均由货方负责。

(2)拼箱交,拆箱接(LCL/LCL)。货主将不整箱的小票托运货物在集装箱货运站或内陆转运站交给承运人,由承运人负责拼箱和装箱运到目的地货站或内陆转运站,由承运人负责拆箱,拆箱后,收货人凭单接货。货物的装箱和拆箱均由承运人负责。

(3)整箱交,拆箱接(FCL/LCL)。货主在工厂或仓库把装满货后的整箱交给承运人,在目的地的集装箱货运站或内陆转运站由承运人负责拆箱后,各收货人凭单接货。

(4)拼箱交,整箱接(LCL/FCL)。货主将不足整箱的小票托运货物在集装箱货运站或内陆转运站交给承运人。由承运人分类调整,把同一收货人的货集中拼装成整箱,运到目的地后,承运人以整箱交,收货人以整箱接。

上述各种交接方式中,以整箱交、整箱接效果最好,也最能发挥集装箱的优越性。

在集装箱运输中,根据货物的实际交接地点不同,货物的交接有多种方式。交接方式不同,集装箱运输经营人与货主承担的责任、义务不同,集装箱运输经营人的运输组织的内容、范围也不同。

(1)门到门(Door to Door)交接方式。承运人在发货人的工厂、仓库接受所托运的货物,直到收货人的工厂、仓库交货为止。

(2)门到场(Door to CY)交接方式。承运人在发货人的工厂、仓库接受所托运货物,然后负责全程运输,直到目的港的集装箱码头堆场交付货物为止。

（3）门到站（Door to CFS）交接方式。承运人在发货人的工厂、仓库接受所托运的货物，然后负责全程运输，直到目的港集装箱货运站交付货物为止。

（4）场到门（CY to Door）交接方式。承运人在装运港的集装箱码头堆场接受所托运的货物，然后负责全程运输，直到收货人的工厂、仓库交付货物为止。

（5）场到场（CY to CY）交接方式。承运人在装运港的集装箱码头堆场接受所托运的货物，然后负责全程运输，直到目的港集装箱码头堆场交付货物为止。

（6）场到站（CY to CFS）交接方式。承运人在装运港的集装箱码头堆场接受所托运的货物，然后负责全程运输，直到目的港的集装箱货运站交付货物为止。

（7）站到站（CFS to CFS）交接方式。承运人在装运港的集装箱码头货运站或收货地内陆货运站（中转站）接受所托运的货物，然后负责全程运输，直到目的港的集装箱码头货运站或交货地内陆货运站（中转站）交付货物为止。

（8）站到场（CFS to CY）交接方式。承运人在装运港的集装箱码头货运站或收货地内陆货运站（中转站）接受所托运的货物，然后负责全程运输，直到目的港集装箱码头交付货物为止。

（9）站到门（CFS to Door）交接方式。承运人在装运港的集装箱码头货运站或收货地内陆货运站（中转站）接受所托运的货物，然后负责全程运输，直到收货人的工厂、仓库交付货物为止。

综上，交货方式可归纳为如表5-3所示。

集装箱交货方式　　　　　　　　　　　　　　　　　表5-3

交接地点	装箱方式不同
场到场（CY to CY）	整箱货与整箱货的交接（FCL-FCL）
门到门（Door to Door）	
门到场（Door to CY）	
场到门（CY to Door）	
站到门（CFS to Door）	拼箱货与整箱货的交接（LCL-FCL）
站到场（CFS to CY）	
门到站（Door to CFS）	整箱货与拼箱货的交接（FCL-LCL）
场到站（CY to CFS）	
站到站（CFS to CFS）	拼箱货与拼箱货的交接（LCL-LCL）

四、集装箱货物运输流程

1. 集装箱货物出口业务的一般流程

集装箱出口货运程序，如图5-20所示。

（1）订舱。发货人或其货运代理人根据贸易合同或信用证条款的规定，在货物托运前的一定时间内，填写集装箱货物托运单或订舱单，向船公司或其代理公司或其他运输经营人申请订舱。

（2）接受托运申请。船公司或其代理公司在接到托运申请时，首先应考虑其航线、船舶、港口、运输条件等状况能否满足发货人的要求。在接受托运申请后，应审核托运单并与订舱单核对,确认无误后,在装货单上签章,然后将装货单退还给货主或货运代理人。货主或货运代理人即可持装货单,向海关办理货物出口报关手续。而船公司或船公司的代理人则在承运货物后,根据订舱单或托运单编制定舱清单,分送集装箱装卸作业区的集装箱码头、堆场和货运站,以准备空箱的发放和重箱的交接等事宜。

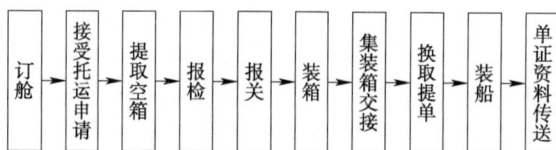

订舱 → 接受托运申请 → 提取空箱 → 报检 → 报关 → 装箱 → 集装箱交接 → 换取提单 → 装船 → 单证资料传送

图 5-20　集装箱出口货运流程

（3）提取空箱。通常,集装箱是由船公司无偿借给货主或集装箱货运站使用的。在整箱货的情况下,船公司或其代理公司在接受托运申请后,即签发集装箱发放通知单,连同集装箱设备交接单一并交给托运人或货运代理人,持该文件到集装箱堆场或内陆站提取空箱。而在拼箱货的情况下,则由集装箱货运站提取空箱。提取空箱时,在集装箱装卸作业区的门卫处,由装卸作业区的门卫会同提取空箱的载货汽车驾驶员,代表集装箱堆场及集装箱使用人对集装箱及其附属设备的外表状况进行检查,然后分别在设备交接单上签字,设备交接单双方各执一份。

（4）报检。发货人或货运代理人应按照国家有关法规并根据商品特性,在规定期限内填写好申报单分别向商检、卫检、动植物检疫等口岸监管部门申报检验。经监管部门审核或查验,依据不同情况分别予以免检放行或经查验处理后出具有关证书放行。

（5）报关。发货人或货运代理人应依据国家有关法规,在规定期限内持报关单、场站收据、商业发票等有关单证向海关办理申报手续。经海关审核后根据不同情况分别予以直接放行或查验后出具证书放行,并在场站收据上加盖放行章。

（6）装箱。货主或货运代理人托运的货物既可能是整箱货,也可能是拼箱货。在整箱货的情况下,由货主自行办理出口报关手续,装箱时需有发货人或货运代理人所申请的理货人员到场计数验残。装箱完毕由发货人或货运代理人负责施加船公司铅封,并编制装箱单和港站收据,注明卸货港口、提单号码、箱号、封志号、货名、件数、质量和尺码等。而对于内陆(通过水路、公路、铁路)运输至集装箱码头堆场的整箱货,应另有内陆海关关封,由有关代理向出境地海关办理转关手续。

拼箱货装箱由发货人或货运代理将不足一整箱的货物连同事先编制的场站收据送交集装箱货运站。集装箱货运站核对场站收据和货物并在场站收据上签收。如果发现货物外表状况有异状,需在场站收据上按货物的实际情况做出批注。集装箱货运站根据各货主的货物性质类别组拼装箱。装箱时需有货运站所申请的理货人员到场计数验残。装箱完毕,由货运站负责施加船公司铅封,并填制内容同整箱货相同的装箱单等。

（7）集装箱交接。不论是整箱货还是拼箱货,最终都需送交集装箱装卸作业区的集装箱堆场等待装船。发货人或其代理人将重箱连同按装箱顺序编制的装箱单和设备交接单(进场)以及场站收据,通过内陆运输送交集装箱装卸作业区集装箱堆场码头。首先,集装箱装卸作业区的门卫会同内陆运输的载货汽车驾驶员对进场的重箱检验后,双方签署设备交接单,并将设备交接单中的用箱人联退还运箱人;其次,集装箱堆场码头则在核对有关单证后在场站收据上签字并退交发货人或货运代理人以换取提单。

（8）换取提单。发货人或货运代理人凭集装箱堆场签署的场站收据向船公司或其代理公司换取提单，并据此向银行结汇。

（9）装船。集装箱进入集装箱装卸作业区的集装箱堆场后，装卸作业区根据待装货箱的流向和装船顺序编制集装箱装船计划或积载计划，在船舶到港前将待装船的集装箱移至集装箱前方堆场，按顺序堆码放于指定的箱位，船舶到港后即可顺次装船。装船后编制出口载货清单向海关办理船舶出口报关手续。

（10）单证资料传送。船公司或其代理人应于船舶开航前24h向船方提供提单副本、舱单、装箱单、积载图、特种集装箱的清单、危险货物集装箱清单、危险货物说明书、冷藏集装箱清单等全部随船资料，并应于起航后（近洋开船后处，远洋起航后48h内）采用传真、电子邮件、电传、邮寄的方式向卸货港或中转港发出卸船所需的资料。由于目前集装箱船舶航行速度的加快，上述单证已经基本通过电子化的方式（EDI）在船公司内部交换。

以"场到场"交接方式为例，介绍集装箱进口货运流程，如图5-21所示。

国际集装箱运输单证系统是由出口运输单证、进口运输单证及向口岸监管部门申报所用的相关单证等三大类构成。

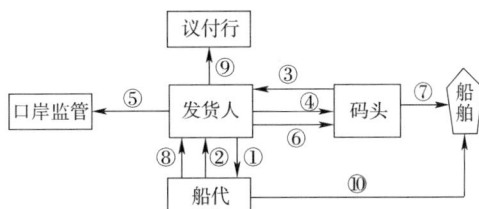

图 5-21　集装箱出口货运程序简图

注：①订舱托运场站收据（十联单）。
　　②确认订舱和放空箱：货物托运单、装货单、场站收据大副联、场站数据正本、场站收据货代联、集装箱设备交接单、集装箱放箱凭证。
　　③提运空箱：集装箱设备交接单、集装箱放箱凭证。
　　④重箱进场：装箱单、集装箱设备交接单。
　　⑤报关报验：装箱单、装货单、报关单、合同副本、信用证副本、商业发票、出口许可证等。
　　⑥签发场站收据：装箱单、场站收据大副联、场站数据正本。
　　⑦装船理箱：场站收据大副联、装箱单、配载船图、装船顺序单、理货报告、集装箱装船清单。
　　⑧签发提单：场站数据正本、装箱单、提单。
　　⑨结汇：提单、装箱单、合同副本、信用证副本、商业发票、出口许可证等。
　　⑩随船单证出船图、出口舱单、理货报告等。

2. 集装箱货物进口业务的一般流程

集装箱进口货运流程如图5-22所示。

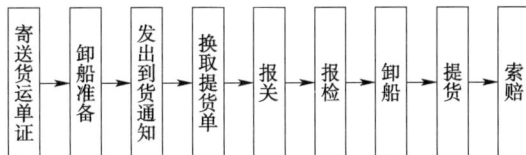

图 5-22　集装箱进口货运流程

（1）寄送货运单证。出口港及发货方在船舶开航后，将有关单证航空邮寄给进口航区船公司的集装箱管理处或其代理公司。

（2）卸船准备。船公司的集装箱管理处或其代理公司收到这些单证后，即分别发给代理公司和集装箱码头堆场和集装箱货运站，以做好卸船的准备。

（3）发出到货通知。船公司或其代理公司将船舶到港时间及有关情况通知收货人，向收货人或其代理人发出到货通知书，通知收货人或其代理人做好报关提货的准备。

（4）换取提货单。收货人或其代理人向银行付清货款领取单证后，凭船公司或其代理公司所发的到货通知书和正本提单向船公司或其代理公司换取提货单。如果是到付运费，则必须付清运费再换单。

船公司或其代理公司核对正本提单以后，如果没有异常，即向收货人签发提货单。

（5）报关。收货人或其代理人在规定期限内，持报关单、提货单和提单副本以及装箱单等其他有关单证，到海关办理申报、纳税手续。经海关审核同意后，在提货单上盖章放行；如需要查验，则在提货单上盖查验章，另外约时间进行查验。经查验后无异议，再在提货单上加盖海关的放行章给予放行。

（6）报检。收货人或其代理人在规定期限内，持提货单和其他有关单证，到商检、卫检、动植物检等口岸监管部门办理有关申报手续。经审核同意即在提货单上盖章放行；如果需查验，则开出查验通知，另外约定时间，经查验并消毒处理后，再在提货单上盖章放行。

（7）卸船。船舶靠泊后，集装箱码头堆场作业人员即上船与船方洽谈卸船事宜，进行卸船作业。船方委托理货人员计箱验残，与集装箱码头堆场人员交接，码头堆场按照拟订的卸船堆场计划堆放集装箱。卸船完毕后，由理货员编制理货报告单，送交船公司或其代理公司。

如果是烈性危险品集装箱卸船，那么在船舶靠泊前，船公司或其代理公司必须凭有关危险品单据向口岸港监管部门，签证船舶载运危险货物申报单，经准许后才能准备卸箱。然后根据事先约定，收货人或其代理人必须按计划即时派车到船边直接提箱。

（8）提货。收货人或其代理人凭盖有"一关""与检"等放行章的提货单，到有关集装箱码头堆场的提货受理处办理提货手续。如果提取整箱货，那么收货人或其代理人还必须向有关船公司或其代理人办理放箱单，办妥放箱手续并在提货单上盖船公司的放箱章后，才予以办理提箱手续。提箱时，收货人或其代理人需另凭设备交接单，向集装箱码头堆场人员进行交接。收货人提箱后，应尽可能在免费用箱的时间内拆箱、卸货，并把空箱运回指定的地点。如果提取的是拼箱货，则先由集装箱货运站提取重箱到货运站，再由货主到货运站提取货物。

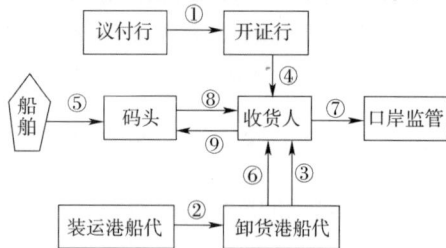

图 5-23 集装箱进口货运程序简图

注：①索偿提单、装箱单、合同副本、信用证副本、商业发票、出口许可证等。
②进口货运资料进口舱单、进口船图、装运港理货报告、集装箱清单、提单副本。
③索偿提单、装箱单、合同副本、信用证副本、商业发票、出口许可证等。
④赎单提单、装箱单、商业发票等。
⑤卸船和理箱进口舱单、进口船图、装运港理货报告、卸船清单、卸货港理货报告。
⑥换取提货单提单、到货通知书、提货单、设备交接单。
⑦报关报检提货单、报关单、合同副本、信用证副本、商业发票、进口许可证等。
⑧重箱提货单、设备交接单。
⑨归还空箱设备交接单。

（9）索赔。收货人在提货时发现货物与提单（或装箱单）不符时，应分清责任，及时向有关责任方（如发货人、承运人、保险公司等）提出索赔，并提供有效的单据和证明。

与出口货运业务相同的是，进口货运的业务流程涉及单位部门众多，流程也较复杂，仍以"场到场"交接方式为例介绍集装箱进口货运流程，简图如图 5-23 所示。

第四节 多式联运

一、联合运输

1. 联合运输的概念

联合运输是一种综合性的运输组织模式,它是指运输企业通过一次托运、一次结算、一票到底、全程负责的运输组织程序提供的两种及两种以上运输方式或两程以上运输相衔接的全程运输服务,以及产、供、运、销等各主体间的运输协作。在许多实务性的操作层面上,联合运输和联运的概念可互相替代。

联合运输的内容主要包括以下几个方面:

(1)货物全程运输中使用两种或两种以上运输工具(方式)的运输衔接。

(2)货物全程运输中使用同一种运输工具两程或两程以上的运输衔接。

(3)货物全程运输中使用一种运输方式多家经营和多种运输方式联合经营的组织衔接。

(4)货物全程运输所涉及的货物生产、供应、运输、销售企业运输协作组织。

一般而言,小批量、短距离的运输采用单一公路运输的方式完成;大批量、长距离的运输选择"公路 + 铁路"或者"公路 + 水路"的方式,综合成本低;而某些时效性、时间成本高的货物采取"公路 + 空运"的方式,以实现综合物流成本的最低。因此,自然地理上的外部条件和成本节约的内在激励共同决定物流运输不可能由单一的运输方式完成,多种运输方式的组合可以充分发挥不同运输方式各自的优势,回避劣势,从而达到物流运输总成本最低的目的。

此外,要提高整个物流运输系统的效率,提高内部各环节间衔接点的运作流畅性是一个重要的方面。物流运输过程同时也包括运输企业与前后各个环节之间的衔接、工厂仓库与运输企业的衔接、运输企业仓库的衔接、运输企业与终端商场或仓库的衔接,这些衔接点的运转效率直接影响到物流运输的综合成本。

从以上内容可以看出,联运行业属于运输行业。它不是一种新的运输方式,而是一种新的运输组织形式,是在货物多次中转连续运输的全程运输过程中,在不同运输区段、不同运输方式的结合部(中转、换装地点)发挥纽带、贯通和衔接作用。联合运输的运输组织工作,除上述衔接性工作外,还包括把原来由货主自己(或委托代理人)订立的运输合同,办理货物交接和办理所需要的手续及各种运输服务事宜,改变为由联运企业或联运管理机构统一组织办理。在联合运输组织业务中,联程是核心,衔接与协作是关键。联合运输的产生是运输组织业务的一场革命性变化。它打破了传统的不同运输方式与不同运输企业独立经营、独立组织运输的局面,把不同运输方式的运输线路、运输枢纽及各种运输企业、运输服务企业连成了一个不可分割的整体。

2. 联合运输的优点

联合运输的优点,主要体现在以下几个方面:

（1）减少中间环节,缩短运输时间,提高运输质量。

联合运输使各个运输环节和各个运输工具之间密切配合、衔接紧凑,货物中转及时,大大减少了货物的停留时间,从而缩短了运输时间,从根本上保证了货物安全、准确、及时地运抵目的地。

（2）简化手续,方便用户。

传统的单一运输方式都有一套各自独立的作业组织程序和规则,而联合运输模式所采用的法规、程序、一票据等必须为各种运输方式所通用,建立起统一标准的制度体系,尤其是在国际货物联合运输中,制度规范的统一性和通用性更显得重要。

（3）降低运输成本,节省各种开支。

由于多式联运可以实现"门—门"运输,对货主来说,在将货物交由第一承运人后即可取得货运单证,并据以结汇,从而提前了结汇时间。这不仅有利于加速货物占用资金的周转,而且减少了利息的支出。

（4）提高运输组织管理水平,实现运输合理化。

对于区段运输而言,由于各种运输方式的经营人各自为政、自成体系,因而其经营业务范围受到限制,货运也受到相应限制。而一旦由不同的运输经营人共同参与联合运输,经营的范围可以大大扩展,同时可以最大限度地发挥其现有设施、设备的作用,加快车、船的周转,提高运输设备的利用率,选择最佳运输线路组织合理化运输。

3. 联合运输的种类

联合运输内涵的主体部分与联运是一致的,所以在分类上,联合运输的划分与联运的类型划分也是一致的。

（1）从宏观的角度,联运按照其运输对象的不同可以划分为货物联运和旅客联运,从物流运输的角度来考察联合运输是指货物联运。

（2）从组织方式和体制的角度,可以划分为协作式联运和衔接式联运。

（3）从运输货物的批量大小及运输距离的角度,可以划分为大宗货物的干线联运、散装货物的干支线联运、支线间联运。

（4）从地理范围的角度,可以划分为国内联运和国际联运。

（5）从运输方式的角度,可以划分为水陆联运、航空联运和水陆空联运等。

（6）从运输工具的角度,可以划分为铁路—公路联运、公路—水路联运、公路—航空联运以及其他更为复杂的组合形式。根据多程运输的组合角度,水路运输内部包括江海联运、江河联运等,公路运输内部包括国际、省际、城际以及城内多种公路运输的联运。

（7）从联合运输发展的不同阶段、出现先后顺序和先进程度角度,可以划分为传统联运、集装箱联运和国际多式联运等。

二、国际多式联运

1. 概念

联合国为了适应并促进国际贸易和运输的顺利发展,于 1980 年 5 月 8 日至 10 日在日内瓦召开的国际多式联运公约会议上,经与会的 84 个贸发会议成员国一致讨论通过,并产生了当今世界上第一个国际多式联运公约,其全称为《联合国国际货物多式联运公约》(以下简称《公约》)。《公约》的总则部分第一条对国际多式联运做了如下的定义,即"国际多式联运是按照多式联运合同,以至少两种不同的运输方式,由多式联运经营人将货物从一国境内接收货物的地点运至另一国境内指定交付货物的地点"。

2. 构成国际多式联运需要具备的条件

(1)必须要有一个多式联运合同明确规定多式联运经营人(承运人)和托运人之间的权利、义务、责任、豁免的合同关系和多式的性质。

多式联运经营人根据合同规定,负责完成或组织完成货物的全程运输并一次收取全程运费。所以,多式联运合同是确定多式联运性质的根本依据,也是区别多式联运和一般传统联运的主要依据。

(2)必须使用一份全程多式联运单据。

全程多式联运单据是指证明多式联运合同以及证明多式联运经营人已接受货物并负责按照合同条款交付货物所签发的单据。它与传统的提单具有相同的作用,也是一种物权证书和有价证券。国际商会为了促进多式联运的发展,于1975年颁发了《联合运输单据统一规则》,对多式联运单据作了认可的规定,如信用证明无特殊规定,银行可接受多式联运经营人多签发的多式联运单据,这就为多式联运的发展提供了有利条件。

(3)必须是至少两种不同运输方式的连贯运输。

多式联运不仅需要通过两种运输方式而且是两种不同运输方式的组合,例如海—海、铁—铁或空—空等虽然使用两种运输工具,但是由于是同一种运输方式,所以不属于多式联运范畴之内。但海—陆、海—空、陆—空或铁—公等,尽管也是简单的组合形态,却都符合多式联运的基本组合形态的要求。所以,确定一种运输是否属于多式联运方式需要至少两种不同运输方式的组合是一个重要因素之一。但是,为了履行单一方式运输合同进行的该合同所规定的货物解送业务,则不应视为多式联运,如航空运输长期以来普遍盛行汽车接送货物运输业务,从形式上看已构成航空—汽车组合形态,但这种汽车接送习惯上视同航空业务的一个组成部分,作为航空运输的延伸。故《公约》规定,把这种接送业务排除在多式联运之外。这样进一步明确了两种不同运输方式组合的内容,以避免多式联运法规同单一方式法规在这个问题上的矛盾。

(4)必须是国际的货物运输。

这是区别于国内运输和是否适合国际法规的限制条件。也就是说,在国际多式联运方式下,货物运输必须是跨国境的一种国际运输。

(5)必须由一个多式联运经营人对全程运输负总的责任。

这是多式联运的一个重要特征。多式联运经营人也就是与托运人签订多式联运合同的当事人,也是签发联运单据的人,它在联运业务中作为总承运人对货主负有履行合同的责任,并承担自接管货物起至交付货物时止的全程运输责任,以及对货物在运输途中因灭失损坏或延迟交付所造成的损失负赔偿责任。多式联运经营人为了履行多式联运合同规定的运输责任,可以自己办理全程中的一部分实际运输,把其他部分运输以自己的名义委托给有关区段的运输承运人(俗称分承运人)办理,也可以自己不办理任何部分的实际运输,而把全程各段运输分别委托有关区段分承运人办理,分承运人与原发货人不发生任何关系。分承运人只与多式联运经营人发生联系,它们之间的关系是承托关系。

三、国际多式联运经营人

1. 国际多式联运经营人的性质

国际多式联运经营人是指经营国际多式联运的企业或机构。《公约》对其的定义是:国际多式联运经营人是指本人通过其代理订立多式联运合同的任何人,他是事主,不是发货人的代理人或代表,也不是参加多式联运的承运人的代理人或代表,并负有履行合同的责任。这就是说,多式联运经营人不是发货人的代理人或代表,也不是参加联运的承运人的代理人,但对分承运人来说,它又是货物的托运人。它一方面同货主签订多式联运合同,另一方面它自己又以托运人身份与分承运人签订运输合同,所以它具有双重身份。但在多式联运方式下,根据合同规定联运经营人始终是货物运输的总承运人,对货物负有全程运输的责任。

2. 国际多式联运经营人的基本概念和特征

按是否拥有运输工具,实际完成多式联运货物全程运输或部分运输活动的情况,国际多式联运经营人可分为承运人型和无船承运人型两种类型。

承运人型的多式联运经营人拥有(或掌握)一种或一种以上的运输工具,直接承担并完成全程运输中一个或一个区段以上的货物运输。因此,不仅是多式联运的契约承运人,对货物全程运输负责,同时也是实际承运人,对自己承担区段货物运输负责。这类经营人一般是由各种单一运输方式的承运人发展而来。

无船承运人型的多式联运经营人不拥有(或掌握)任何一种运输工具,因此只是组织完成合同规定货物的全程运输,仅是多式联运的契约承运人,对货物全程运输负责。这类经营人一般由传统意义上的运输代理人或无船承运人或其他行业企业或机构发展而成。

3. 国际多式联运经营人应具备的条件

(1)多式联运经营人(即开展多式联运业务的企业、机构)必须具有经营管理的组织机构、业务章程和具有企业法人资格的负责人,以使之能够与发货人或其代表订立多式联运合同。而且该合同至少使用两种运输方式完成全程运输,合同中的货物应是国际的货物。

(2)从发货人或其代表手中接收货物后,即能签发自己的多式联运单证以证明合同的订立并开始对货物负责任。为确保该单证作为有价证券的流通性,多式联运经营人必须在国际运输中具有一定的资信或令人信服的担保。

(3)必须具有与经营业务相适应的自有资金。多式联运经营人要完成或组织完成全程运输,并对运输全过程中的货物灭失、损害和延误运输负责,因此必须具有开展业务所需的流动资金和足够的赔偿能力。

(4)多式联运经营人必须能承担多式联运合同中规定的与运输和其他服务有关的责任,并保证把货物交给多式联运单证的持有人或单证中指定的收货人。因此必须具备与合同要求相适应的、能承担上述责任的技术能力。因此,它包括以下几个方面。

①必须建立自己的多式联运线路。重点是办好几条联运线路。确定一条重点线路,而且线路及各环节都应具有足够的通过能力和集装箱货物运输所需要的条件,特别是良好的集疏运条件。

②要有一支具有国际运输知识、有经验和能力的专业队伍。

③在各条联运线路上要有完整的服务网络。

④要能够制订各线路的多式联运单一费率。采用单一费率是多式联运的条件和特点之一。

⑤要有必要的设备和设施。多式联运经营人可以是无船承运人,自己不拥有任何运输工具,但必须有起码的业务设备和设施。

4. 国际多式联运的基本经营方式

根据多式联运的联运经营人必须具备的条件,联运线路的两端必须在两个不同的国家,在线路的两端及中间各转接点上要有由功能齐全的派出机构、代理机构组成的网络,以完成货物交接、运输衔接及服务事宜,提供必要的信息,完成单证传递等业务。在这种情况下,承担多式联运业务的企业的经营方式通常有以下 3 种。

1)企业独立经营方式

企业独立经营方式即企业在各线路两端及中间各转接点处均设有自己的子公司或办事处等形式的派出机构或分支机构,作为全权代理处理揽货、交接货、订立运输合同协议,办理有关服务业务等运输和衔接中所需要的一系列事务。承运人型的多式联运经营人多采用这种经营形式。

2)代理方式

代理方式即在线路的两端和中间各衔接地点委托国外(内)同行业作为多式联运代理,办理或代安排全程运输中的分承运工作和交接货物,签发或回收多式联运单证,制作有关单证,处理和交换信息,代收、代支付费用和处理货运事故或纠纷等。

3)其他企业联营

其他企业联营多式联运业务由位于联运线路两端国家的两个或几个类似的企业联合经营。联营的各方互为合作人,分别在各自的国家内开展业务活动,揽到货物后,按货物的流向及运输区段划分各自应承担的工作。在本国,自身是起运货物的总承运人,而对方企业是该项运输业务在对方国的代理,接续完成至交付货物为止的全部工作。企业联合经营的紧密程度由各方协议确定,可以是松散型联营,也可以是紧密型联营。

第一种方式一般适用于货源数量较大、较为稳定的线路,要求企业具有较强的经济实力和业务基础。这种方式由于全部工作由自己雇佣的人员完成,工作效率较高,利润也可能较高。第二种和第三种方式多适用于公司的经济实力不足以设立众多的海外办事处和分支机构,或线路的货源不够大、不太稳定,设立分支机构在经济上不合理,或企业开展多式联运业务初期等情况。这种方式具有投资少、见效快、建立线路准备工作较少、精力扩大较快等优点。但与第一种方式比较,工作效率及利润率要低一些,大多数无船承运人型的多式联运企业均采用后两种形式。

多式联运经营人的服务范围除全程运输外还常常包括以收货人或收货人名义在目的地分发全部货物。按多式联运链接的服务过程,多式联运经营人的服务范围包括:整箱货服务(FCL:full Container Load);拼箱货服务(LCL:Less than Container Load);货物计量(Weighing or Measuring);报关(Customs);签发多式联运单据(MTD);订舱;多式联运过程的监督与管理;保险和索赔等。

"多式联运公约"顺应了发展中国家的要求,对那些没有任何运输工具的经营人开展多式联运提供了条件。

5. 国际多式联运经营人的赔偿责任

(1)责任期间。国际多式联运经营人的责任期间是从接受货物之时起到交付货物之时为止。在此期间内,对货主负全程责任。

(2)责任形式和赔偿限额根据目前国际上的做法,责任形式和赔偿可以分为如下3种类型。

①统一责任制。在统一责任制下,多式联运经营人对货主不分区段运输的统一原则责任。

②分段责任制。分段责任制又称网状责任制。

③修正统一责任制。修正统一责任制是介于以上两种责任制之间的责任制,故又称混合责任制,也就是在责任范围方面与统一责任制相同,而在赔偿限额方面则与分段责任制相同。

当前国际多式联运业务中采用较多的是分段责任制。但从发展角度来考虑,分段责任制并不理想,由于各个国际法和各国国内法对责任轻重和赔偿限额高度规定都不统一,而且相互之间存在较大差别。标准不一是分段责任制的一大缺陷,目前采用统一责任制的虽为数不多,但它比分段责任制进了一大步,比较符合多式联运发展的要求,是今后发展的方向。

四、国际多式联运业务

1. 按照运输方式

有代表性的国际多式联运的组织形式包括以下3种。

(1)海陆联运:海陆联运是多式联运主要的组织形式,这种组织形式以航运公司为主体,签发联运提单,与航线两端的内陆运输部门开展联运业务,与大陆桥运输展开竞争。

(2)陆桥运输:在国际多式联运中,陆桥运输(Land Bridge Service)起着非常重要的作用。所谓陆桥运输是指采用集装箱专用列车或载货汽车,把横贯大陆的铁路或公路作为中间"桥梁",使大陆两端的集装箱海运航线与专用列车或载货汽车连接起来的一种连贯运输方式。严格地讲,陆桥运输也是一种海陆联运形式,只是因为其在国际多式联运中的独特地位,故将其单独作为一种运输组织形式。陆桥运输按其运程和接、交货物地点不同,分为大陆桥、小陆桥和微桥运输。

(3)海空联运:海空联运又被称为空桥运输(Air Bridge Service)。空桥运输与陆桥运输的区别在于货物通常要在航空港换成航空集装箱,而陆桥运输整个过程中使用的是同一个集装箱。海空联运方式的运输时间比全程海运少,费用比全程空运便宜。

2. 按照组织形式

货物多式联运的全过程就其工作性质的不同,可分为实际运输过程和全程运输组织业务过程两部分。实际运输过程由参加多式联运的各种运输方式的实际承运人完成,其运输组织工作属于各运输方式内部的技术、业务组织。全程运输组织业务过程是由多式联运全程运输的组织者——多式联运企业或机构完成的,主要包括全程运输中所有商务性事务和衔接服务性工作的组织实施。其运输组织方法可以有很多种,但就其组织体制来说,基本上可分为协作式联运和衔接式联运两大类。

（1）协作式多式联运。

协作式多式联运的组织者是在各级政府主管部门的协调下,由参加多式联运的各种方式运输企业和中转港站共同组成的联运办公室(或其他名称),货物全程运输计划由该机构制订,这种联运组织下的货物运输过程如图 5-24 所示。

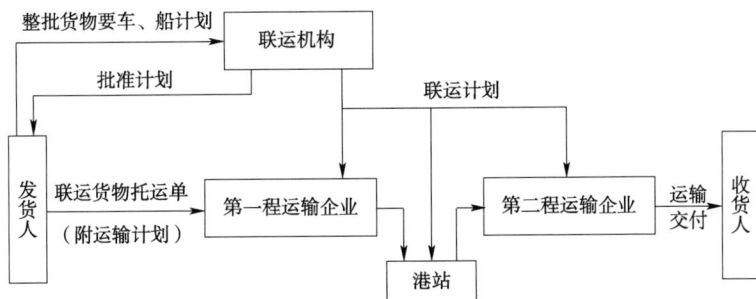

图 5-24　协作式多式联运过程示意图

在这种机制下,需要使用多式联运形式运输整批货物的发货人根据运输货物的实际需要,向联运办公室提出托运申请并按月申报整批货物要车、要船计划,随后联运办公室根据多式联运线路及各运输企业的实际情况制订该托运人托运货物的运输计划,并把该计划批复给托运人及转给各运输企业和中转港站。

发货人根据计划安排向多式联运第一程的运输企业提出托运申请并填写联运货物托运委托书(附运输计划),第一程运输企业接受货物后经双方签字,联运合同即告成立。第一程运输企业组织并完成自己承担区段的货物运输至后一区段衔接地,直接将货物交给中转港站,经换装由后一程运输企业继续运输,直至最终目的地,由最后一程运输企业向收货人直接交付。在前后程运输企业之间和港站与运输企业交接货物时,需填写货物运输交接单和中转交接单(交接与费用结算依据)。联运办公室(或第一程运输企业)负责按全程费率向托运人收取运费,然后按各企业之间商定的比例向各运输企业及港站清算。

在这种组织体制下,全程运输组织是建立在统一计划、统一技术作业标准、统一运行图和统一考核标准基础上的,而且在接受货物运输、中转换装、货物交付等业务中使用的技术装备、衔接条件等也需要在统一协调下同步建设或协商解决,并配套运行以保证全程运输的协同性。

对这种多式联运的组织体制,在有的资料中称为"货主直接托运制"。协作式联运一般为保证指令性计划调拨物资、重点物资和国防、抢险、救灾等急需物资的运输而在国家计划指导下的联运合同运输。联合运输概念中提到的产、供、运、销的运输协作,也属于这一类。协作式运输是计划体制下的联合运输的主要形式,我国国内过去和当前的联合运输大多属于这一类,如目前晋北、内蒙古中部地区出产的计划内煤炭经由大同→大秦铁路→秦皇岛港海运→南方各港的运输,就属于这一类联运。

（2）衔接式多式联运。

衔接式多式联运一般是指由一个联运企业综合组织的两种或两种以上运输工具的连续运输,或者是由一个联运企业综合组织的以同一种运输工具但由多家经营的两程或两程以上的连续运输,这类联运是企业经营行为。衔接式多式联运的全程运输组织业务是由多式联运经营人完成的,这种联运组织下的货物运输过程如图 5-25 所示。

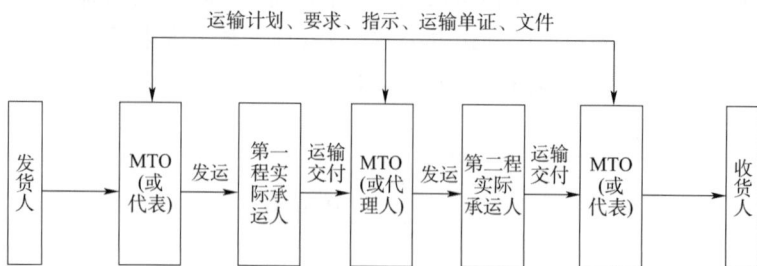

图 5-25 衔接式多式联运过程示意图

由于联运企业(联运经营人)不具备指令性计划的权威性,在全程运输不同运输区段衔接组织工作中,不能采用计划指令由前一区段的运输企业直接交给下一区段运输企业的形式,而只能采用由本人或其委托人的代理人从前一区段承运人手中接收货物,再与下一区段的承运人订立该区段运输合同,并把货物交给承运人的方式完成运输衔接工作,使运输连续进行。在这类联运中,组织完成联运各区段间的运输衔接的是联运经营人,而不是指令性计划的安排。

这一类联合运输是国际货物联运的基本形式,是市场体制下的联运。随着我国经济体制改革不断深入,我国国内货物联运也越来越多地采用这一类形式,并将成为国内联运的主要发展方向。

在这种组织体制下,需要使用多式联运形式运输成批或零星货物的发货人首先向多式联运经营人(MTO)提出托运申请,多式联运经营人根据自己的条件考虑是否接受,如接受双方订立货物全程运输的多式联运合同,并在合同指定的地点(可以是发货人的工厂或仓库,也可以是指定的货运站中转站、堆场或仓库)双方办理货物的交接,联运经营人签发多式联运单据。

接受托运后,多式联运经营人首先要选择货物的运输路线,划分运输区段(确定中转、换装地点)、选择各区段的实际承运人,确定零星货物集运方案,制订货物全程运输计划并把计划转发给各中转衔接地点的分支机构或委托的代理人。然后根据计划与第一程、第二程等的实际承运人分别订立各区段的货物运输合同。通过这些实际承运人来完成货物全程位移。全程各区段之间的衔接,由多式联运经营人(或其代表或其代理人)采用从前程实际承运人手中接收货物再向后程承运人交接货物,在最终目的地从最后一程实际承运人手中接收货物后再向收货人交付货物。

在与发货人订立运输合同后,多式联运经营人根据双方协议(协议内容除货物全程运输及衔接外,还包括其他与货物运输有关的服务业务),按全程单一费率收取全程运费和各类服务费、保险费(如需经营人代办的)等费用。多式联运经营人在与各区段实际承运人订立各分运合同时,需向各实际承运人支付运费及其他必要的费用。在各衔接地点委托代理人完成衔接服务业务时,也需向代理人支付委托代理费用。

在这种多式联运组织体制下,承担各区段货物运输的运输企业的业务与传统分段运输形式下完全相同,这与协作式体制下还要承担运输衔接工作是有很大区别的。

这种联运组织体制,在有些资料中称为"运输承包发运制"。目前在国际货物多式联运中主要采用这种组织体制,在国内多式联运中采用这种体制的也越来越多。随着我国改革开放的不断深入和经济由计划体制向社会主义市场体制的转变,由国家和各级政府指令性计划指导下的协作式联运将会逐渐减少,但在一些大宗的、稳定的重要战略物资(如煤炭、粮食等)运输中可能会长期存在并发挥重要作用。而对于一般货物的运输,则会逐步采用衔接式联运,逐步向国际上一般采用的组织方式靠拢。

第五节　无车承运人

一、无车承运人概述

1. 无车承运人的概念

"无车承运人"是由美国 truck broker(货车经纪人)这一词汇演变而来,是无船承运人在陆地的延伸。"无车承运人"指的是不拥有车辆而从事货物运输的个人或单位。"无车承运人"具有双重身份,对于真正的托运人来说,其是承运人;但是对于实际承运人而言,其又是托运人。"无车承运人"一般不从事具体的运输业务,只从事运输组织、货物分拨、运输方式和运输线路的选择等工作,其收入来源主要是规模化的"批发"运输而产生的运费差价。

无车承运人具有资源整合能力强、品牌效应广、网络效应明显等特点,依托移动互联网等技术搭建物流信息平台,通过管理和组织模式的创新,集约整合和科学调度车辆、场站、货源等零散物流资源,能够有效提升运输组织效率,优化物流市场格局,规范市场主体经营行为,对于促进物流货运行业的转型升级和提质增效具有重要意义。

2. 无车承运人与货运代理人的联系与区别

传统的货运代理是货源和车源信息匹配的中介,主要收取信息费或运费差价。它与无车承运人的功能相类似,都是为货物运输需求和运力供给者提供各种运输服务业务的。然而无车承运人是货运代理的延伸,是"物联网 +"时代下的产物,是互联网与传统货代的融合创造出的新的运输模式。

(1)无车承运人与货运代理人的联系。

①本质相同。二者的本质相同,都是运输中介组织。

②作用相同。二者在整个运输过程中都起组织者的作用。

③资产购置要求相同。二者均是轻资产运营,不需要专门购置车辆。

④盈利模式相同。二者都是利用信息不对称而赢利,收取的都是"信息资源费"。

(2)无车承运人与货运代理人的区别。

①法律地位不同。"无车承运人"属于承运人的范畴,其业务活动是以承运人的身份接受货载,并以托运人的身份向实际承运人委托承运,签发自己的提单,并对货物的安全负责。在"无车承运人"与实际承运人对货物的损失都负有赔偿责任的情况下,二者要承担连带责任;而货运代理人则是受货方委托代货方办理货物运输的人,属代理人范畴,其业务活动是代理货主办理订舱、报关的等业务,不对货物的安全运输承担责任。

②身份不同。二者虽然都是中介组织,但"无车承运人"是处于中介组织与实际承运人

之间的一种业态形式,兼具二者的共同特性。"无车承运人"与托运人是承托关系,与收货人是提单签发人与持有人的关系。即对于托运人而言,他是承运人;而对于实际承运人来讲,他又是托运人。货运代理是受他人委托办理服务事务,与托运人是被委托方与委托方的关系,与收货人则不存在任何关系,而在托运人与收货人之间承担的只是介绍人的角色。

③收费性质不同。"无车承运人"是以承运人的身份向货主收取运费。在整个运输过程中,"无车承运人"在收取货主运费后,需委托实际承运人完成运输,并向其支付运费,赚取两者的运费差价;货运代理人收取的是服务中介费。因此,是否赚取运费差价,是判断经营者是否承揽无车承运业务的重要依据。

④成立的条件及审批程序不同。按照规定,我国对成立货运代理企业实行审批制,对注册资本规模上做出了严格的要求。其中,经营海上国际货物运输代理业务的,注册资本最低限额为500万元;经营航空国际货物运输代理业务的,注册资本最低限额为300万元;经营陆路国际货运代理业务或者国际快递业务的,注册资本最低限额为200万元。如果货物运输代理企业要设立分支机构,则每设立一个分支机构,应当增加注册资本50万元。然而,我国对于无车承运企业实行的是登记制,而不是审批制,要想成立无车承运企业只需要交纳一定数额的保证金。

从以上的规定可以看出,成立无车承运业务经营者的条件比货运运输代理企业条件要容易得多,且相比而言,没有注册资本最低额的限制。

总结无车承运人与货运代理人的区别如表5-4所示。

无车承运人与货运代理人的区别　　　　　　　　　　表5-4

名 称 内 容	货运代理人	无车承运人
运输合同的订立	不可以	可以
收全程运费	不可以	可以
收佣金	可以	不可以
收运费差价	不可以	可以
对全程运输的责任	不承担	承担
对委托人身份	代理人	承运人
对实际承运人身份	委托人	代理人
托运人法律地位	单一法律地位	双重身份

3. 无车承运人在现代物流中的优势

(1)拥有先进的现代物流理念和丰富的运营管理经验。

无车承运人是集知识密集和技术密集于一体的现代服务企业,知识驱动型的发展模式使其形成了先进的物流发展理念和丰富的管理经验,为现代物流的发展打下了良好的基础。

(2)能够系统整合和集成社会零散物流资源,提高了运输组织效率。

无车承运人拥有发达的信息化网络,掌握庞大的货源信息,了解当地的运力结构和产品类型,通过对实体资源的有效整合,从而实现虚拟与实体网络的有效结合,实现了物流的网络化和规模化运营,提高了物流运作的整体效率。

(3)拥有较强的低成本扩张能力,能够快速地扩大服务范围。

由于无车承运人无须购买运输车辆,轻资产运营的特点一方面降低了企业规模扩张的成本,另一方面企业可以将有限的资金高效的用于信息资源的获取环节,扩大无车承运业务的辐射范围,增强企业的核心竞争力。

(4)拥有敏捷的市场反应能力,能够灵活应对瞬息万变的市场环境。

对于有车承运人来说,重资产运营使其不得不将有限的精力投入"运输"环节;而无车承运人轻装上阵,其工作重点是关注市场的运力、货源信息和如何有效组织调配市场资源。因此无车承运人更容易根据市场供求变化来调整自己的发展策略,具有较高的抗风险能力。

(5)可以较好地保护消费者权益。

货运代理人作为纯粹的代理人,对货物在运输过程中出现的经济损失并不负有赔偿责任。这样一来就极易出现前面我们所说的"诚信缺失"等现象,严重影响了市场秩序;而无车承运人作为货主的第一承运人,对货物在运输、仓储等环节中的灭失承担直接的赔偿责任。因此,无车承运人较之货运代理人更加重视整个运输过程中各环节的安全性、时效性,从而有效保护了货主权益。

二、我国无车承运人发展现状

2002 年施行的《中华人民共和国国际海运条例》标志着无船承运正式在我国落地。在货运市场上出现了一批像互联网 + 车货匹配、互联网 + 货运经纪、互联网 + 甩挂运输、互联网 + 合同物流等的"互联网 +"创新模式,涌现了一批像运满满、货车帮、卡行天下、正广通等"互联网 +"代表性企业。经过 13 年发展,我国的无船承运已经趋于稳定。交通运输部于 2016 年 9 月发布《关于推进改革试点加快无车承运物流创新发展的意见》,开始在全国范围内实行无车承运人试点工作。截至 2016 年 4 月,符合无船承运业务经营资格条件,交通运输部主管部门颁发《无船承运业务经营资格登记证》,准予从事进出中华人民共和国港口货物运输无船承运业务的企业达到 5192 家。福建省更是发出了首张无车承运人经营许可证。在这些试点企业中,既有我们熟知的传统货代企业、物流园区,也不乏信息平台企业、三方物流企业。无船承运业务在我国的成功实践,积累了大量经验,为无车承运在我国的发展提供了重要参考。

目前,我国无车承运人模式可以划分为以下几种类型。

1. 信息平台模式——卡行天下

卡行天下是一家网络平台行公司,通过互联网络平台自下而上地整合物流资源,以物流干线为突破点,吸引中小物流企业加盟。卡行天下不承接货运业务也不建立实体的物流园区,只通过互联网与下线门店提供平台服务。通过向加盟商收取管理费或提供增值服务两条渠道获取收益。卡行天下打造的高端服务产品——卡行直通车:建立起一套统一系统、流程、价格与形象。在规定时间发车、规定天数内代收货款返回、规定天数内配送、规定天数内货物到站,赋予公司对运输质量的把控能力,形成对客户提供高附加值服务的能力。

如图 5-26 所示,卡行天下现在主要包括园区集散平台、信息平台、标准管控平台、结算平台四个部分,这四个平台连接了所有的揽货网络以及运输网络。

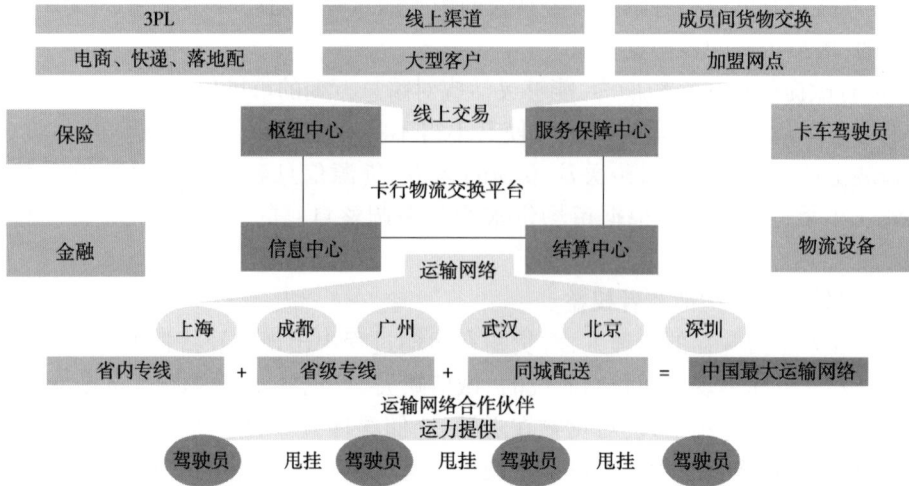

图 5-26　卡行天下运作模式

卡行天下充分发挥了互联网络信息沟通的作用,在解决中小客户拼箱、运输选择方面起到重要作用。但是卡行天下不介入实际的运输装配环节,提供货运服务的质量以及货运信息的可靠性把握是公司发展面临的巨大挑战。同时由于网络信息服务的可复制性强,潜在竞争者介入也会对公司形成冲击。

2. 干线加盟模式——安能物流

安能物流以公路零担为主要业务,采用"平台总部直营,渠道参股合作、网络连锁加盟"的模式搭建"平台 + 渠道 + 网络"的发展方式,如图 5-27 所示。加盟商负责收货、自提和派送,并在发货之前将货物转到转运中心,由转运中心集中配载运输。转运中心之间的运输由安能自营车队完成。

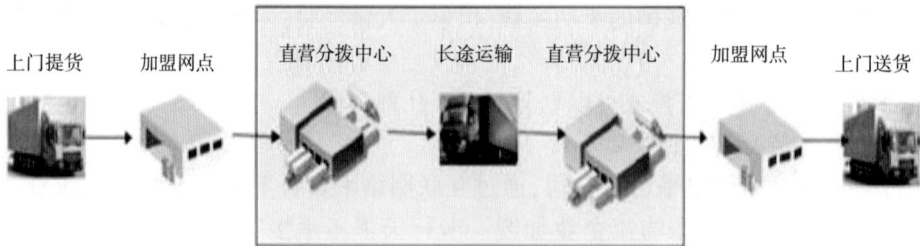

图 5-27　安能物流运作模式

安能物流通过营业网点的加盟,实现了货源信息汇集和目的地货物配送的问题,实现了大型运输企业与小型货运代理商之间的业务对接。但其业务还是受制于自身货运渠道的建设,属于传统的重资产运营模式,对市场波动变化的应对能力较低。

3. 公路港模式——传化物流

浙江传化物流以公路物流港的形式组织经营,扮演"物流平台整合运营商"的角色,如图5-28所示,搭建了高效的物流运营平台,形成了物流企业资源聚集区,赋予了公路运输板块高效低耗、集成化、信息化管理的时代特征。

图 5-28 传化物流业务布局

(1)线下:传化物流在全国公路运输关键节点选取十大交通枢纽以及160个全国性重点基地,拟建设运营共计170个实体公路港,构建全国公路港实体平台网络及其所匹配的一体化服务体系,实现货物与车辆的集聚与匹配。目前公司经营浙江、成都、苏州、富阳、无锡五大公路港,主要业务集中在长江三角洲以及西南地区,2015年将再建成13个交通枢纽,并投入运营。

(2)线上:传化物流构建了"易配货""易货嘀""运宝网"等网上交易平台,与支付平台、运单管理平台、智能仓储管理平台及客户的企业信息管理系统等平台进行无缝链接,形成互联互通的物流服务网络,并对交易过程产生的数据进行挖掘与分析,提供互联网物流增值服务。

(3)线上线下融合联动:在向公路物流主体提供综合物流服务的同时,公司积极提供综合配套以及物流金融等物流增值服务,促进传化物流深度融入公路物流交易全流程价值链条之中,形成信息流、资金流、数据流与物流"多流合一"的公路物流运输服务闭环。

交通运输部为推动无车承运在我国的发展,在《道路运输业"十二五"发展规划纲要》中明确提出:引导和规范货运代理、无车承运人等运输组织的发展,鼓励拓展现代物流服务;协调政府相关部门,系统解决阻碍甩挂运输、网络化运输、无车承运等先进运输组织模式发展的法制障碍。另外,在《交通运输部关于鼓励和引导民间资本投资公路水路交通运输领域的实施意见》(交规划发〔2012〕160号)中明确提出:引导民间资本投资经营公路水路货运中介服务、无车承运、机动车维修和驾驶员培训以及无船承运、货代和船舶代理等业务。可见,我国的交通运输主管部门已将把无车承运作为未来工作的重点,推动其在我国内地的发展是行业节能减排,规范道路货运市场,促进物流业健康发展的需要。

第六节 多班运输

一、多班运输的概念

车辆出车时间的长短,取决于车辆运行组织和驾驶员劳动组织的方式。采用多班运输组织形式,是延长车辆出车时间,增产挖潜的措施之一。

多班运输是指一辆车在昼夜时间内的出车工作超过一个工作班次(一般以工作 8h 左右为一个班次)以上的货运形式。多班运输可以停人不停车或少停车,增加了货运车辆在路线上的工作时间,提高了工作效率,在一定条件下(如夜间)还可提高车辆的技术速度,因而可以充分发挥车辆利用率,提高运输生产率。实践证明,采用双班运输,车辆的总生产率比单班运输提高 60% ~70% 。

多班运输主要适用于货源固定、大宗货物运输或紧急突发性运输任务。

二、多班运输的组织形式

多班运输的选择涉及运距长短、站点配置、货源分布、运输条件、道路状况、驾驶员配备、保修和装卸能力等具体因素。因此,只有结合实际选择和安排各种适宜的组织形式,才能充分发挥现有设备的潜力,才能充分体现多班运输的优越性。根据驾驶员劳动组织的不同,多班运输主要有以下几种形式:

(1)一车两人,日夜双班,起点交接,如图 5-29 所示。

每车配备两名驾驶员,分为日夜两班,每隔一定时间(每周或每旬)日夜班驾驶员互换一次。同时,为保证轮休期间的运输任务不受影响,还配备一名替班驾驶员,替班轮休。

这种组织形式适宜于短途运输,其优点是能做到定人、定车,能保证车辆有充裕的保修时间,行车时间安排也比较简单,伸缩性较大;其缺点是车辆时间利用还不够充分,驾驶员不能完全做到当面交接。

(2)一车两人,日夜双班,分段交接。

每车配备两名驾驶员,分段驾驶,定点(中间站)交接。驾驶员每隔一定时间轮换驾驶路段,保证劳逸均匀。这种组织形式适宜于在两个车班时间(16h 左右)可以直达或往返的运输任务,其优点与第一种形式相同,且能保证驾驶员当面交接。

(3)一车三人,日夜双班,两工一休,如图 5-30 所示。

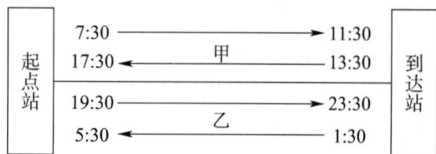

图 5-29 一车两人,日夜双班,起点交接

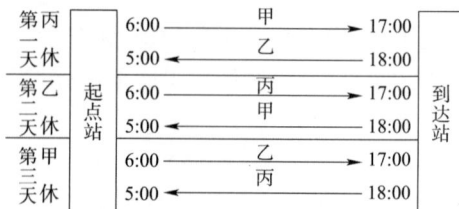

图 5-30 一车三人,日夜双班,两工一休

每车配备三个驾驶员,日夜双班,每个驾驶员工作两天,休息一天,轮流担任日夜班,并按规定地点定时进行交接班。这种组织形式适用于一个车班内能完成一个或几个运次的往返的运输任务,其优点是能做到定人、定车,车辆出车时间较长,运输效率较高;缺点是不易安排车辆的保修时间,每车班驾驶员一次工作时间较长易疲劳,需配备的驾驶员数量也较多。

(4)一车三人,日夜三班,分段交接。

每车配备三名驾驶员,分日夜三班行驶,驾驶员在中途定站、定时交接。途中交接站需设在离终点较近(约为全程的1/3),且能保证在一个车班时间内往返一次的地点。在起点站配备两名驾驶员,途中交接站配备驾驶员一名,三名驾驶员应每隔一定时间轮流调换行驶路线和行驶时间。这种组织形式的优点是车辆时间利用充分,运输效率高,可做到定人、定车运行;其缺点是驾驶员工作时间不均衡,所需的驾驶员数量也较多,且要求具有较高的对车辆进行快速保修的技术能力,以保证车辆的运行安全。这种组织形式,适用于当天能往返一次的运输任务。

(5)两车三人,日夜三班,分段交接,如图5-31所示。

每两车配备三名驾驶员,分段行驶,在交接站定点、定时交接。其中两人各负责一辆车,固定在起点站与交接站之间行驶,而另一人每天则轮流驾驶两辆车,在交接站与到达站之间行驶。交接站应设在离起点站或到达站较近(约为全程的1/3)、在一个班次内能完成一次往返的地点。这种组织形式能做到定人、定车运行,并可减少驾驶员的配备数量,车辆时间利用较好,车辆保养时间充分;其缺点是车辆的运行组织要求严格,行车时间要求正点,驾驶员工作时间较长。这种组织形式适用于两天可以往返一次的运输任务。

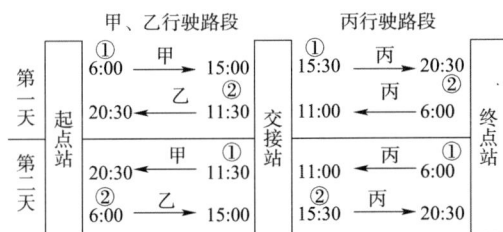

图5-31 两车三人,日夜三班,分段交接

(6)一车两人,轮流驾驶,日夜双班。

每辆车同时配备两名驾驶员,在车辆全部运行周转时间内,由两人轮流驾驶,交替休息。这种运行组织形式适用于运距很长,货流不固定的运输路线上。其优点是可以做到定人、定车,可最大限度地提高车辆的时间利用;缺点是驾驶员在车上不能正常休息。随着道路条件的不断改善和车辆性能的不断提高(如驾驶室可配有供驾驶员休息的卧铺),这种组织形式已越来越多地被采用。

开展多班运输,可提高车辆的时间利用程度,提高运输生产率,但企业所开支的各项费用和驾驶员的数量也随着周转量的增加而增加。因此,要提高多班运输的经济性,只有车辆生产率、劳动生产率有了提高,单位运输成本有所下降,才会有更好的效果。

思考与练习

1. 甩挂运输的实质是什么？主要有哪些组织形式？

2. 简述集装箱运输的优势及组织方式。

3. 集装箱在运输过程中是如何进行交接的？

4. 分析公路零担运输的主要组织形式。

5. 简述公路零担货物中转作业方式。

6. 简述多式联运及国际多式联运的概念。

7. 简述国际多式联运的主要组织形式。

8. 简述公路货运代理与无车承运人的概念及差异性。

9. 我国无车承运人的主要组织形式有哪些？

10. 多班运输的作用是什么？其组织过程中有哪些注意事项？

第六章　公路货物运输组织优化

公路货物运输组织优化就是指物流运输的合理化,即规划和选择合理的运输路线和运输工具,以最短的路径、最少的环节、最快的速度和最少的费用,并选择合适的运输组织方式来组织运输活动,以使企业在运输经营中获得最大的经济效益。针对不同运输对象、环节,所涉及的优化方法也各不相同。

第一节　货物运输合理化

一、运输合理化的概念

经济合理地组织货物运输是货物运输组织工作的一项重要原则,也是产、供、运、销各部门的共同责任。合理运输的目的是在一定的产销联系条件下,采取有效的运输组织措施,力求货物的运输量、运程、流向和中转环节合理,保证充分、有效和节约地使用运输能力,以最小的运力消耗、最少的费用支出、最快的速度,均衡、及时、质量良好地完成各种物资的运输任务。

运输合理化具有以下特性:

(1)运输合理化具有相对性特性。任何决策的产生都是以一定的条件为基础的,随着客观条件、决策主体行为等的改变,最终满足决策者需求的结果往往是非单一的,运输合理化同样具有上述特性。在运输过程中,尽管货运的对象具有被动性,但是受到决策主体、使用主体等个人喜好的影响,最终的运输合理化结果也往往是非单一的,这就造成了所谓的"合理化"是在具体情况下产生的,是一种相对的结果。

(2)运输合理化具有整体性特性。交通运输系统是一个复杂的动态系统,系统的基本特性决定了在进行运输决策时需要综合考虑各项因素,从而提高运输决策的科学性、正确性。运输合理化的最直接的表现往往是运输经济成本最低,然而要达到真正意义上的运输合理化,还应同时考虑运输的时间成本、安全成本、效率成本等诸多因素,所以运输合理化是诸多因素整体考虑的结果,具有一定的整体性。

二、不合理运输

合理运输是有效利用运输能力、保证国民经济顺利发展的主要条件。与合理运输原则相违背的运输是不合理运输,不合理运输是在现有条件下可以达到的运输水平而未达到,从而造成运力浪费、运输时间增加、运费超支等问题的运输形式。按其表现形式不同,不合理运输大致可分为以下 4 类。

1. 方向不合理

运输方向的不合理是不合理运输中最常见的情况之一,与运输方向有关的不合理的运输主要有以下几种：

1）返程或启程空驶

空车或无载货行驶，可以说是不合理运输的最严重形式。在实际的运输组织中，有时必须要调运空车，从管理上不能将其看成是不合理运输。但是，因调运不当、货源计划不周、不采用运输社会化而形成的空驶，是不合理运输的表现。造成空驶的主要原因可以归纳为以下几种：

（1）能利用社会化的运输体系而不利用，却依靠自备车辆送货、提货，出现单程重车、单程空驶的不合理运输。

（2）由于工作失误或计划不周，造成货源不实，车辆空去空回，造成双程空驶。

（3）由于车辆过分专用，无法搭运回程货，形成只能单程重车、单程空驶周转。

2）对流运输

对流运输也称相向运输、交错运输，它是指在运输过程中同一种物资或两种相互之间可以相互代替而又不影响管理、技术及效益的物资，在同一运输线或平行线路上作相对方向的运送，而与对方运程的全部或部分发生重叠交错的运输。已经确定了合理流向的产品一般应按合理流向的方向运输，如果与合理流向的方向相反也属于对流运输。

对流运输有以下两种情况：

（1）明显的对流运输。即在同一运输线上对流，如图6-1a)所示。

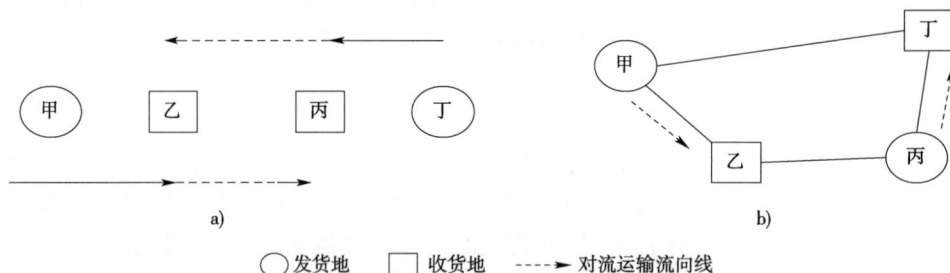

图6-1 货物对流运输示意图

一批货物从甲地经过乙地运至丙地，同时有一批同类货物由丁地经过丙地运至乙地，这样在乙地与丙地之间就产生了对流运输。产生这种情况大部分是由于货主所属的地区不同、企业不同造成的。

（2）隐蔽性的对流运输。即把同种物资采用不同的运输方式在平行的两条线路上，朝着相反的方向运。如图6-1b)所示，从丙地发货2t给丁地，从甲地发货2t给乙地，线路的货物周转量为 $2 \times 40 + 2 \times 20 = 120(t \cdot km)$；而优化后的运输线路应该是从丙地发给乙地，从甲地发给丁地，其货物运输周转量为 $2 \times 10 + 2 \times 30 = 80(t \cdot km)$。

在判断对流运输时需注意的是：有的对流运输是不很明显的隐蔽对流，例如，不同时间的相向运输，从发生运输的那个时间看，并没有出现对流，可能做出错误的判断，所以要注意隐蔽对流运输。这种隐蔽对流运输，可以通过图上作业法进行优化处理来消除。

3）倒流运输

倒流运输是指物资从产地运往销地，然后又从销地运回产地的一种回流运输现象。它同样有两种形式：

（1）同一物资由销地运回产地或转运地。

（2）由乙地将甲地能够生产且消费的同样物资运往甲地,而甲地的同种物资又运往丙地。其不合理程度要甚于对流运输,原因在于往返两程的运输都是不必要的,造成了双程的浪费。倒流运输也可以看成是隐蔽对流的一种特殊形式。

【例6-1】 在陕西某盛产苹果的地区,沿线有一条高速公路,全长400km,其中1、2点为苹果供应点,A、B点为苹果销售点,各点苹果供求数量及各点间距离如图6-2所示,问如何组织运输方案最为合理?

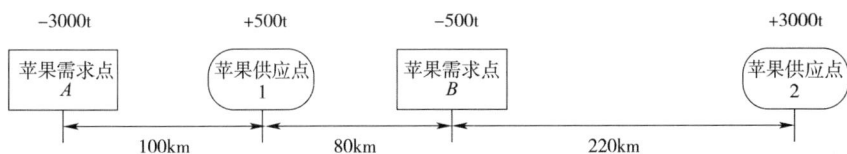

图6-2 苹果供需示意图

解:根据题意有2种调运方案,如图6-3所示。

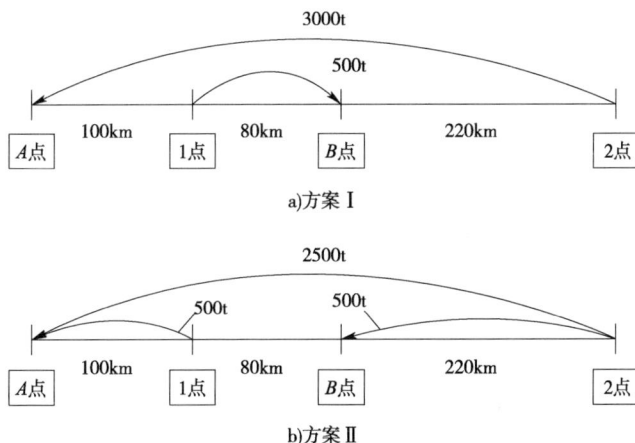

图6-3 苹果供给方案示意图

①按方案Ⅰ调运,其总运输工作量为:

$$3000t \times 400km + 500t \times 80km = 124 \text{ 万 t·km}$$

②按方案Ⅱ调运,其总运输工作量为:

$$2500t \times 400km + 500t \times 100km + 500t \times 220km = 116 \text{ 万 t·km}$$

方案Ⅰ发生了对流运输(1点到B点间),其浪费的运力为8万t·km,相当于发生对流区段的周转量的2倍。

2.距离不合理

运输距离的远近与运输成本的高低有着直接的联系,所以运输距离的合理化也是运输组织中的一项重要内容。与运输距离有关的不合理运输有以下两种:

1)迂回运输

迂回运输是指货物绕道而行的运输现象,是在现实中可以选取短距离进行运输却选择了路程较长线路进行运输的一种不合理形式,如图6-4a)所示。迂回运输具有一定的复杂性,应具体情况具体分析,只有当计划不周、地理不熟、组织不当而造成的迂回才属于不合理运输,如果长距离之间有货源或最短距离有交通阻塞、道路状况不好或对噪声、排气等有特殊限制而不能使用时发生的迂回,不能称为不合理运输。

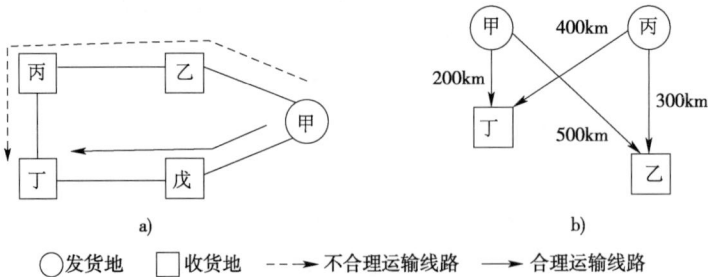

图6-4 货物迂回运输与过远运输示意图

2)过远运输

过远运输是指舍近求远的运输现象,即销地完全有可能由距离较近的供应地调进所需要的同等质量等级的货物,却从远处采购进来;产品不是就近供应消费地,却调给较远的消费地,违反了近产近销的基本原则,如图6-4b)所示。过远运输占用运力时间长、运输工具周转慢、物资占压资金时间长,远距离自然条件相差大,又容易出现货损,增加了费用支出。

3.运量不合理

1)重复运输

重复运输有两种形式,一种形式是指本来可以直接将货物运到目的地,但是在未到达目的地之处,或目的地之外的其他场所将货物卸下,再重复装运送达目的地;另一种形式是同种货物在同一地点一面运进,同时又一面向外运出。重复运输没有延长运输里程,但增加了非必要的中间环节,这就延缓了流通速度,增加了费用,增大了货损。

2)无效运输

无效运输是指被运输的货物杂质较多(如煤炭中的矸石、原油中的水分、矿石中的泥土和沙石),使运输能力浪费于不必要的物资运输。如我国每年有大批原木进行远距离的调运,但原木的直接使用率只有70%左右,其余的为边角废料,而边角废料的运输基本上属于无效运输。

4.运力不合理

选择各种运输工具时未能利用其优势,而不正确的利用造成了不合理现象,常见的形式有以下几种:

1)弃水走陆

在同时可以利用水运和陆运时,不利用成本较低的水运或水陆联运,而选择成本较高的铁路运输或公路运输,使水运优势不能发挥。

2)铁路、大型船舶的过近运输

铁路、大型船舶的过近运输是指运输距离不在铁路及大型船舶的经济运行里程之内,却利用这些运力进行运输的不合理做法。主要不合理之处在于火车及大型船舶起运及到达目的地的准备、装卸时间长,且机动灵活性不足,在过近距离中利用,发挥不了其运速快的优势。相反,由于装卸时间长,反而会延长运输时间。另外,与小型运输设备相比,火车及大型船舶的装载难度大、费用也较高。

3）运输工具承载能力选择不当

运输工具承载能力选择不当是指不根据承运货物数量及重量选择,而盲目决定运输工具,造成过分超载、损坏车辆或货物不满载、浪费运力的现象。尤其是"大马拉小车"现象发生较多。由于转载量小,单位货物运输成本必然增加。

上述的各种不合理运输形式都在特定的条件下表现出来,在进行判断时必须注意其不合理的前提条件,否则就容易出现错误的判断。例如,如果同一种产品,商标不同,价格不同,所发生的对流不能绝对看成不合理,因为其中存在着市场机制引导的竞争,优胜劣汰,如果强调因为表面的对流而不允许运输,就会起到保护落后、阻碍竞争甚至助长地区封锁的作用。

三、组织合理运输的途径

1.认真规划和改善工业与运输网的布局

合理的工业布局和合理的运输联系是实现运输合理化的根本保障。工业布局对货物运输的方向、距离和数量起着决定性作用。因此,交通运输部门应关心国家的工业布局规划,要从国家整体利益出发,积极反映不合理运输的情况,积极提出实现运输合理化的建议和要求,积极参与大、中型企业基建规划和总体布局方案的编制和审查工作。

把原材料、燃料消耗量大于产品产量的企业布置在原料、燃料产地的附近;在煤炭生产基地建立坑口电站;在经济发达、人口集中地区发展综合工业;在空车方向建立原材料企业;合理布置物资仓储设备等,都有利于改善工业与运输网的布局。

合理的运输联系又必须有与工业布局相适应的合理的运输网。为此,在新建、扩建材料及燃料或其他工业基地时,必须同时考虑运输通道的建设和加强。在既有运输网中,则要注意修建或疏浚与铁路直接联系的、深入腹地集散物资的公路和河道,加强港口和换装基地的设备能力,以保证铁路与公路、水运的分工配合更为合理。这对消除过远、对流等不合理运输同样具有重要意义。

2.制订物资合理流向图和合理运输办法

制订和实施物资合理流向图并据以组织合理运输,是在现有工业布局和产销联系条件下组织合理运输的有效办法。物资合理流向是指根据一定时期内某种物资生产和需要的分布情况,结合运输能力,在产销平衡的基础上,对该种物资的供应范围和运输路线进行最经济、最合理的划分,用流向图(或表)的形式加以固定,并将其制度化、规范化,作为物资企业和运输企业安排生产、组织运输和进行销售分配的共同依据。

物资合理流向办法,包括物资的流向图(表)及其适用范围,发生回流时的处理权限等有关规定。把物资的生产和销售分区域地联系起来,把物资的合理流向及从生产地区向销售地区供应的分界线也同时固定下来。这样,物资部门和运输部门组织物资调运时就有了共同的准绳。据此,在编制运输计划和组织物资运输时,通过对照就能及时发现对流、过远、迂回等不合理运输,从而设法进行调整。

3.建立正确的物资供应制度,组织直线运输

把物资从生产地直接运抵使用地或消费地,消除物流流通过程中不必要的中转环节,是提高运输效率、加速物资周转、降低流通费用的有效办法。组织直线运输必须从建立正确的

商品流通体制入手,产销直接见面,多渠道、少环节的商品流通管理体制是开展直线运输、加速物资周转的重要前提。

组织直线运输的办法有:从物资分配入手,组织直线调拨,把物资直接分配到使用和消费的地方;生产部门按供销计划进行生产,使用部门按需要组织进货,防止产品因不适销或进货过多而积压或导致重复运输;合理设置商业中转批发中心,减少物资中转运输环节。此外,结合到货调查,调整供应渠道,从就近厂矿直拨供应,也是组织直线运输的有效办法。

4. 大力发展联合运输,在各种运输方式之间进行合理的分工

现代化的各种运输方式都有各自的技术经济特征和适用范围。在实现全社会物资流通中,它们又是彼此联系、相互补充的一个整体。因此,依据它们各自的特点和优势,既能科学、合理地分工,又能相互紧密衔接,运力综合利用,共同构成四通八达的统一运输网。这对消除不合理运输,完成更多运输任务,同样具有十分重要的作用。

一般而言,近距离的物资应充分利用汽车或其他短途搬运工具进行运输;石油、天然气等大宗液体和气体物资应优先使用管道运输;沿江、沿海的物资应大力利用水运或水陆联运;少量紧急和贵重的物资可利用航空运输;其他运输工具无力承担的陆路中、长距离物资和大宗、笨重物资则应充分利用铁路运输。此外,还要大力开展各种运输方式间的联合运输和直通运输,减少中间中转环节,加速物资运送。

5. 提高产品的质量和品位,减少无效运输

被运输的矿产品品质不高、无使用价值的杂质过多,是浪费运输力的主要原因。因此,要多运精料,少运粗料。减少无效运输的主要途径是:大力提高产品的质量和品位,尽可能地提高精选矿的比例。

6. 发展社会化的运输服务体系

运输社会化的含义是发展运输的大生产优势,实行专业分工。小规模运输生产,运量需求有限,难以相互调剂,经常容易出现空驶、运力配置不当、不能满载等浪费现象,且配套的接、发货设施,装卸搬运设施也很难有效运行。实行运输社会化,可以统一安排运输工具,避免对流、倒流、空驶、运力不当等多种不合理形式,不但可以追求组织效益,而且可以追求规模效益,所以发展社会化的运输体系是运输合理化非常重要的措施。

社会化运输体系中,各种联运体系是其中水平较高的方式,联运方式充分利用面向社会的各种运输系统,通过协议进行一票到底的运输,有利于提高整个运输系统的效益。

第二节　车辆货物运输线路的优化

行驶路线,就是车辆在完成运输工作中的运行路线。

由于在组织车辆完成货运任务时,通常存在多种可选行驶路线方案,而车辆按不同的运行路线完成同样的运输任务时,其利用效果是不一样的。因此,在满足货运任务要求的前提下,如何选择最经济的运行路线,是货运组织工作中的一项重要内容。

所谓最经济的运行路线,就是在保证运输安全的前提下,运输时间和运输费用最省的路线。由于在一般情况下车辆的运输时间和运输费用均和车辆行程成正比,因此,在忽略车辆行驶速度和不同道路条件下车辆运行费用差别的前提下,可以认为行程最短的路线是最经

济的运行路线。

当道路网分布复杂,货运点分布范围较大时,可以采用运筹学方法来确定车辆行驶路线的最佳选择。

一、大宗货物运输车辆的行驶路线

大宗货物运输中,车辆采用整车装卸的运输形式。由于货运任务中规定了装卸点的位置,因此当采用额定载质量相同的车辆,且每运次载质量利用率相同时,可以认为车辆的载重行程是个定值,车辆里程利用率最高的路线就是最佳行驶路线方案。

整车装卸货运车辆的行驶路线可以分为往复式和环形式。

1.往复式行驶路线

往复式行驶路线是指运输过程中,车辆在两个货运点之间往返运行的路线形式。往复式行驶路线如图 6-5 所示,可以分为回程不载货[图 6-5a)]、回程载货[图 6-5b)]和回程载货行程不全[图 6-5c)]三种形式。

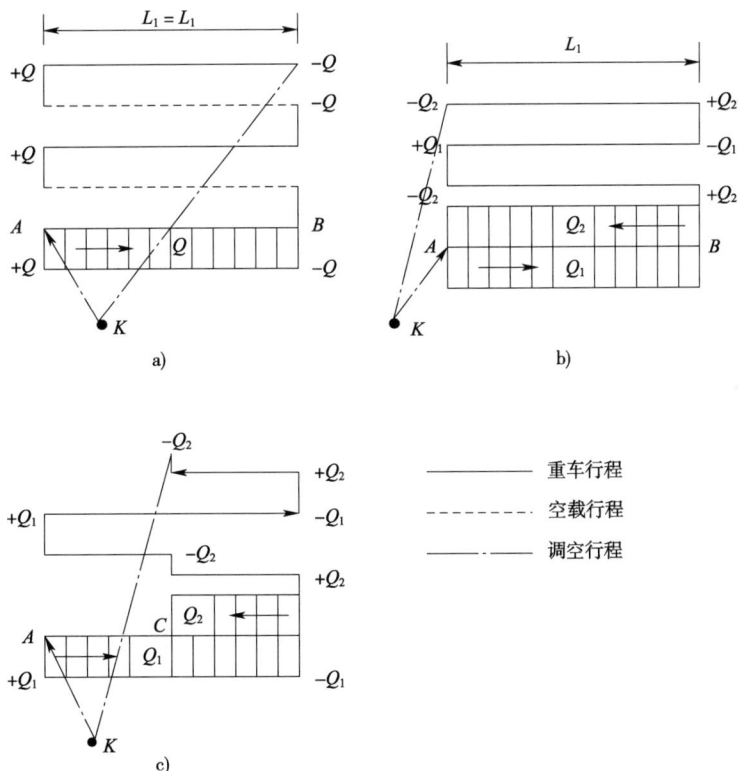

图 6-5　往复式行驶路线示意图
$+Q$、$-Q$-装货量(+)、卸货量(-);K-车场(库)

1)单程有载往复式即回程不载货的往复式行驶路线

采用回程不载货往复式行驶路线,车辆的日运行指标可按下式确定。

(1)货运量 $Q(\mathrm{t})$:

$$Q = Z_0 q_0 \gamma \tag{6-1}$$

式中: Z_0——车辆完成的周转数(次);

　　q_0——车辆额定载质量(t);

　　γ——车辆载质量利用率(%)。

(2)货物周转量 P(t·km):

$$P = QL_1 = Z_0 q_0 \gamma L_1 \tag{6-2}$$

式中: L_1——每周转内车辆的载重行程(km)。

(3)里程利用率 β:

$$\beta = \frac{Z_0 L_{1_i}}{Z_0 (L_{1_i} + L_{f_i}) + L_H} \times 100\% \tag{6-3}$$

式中: L_{1_i}——车辆第 i 次周转的载重行程(km);

　　L_{f_i}——车辆第 i 次周转的空载行程(km);

　　L_H——日收、发车空驶行程(km)。

单程有载往复式行驶路线在一次周转中只完成一个运次,回程空载,里程利用率较低,一般 $\beta \leq 0.5$,应尽量避免采用。

2)回程部分有载货往复式行驶路线

车辆采用回程载货行程不全的往复式行驶路线完成运输工作时,在回程中货物不是运到路线端点,而只运到路线中间的某货运点。车辆在每个周转中也完成了两个运次,但空载行程不等于零。日运行指标如下:

(1)货运量 Q(t):

$$Q = Z_0 q_0 (\gamma_1 + \gamma_2) \tag{6-4}$$

(2)周转量 P(t·km):

$$P = Z_0 q_0 (\gamma_1 L_{1_1} + \gamma_2 L_{1_2}) \tag{6-5}$$

式中: L_{1_1}、L_{1_2}——一次周转中,车辆第一和第二运次的载重行程(km)。

(3)里程利用率 β:

$$\beta = \frac{Z_0 (L_{1_1} + L_{1_2})}{Z_0 (L_{1_1} + L_{f_1} + L_{1_2} + L_{f_2}) + L_H} \times 100\% \tag{6-6}$$

这种行驶路线的车辆里程利用率有所提高,其范围为 $0.5 < \beta < 1.0$。

3)双程有载往复式行驶路线

车辆采用回程载货的往复式行驶路线,在每一周转中完成两个运次,空载行程为零,是生产率最高的往复式行驶路线,其日运行指标如下:

(1)货运量 Q(t):

$$Q = Z_0 q_0 (\gamma_1 + \gamma_2) \tag{6-7}$$

式中: γ_1、γ_2——一个周转中,车辆在第一运次和第二运次的载重利用率(%)。

(2)周转量 P(t·km):

$$P = 2QL_1 \tag{6-8}$$

(3)里程利用率 β:

$$\beta = \frac{2Z_0 L_1}{2Z_0 L_1 + L_H} \times 100\% \tag{6-9}$$

比较上述三种往复式行驶路线,双程有载往复式的里程利用率最高,是工作生产率最高、经济效果最好的行驶路线。而单程有载往复式的里程利用率最低,其运输工作效果较差,因此应尽量避免采用。

2. 环形式行驶路线

当不同运输任务的装卸点依次连接成一条封闭路线时称为环形式路线,如图 6-6a)所示。当车辆沿环形式路线运输时,一个周期内至少完成两个运次运输工作。由于不同货运任务装卸点位置分布不同,环形式路线可能有不同形状,如图 6-6b)所示。

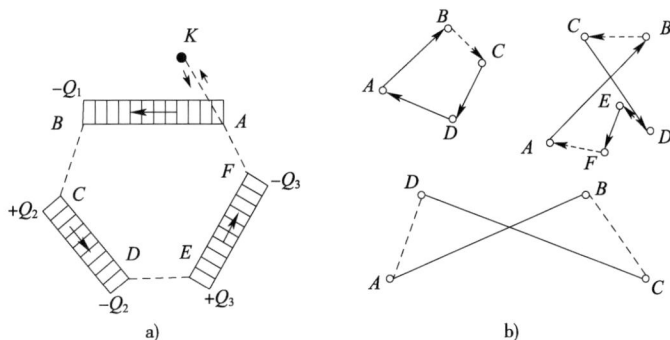

图 6-6　环形式路线

当无法组织回程载货的往复式行驶路线时,为了提高里程利用率,可组织环形式行驶路线。此时,主要日运行指标可按下式确定:

(1)货运量 $Q(\text{t})$:

$$Q = \sum_{i=1}^{n} q_0 \gamma_i \tag{6-10}$$

式中:n——完成的运次数;

γ_i——第 i 运次车辆载质量利用率(%)。

(2)周转量 $P(\text{t} \cdot \text{km})$:

$$P = \sum_{i=1}^{n} q_0 \gamma_i L_{l_i} \tag{6-11}$$

式中:L_{l_i}——第 i 运次的载重行程(km)。

(3)里程利用率 β:

$$\beta = \frac{\sum_{i=1}^{n} L_{l_i}}{\sum_{i=1}^{n} (L_{l_i} + L_{f_i}) + L_H} \times 100\% \tag{6-12}$$

式中:L_{f_i}——第 i 运次的空载行程(km);

L_H——日收发车空驶行程(km)。

$\beta < 0.5$ 的环式路线,一般不宜采用。

3. 环形式行驶路线的选择

1)环形式行驶路线的优选标准

选择环形式行驶路线的原则是:当完成同样货运任务时,里程利用率 β 最高为最佳,即空车行程最短为最佳准则。

环形式行驶路线以运次为基本运算过程进行组织,并且在一条环形路线上包含多个运次、多项货运任务。其中,每个运次的重车路线由货运任务决定,所以重车方向是一定的,无从选择,只有合理组织该环形路线各运次的衔接顺序,使总空车行车最短,才能使里程利用率 β 最高,才能获得最经济的行驶路线。因此,环形式行驶路线的选优等价于选择环形式路线的空车行驶路线,即空车行程最短为最优。

2)数学模型

根据环形式行驶路线选择问题的特点,可以将其归结为线性规划问题。即确定合理地调运量和最佳运输路线,使运输量最大,运输成本最小,运输距离最短。通常可采用表上作业法和图上作业法解决货物运输调配决策问题。

(1)货物运输调配问题数学描述。

假定某批货物运输需要在 m 个地点回收空车,空车收点为 $A_1, A_2, \cdots, A_m$,其相应的空车回收数量需求为 $a_1, a_2, \cdots, a_m$;有 n 个空车发点 $B_1, B_2, \cdots, B_n$,其相应的空车发送量为 b_1,$b_2, \cdots, b_n$,从 A_i 到 B_j 运输距离为 L_{ij};从 A_i 到 B_j 的发送数量为 Q_{ij},将这些数据汇总综合列表见表 6-1,问怎么调运空车,才能使总空车里程最少?

空车需求量及运输距离表 表 6-1

空车发点 里程收点	B_1	B_2	⋯	B_n	空车回收量
A_1	L_{11}	L_{12}	⋯	L_{1n}	a_1
A_2	L_{21}	L_{22}	⋯	L_{2n}	a_2
⋮	⋮	⋮	⋮	⋮	⋮
A_m	L_{m1}	L_{m2}	⋯	L_{mn}	a_n
空车发送量	b_1	b_2	⋯	b_n	—

(2)货物运输调配问题数学优化模型。

其空车行驶路线的选择问题数学问题模型如下:

目标函数:

$$\min L_V = \sum_{i=1}^{m} \sum_{j=1}^{n} Q_{ij} L_{ij} \tag{6-13}$$

约束条件:

$$\begin{cases} \sum_{j=1}^{m} Q_{ij} = b_i & (i = 1, 2, \cdots, m) \\ \sum_{i=1}^{n} Q_{ij} = a_j & (j = 1, 2, \cdots, n) \\ \sum_{i=1}^{m} b_i = \sum_{i=1}^{n} a_j \\ Q_{ij} \geq 0 \end{cases} \tag{6-14}$$

上述数学模型的求解方法较多,其中以表上作业法、标号法较为常用、简单。当货运点数较多、路网复杂时,可编制计算程序利用计算机进行求解。

3)表上作业法

应用表上作业法可将上述问题转化为运输问题的产销平衡运价表的形式求解。求解上述问题的计算机程序框图如图 6-7 所示。

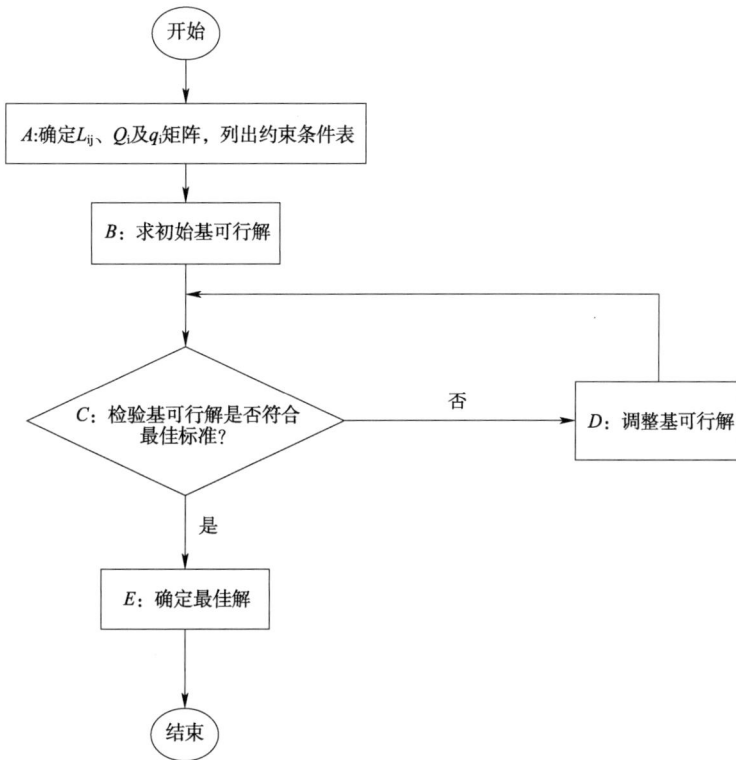

图 6-7 应用表上作业法选择空车路线总程序框图

【例 6-2】 假设有 A_1、A_2、A_3、A_4 四个空车产生地及 B_1、B_2、B_3、B_4 四个空车需求地,同种类型的空车的总产生量和总需求量相等,均为 100。把各产生地产生和各需求地需要的空车数制成表,连同各地间的最短里程构成表 6-2。现在利用表上作业法来求解使总走行车里程最少的最优方案。

最短里程矩阵表 表 6-2

里程 空车需求地 空车产生地	B_1	B_2	B_3	B_4	发量(C_i)
A_1	12	15	21	20	10
A_2	6	16	19	13	40
A_3	15	8	12	14	18
A_4	9	18	21	11	32
收量(b_k)	20	11	30	39	∑100

解:基于上表信息(收、发量信息及里程信息),基于表上作业法进行求解,过程略。最优

方案如表6-3所示。

基于表上作业法的最优方案 表6-3

里程 空车需求地 空车产生地	B_1	B_2	B_3	B_4	发量(C_i)	U_i
A_1		③₁₀			10	0
A_2	①₂₀		⑦₁₃	④₇	40	0
A_3		⑤₁	⑥₁₇		18	0
A_4				②₃₂	32	0
收量(b_k)					100	——
a_k	0	0	0	0	——	0

注:圆内的数字是圆的顺序号,右下角的数是运量。

基于收、发站间的实际里程(表6-2)与表最优解得空车分配量(表6-3)相乘积的综合作为所求的最小总车公里数。

总空车行程最小值:

$$L = 15 \times 10 + 6 \times 20 + 19 \times 13 + 13 \times 7 + 8 \times 1 + 12 \times 17 + 11 \times 32 = 1172(km)$$

在求得空车行驶方案最优解以后,可以在此理论最优解的基础上,结合货运任务中规定的货物流量、流向及车班工作时间定额等,确定与理论最优解最接近的车辆行驶路线方案。

二、零担货物运输车辆的行驶路线

1. 汇集式行驶路线的定义

汇集式路线是指按单程进行货运生产组织的车辆行驶路线。车辆从起点出发,在货运任务规定的客货运点依次进行装(卸)货,并且每运次装(卸)货量都小于一整车,车辆完成各货运点运输任务以后,最终返回原出发点,因此,一般情况下汇集式路线为封闭路线。车辆可能沿一条环形式路线运行,也可能在一条直线形线路上往返运行。汇集式运输可分为三种形式:

1)分送式

车辆沿运行路线上各货运点依次进行卸货(图6-8)。

2)收集式

车辆沿运行路线上各货运点依次进行装货。

3)分送—收集式

车辆沿运行路线上各货运点分别或同时进行分类及收集货物(图6-9)。

如为分送式路线,其主要日运行指标如下:

(1)货运量$Q(t)$:

$$Q = \sum_{j=1}^{z_0} Q_j \tag{6-15}$$

式中:Q_j——第j次周转车辆完成的货运量(t)。

(2)周转量$P(t \cdot km)$:

$$P = \sum_{j=1}^{z_0} P_j \tag{6-16}$$

式中:P_j——第 j 次周转车辆完成的货物周转量(t·km)。

当车辆按汇集式路线完成运输工作时,由于每周转货物周转量的大小与车辆沿路线上各货运点的绕行次序有关。若绕行次序不同,即使完成同样货运任务,其周转量也不相同。在这种情况下,显然按总行程最短组织车辆进行运输最为经济。因此选择汇集式路线以总行程最短为最佳准则。

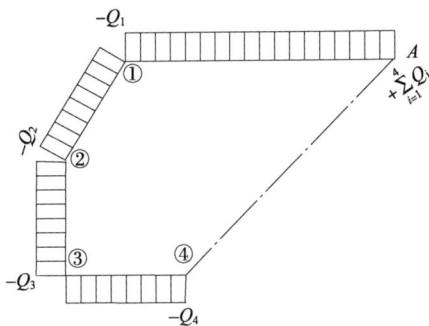

图 6-8　分送式路线示意图

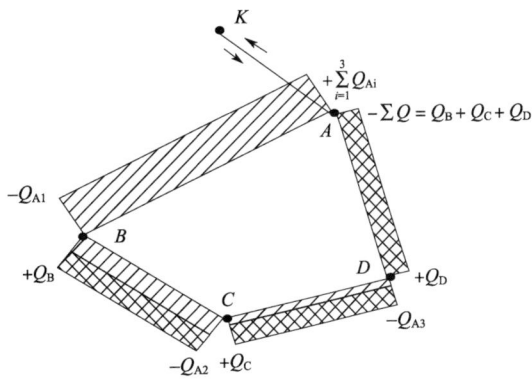

图 6-9　分送—收集式路线示意图

2.汇集式行驶路线的选择

前已述及,选择汇集式路线,即选择车辆在各货运点间绕行次序,以每单程(或周转)总行程最短为最佳准则。

根据车辆货运配送的起讫点是否相同,将路线规划分为以下两种类型,即起讫点不同的车辆路线和起讫点重合的车辆路线问题。当一辆货车从某点出发,为一定数量的顾客提供送货服务后,返回到原出发点以进行相关手续的交接。这种情况下的线路问题就是起讫点重合的线路问题,此时车辆的行走路线是一个闭回路,例如市政垃圾的收运,医用氧气瓶的配送等。

1)起讫点不同的单一路线优化

确定线路的最短线路,例如图 6-10 中求解从 A 点到 E 点的最短线路,最直接的方法就是穷举法。将所有可行方案全部列举出来,再计算每个方案的路径,比较选择出路径最短的方案即为最优方案。在图 6-10 中,从 A 到 E 点共有 16 条可能的路线,逐一计算各路线的总距离后进行比较,结果是"$A—B_2—C_1—D_1—E$"这条路线的距离最短,为 19km,这就是该问题的最佳方案。当网络的节点数较少,可行方案数目比较少时,穷举法是最有效的。但是,当网络节点增多时,可行的方案呈指数倍增加,导致问题的复杂程度增加、计算量剧增。这时就需要应用一些特殊的方法。

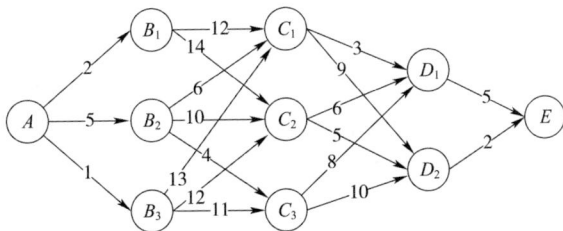

图 6-10　从起点到终点的运输网络图

根据从起点到终点网络图的不同结构特点,可采用动态规划法、Dijkstra法、逐次逼近法等不同的求解算法。以下主要介绍动态规划法和Dijkstra方法。

(1)动态规划法。

图6-10所示的网络结构具有明显的多阶段特征,适合于运用多阶段动态规划法求解从A点到E点的最短路径。下面介绍该方法的计算过程。

首先,根据网络结构特征将整个线路网络划分成4个阶段,参见图6-11。

其次,对每个阶段的决策问题求解。通常采用从终点到起点的逆序法进行决策,因此,决策阶段编号是按逆序进行的。

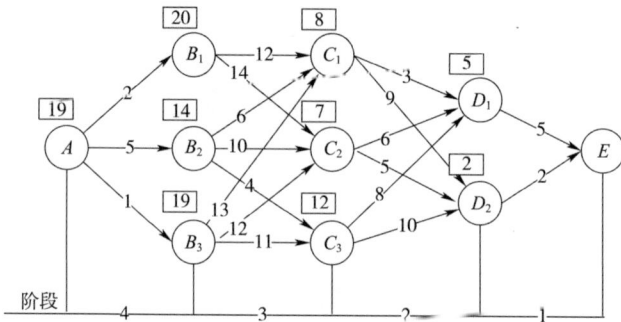

图6-11 多阶段划分

对于每一阶段,以初始状态为基础确定下一阶段的可选状态,并计算各状态的代价(这里是指各状态点到终点E的距离),然后从中选择代价最小的状态。下面进行详细说明。

阶段1,有两个可选状态D_1和D_2,到终点的距离分别为5km和2km。

阶段2,从三个可选状态C_1、C_2、C_3中选择一个状态,使其经过D_1到达E的距离最短(显然是C_1点,距离为8km);再从C_1、C_2、C_3中选择一个点,使其经过D_2以到达E的距离最短(即C_2点,距离为7km)。将从该点到终点E的最短距离标在节点旁的小方框中。

阶段3,这一阶段的可选状态是B_1、B_2、B_3,从中选择一个点,使其经过C_1、C_2、C_3三点中的任一点到达E点的距离最短。这里,可能的部分最短路径是B_2—C_1、B_2—C_2、B_2—C_3、对应的最短距离分别是14km、17km、16km,即这一阶段的决策点都是B_2。

阶段4,第4阶段的可选状态只有A点,使A点经过B_1、B_2、B_3三点中的任一点到达E点的总距离最短,结果是A—B_2,总距离为:5 + 14 = 190(km)。

最后,从第4阶段开始,将每阶段决策的距离最短的点依次连接起来,就得到了从A点到E点的最短路线,即A—B_2—C_1—D_1—E,最短距离为:5 + 6 + 3 + 5 = 19(km)。

(2)Dijkstra法。

Dijkstra法是1959年由E. W. Dijkstra提出的标号法,主要用来解决图论中的最短路径问题。在此算法的思想基础上,人们演绎出了几十种不同的路径优化算法。尽管如此,Dijkstra法仍是目前求解最短路径问题最常用的方法。广义上,"最短路径"不单指"纯距离"意义上的最短路径,它可以是"经济距离"意义上的最短路径、"时间"意义上的最短路径、"网络"意义上的最短路径等。

在一个连通的网络图$G = (V, E)$中,点集$V = \{v_1, v_2, \cdots, v_n\}$,边集$E = \{e_1, e_2, \cdots, e_m\}$,

Dijkstra 算法适合于每条边上权数 c_{ij} 不小于零的情况。该算法也称为双标号法,也就是对图中的每个点 v_j 赋予两个标号,即 T 标号和 P 标号。T 标号 $T(v_j)$,表示从 v_1 到 v_j 的最短路长的上界,即最短路长不会超过此数,称为临时标号。P 标号 $P(v_j)$ 表示从起点 v_1 到 v_j 的最短路长,称为固定标号。

凡是已经得到 P 标号的点,则说明已求出 v_1 点到该点的最短路;凡是没有得到 P 标号的点,就标上 T 标号,不断地进行搜索、计算,每一步都是将某一点的 T 标号改变为 P 标号的过程。求出了终点的 P 标号,所有的顶点都成为固定标号顶点时,整个网络的最短路也就找到。

Dijkstra 算法是基于这样一个基本原理,即若点序列 $\{v_s, v_1, v_2, \cdots, v_{n-1}, v_n\}$ 是从 v_s 到 v_n 的最短路,则 $\{v_s, v_1, v_2, \cdots, v_{n-1}\}$ 必定是从 v_s 到 v_{n-1} 的最短路。

基本 Dijkstra 算法的步骤如下:

①给起点 v_1 标上 P 标号 $P(v_1) = 0$,表示从 v_1 到 v_j 的距离为 0;其余各点标上 T 标号,且 $T(v_j) = +\infty$。

②设 v_i 是刚得到 P 标号的点,考虑所有以 v_i 为起始点的弧的终点 v_j,在一个无向图中,就是考虑所有与 v_i 直接相连的 T 标号的点 v_j。按照下式修改 v_j 的 T 标号:$T_{新}(V_j) = \min\{T_{旧}(V_j), P(V_i) + C_{ij}\}$

③若所有的点都是 P 标号点,则计算结束,即已求出从起点到各点的最短距离。否则,选择一个距离最小的 T 标号点,将其修改为 P 标号点。再转向步骤②,继续修改 T 标号点,直到所有的点都变成 P 标号点。

若一次有多个距离最小的 T 标号点,可以从中任选一个作为 P 标号点,也可同时予以标定。下面通过例题说明 Dijkstra 算法过程。

【例 6-3】 如图 6-12 是从 O 点到 T 点的道路网络图,货运车辆必须沿此网络中的道路行驶。求从 O 点到 T 点的最佳行驶路线及最短距离。

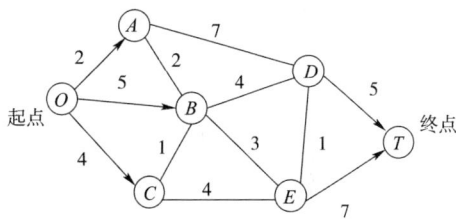

图 6-12 运输网络图

解:为使计算过程和结果更加清晰明确,我们借助表 6-4 来描述各步骤。

Dijkdtra 算法步骤及结果   表 6-4

步骤	O	A	B	C	D	E	T
1	$P = 0$	$T = +\infty$	$T = +\infty$	$T = +\infty$	$T = +\infty$	$T = +\infty$	$T = +\infty$
2		$(P=)T=2$	$T=5$	$T=4$	$T = +\infty$	$T = +\infty$	$T = +\infty$
3			$T=4$	$(P=)T=4$	$T=9$	$T = +\infty$	$T = +\infty$
4			$(P=)T=4$		$T=9$	$T=8$	$T = +\infty$
5					$T=8$	$(P=)T=7$	$T = +\infty$
6					$(P=)T=8$		$T=14$
7							$(P=)T=13$

①给起点 O 标上 P 标号 $P(O) = 0$,其余各点标上 T 标号,且 $T = +\infty$,见表 6-4 中的步骤 1。

②考虑所有与 O 点直接相连的 T 标号的点,即 A、B、C 三点,修改这三点的 T 标号:

$$T_{新}(A) = \min\{T_{旧}(A), P(O) + c_{OA}\} = \min\{+\infty, 0 + 2\} = 2$$

$$T_{新}(B) = \min\{T_{旧}(B), P(O) + c_{OB}\} = \min\{+\infty, 0 + 5\} = 5$$

$$T_{新}(C) = \min\{T_{旧}(C), P(O) + c_{OC}\} = \min\{+\infty, 0 + 4\} = 4$$

将修改的了 T 标号值填入表 6-4 中。现在,在所有的 T 标号的点中最小值是 $T_{新}(A) = 2$,所以,将 A 点改为 P 标号。见表 6-4 中的步骤 2。

③以刚得到的 P 标号点 A 为起点,考虑所有与 A 点直接相连的 T 标号的点,即 B、D 两点,修改这两点的 T 标号:

$$T_{新}(B) = \min\{T_{旧}(B), P(A) + c_{AB}\} = \min\{+\infty, 2 + 2\} = 4$$

$$T_{新}(D) = \min\{T_{旧}(D), P(A) + c_{AD}\} = \min\{+\infty, 2 + 7\} = 9$$

在表 6-4 中第三行填入修改的 T 标号值,复制没有修改的 T 标号点。在所有的 T 标号点中,最小值是 $T_{新}(B) = 4 = T(C)$,从 B、C 两点中任选一点变为 P 标号点,例如这次选择 C 点为 P 标号点。见表 6-4 中的步骤 3。

④以 C 为起点,考查与 C 点直接相连的 T 标号点 B、E,修改这两点的 T 标号:

$$T_{新}(B) = \min\{T_{旧}(B), P(C) + c_{CB}\} = \min\{4, 4 + 1\} = 4$$

$$T_{新}(E) = \min\{T_{旧}(E), P(C) + c_{CE}\} = \min\{+\infty, 4 + 4\} = 8$$

在表 6-4 中第四行填入修改的 T 标号值,复制没有修改的 T 标号点。比较所有的 T 标号点值,这次将 B 点变为 P 标号点。

⑤以 B 为起点,考查与 B 点直接相连的 T 标号点 D、E,修改这两点的 T 标号:

$$T_{新}(D) = \min\{T_{旧}(D), P(B) + c_{BD}\} = \min\{9, 4 + 4\} = 8$$

$$T_{新}(E) = \min\{T_{旧}(E), P(B) + c_{BE}\} = \min\{8, 4 + 3\} = 7$$

比较新的 T 标号点值,这次将 E 点变为 P 标号点。

⑥以 E 为起点,考查与 E 点直接相连的 T 标号点 D、T,修改这两点的 T 标号:

$$T_{新}(D) = \min\{T_{旧}(D), P(E) + c_{ED}\} = \min\{8, 7 + 1\} = 8$$

$$T_{新}(T) = \min\{T_{旧}(T), P(E) + c_{ET}\} = \min\{+\infty, 7 + 7\} = 14$$

这次将 D 点变为 P 标号点。

⑦以 D 为起点,考查与 D 点直接相连的 T 标号点 T,修改该点的 T 标号:

$$T_{新}(T) = \min\{T_{旧}(T), P(D) + c_{DT}\} = \min\{14, 8 + 5\} = 13$$

这次将 T 点变为 P 标号点。

至此,将所有的点都变成 P 标号点,计算过程完成。

从 O 点到 T 点的最短距离是 13。最佳路线可从上述步骤中逆推出来,即 $T \leftarrow D \leftarrow B \leftarrow A \leftarrow O$,也就得出了从 O 点到 T 点的最佳路线是 $O \rightarrow A \rightarrow B \rightarrow D \rightarrow T$。

值得注意的是,如果仅从最短距离来看,这里还有另一个方案 $O \rightarrow A \rightarrow B \rightarrow E \rightarrow D \rightarrow T$。虽然这条路线的总距离长也是 13,但增加了一个中间节点。从运输网络规划原则看,应该尽量减少中间节点。

表 6-4 描述了计算步骤及结果,但看不出中间过程和最佳路线。将表 6-4 的内容和上述各步骤的内容综合,可制成表 6-5 的形式,这样可以直观的获得结果。根据最后一行的终点连线,可直接推出最佳线路为 $O \rightarrow A \rightarrow B \rightarrow D \rightarrow T$,最短距离为 13。

Dijkstra 算法步骤表   表 6-5

步骤	P 标号点	与 P 点直接相连的 T 标号点	相应的总距离	第 n 个最近点	最短总距离	最新连接
1	O	A	2	A	2	OA
2	O	C	4	C	4	OC
	A	B	2 + 2 = 4	B	4	AB
3	A	D	2 + 7 = 9			
	B	E	4 + 3 = 7	E	7	BE
	C	E	4 + 4 = 8			
4	A	D	2 + 7 = 9			
	B	D	4 + 4 = 8	D	8	BD
	E	D	7 + 1 = 8	D	8	BD
5	D	T	8 + 5 = 13	T	13	DT
	E	T	7 + 7 = 14			

（3）逐次逼近法。

逐步逼近法根据方程构造其近似解序列的递推公式，再证明此序列的极限就是原方程的解。将逐步逼近法的基本思想应用于求解最短路径问题中，则该问题可描述为：如果点 V_1 到点 V_j 的最短路总沿着该路从 V_1 先到某一点 V_i，然后再沿 V_i 到达 V_j，则 V_1 到 V_i 的这条路必然也是最短路。

若令 P_{1j} 表示从 V_1 到 V_j 的最短路长，P_{1i} 表示从 V_1 到 V_i 的最短路长，则必有下列方程：

$$P_{1j} = \min[P_{1i} + w_{ij}] \tag{6-17}$$

w_{ij} 表示从 V_i 到达 V_j 的直接距离。可以用迭代方法求解此方程。

第一步，令 $P_{1j}^{(1)} = w_{1j}(j = 1, 2, \cdots, n)$。即用 V_1 到 V_j 的直接距离 w_{1j} 作为初始解。若 V_1 到 V_j 之间无边，则记 V_1 到 V_j 得最短路径长为 $+\infty$。

第二步，开始使用迭代公式 $P_{1j}^{(k)} = \min_i[P_{1j}^{(k-1)} + w_{ij}](k = 2, 3, \cdots)$

第三步，当进行到第 t 步时，若出现 $P_{1j}^{(t)} = P_{1j}^{(t-1)}(j = 1, 2, \cdots, n)$ 则停止，$P_{1j}^{(t)}(j = 1, 2, \cdots, n)$ 即为 V_1 到各点的最短距离。$P_{1j}^{(t)}$ 表示 V_1 最多经过 t 条边到 V_j，用逆推法可获得从 V_1 到 V_j 的最短路径。

2）起讫点重合的单一路线优化

起讫点重合的最短路径问题也是现代优化算法研究的热点之一。除了经典的 TSP 模型、线性规划方法外，还有现代优化方法，例如遗传算法、神经网络算法等。下面介绍其中两种常用方法。

（1）旅行商问题 TSP 模型。

TSP 模型（Traveling Salesman Problem）是单一回路的线路优化最典型的模型之一。对于大规模节点的路径优化问题，一般很难获得最优解，只有通过启发式算法获得近似最优解。

TSP 模型可描述如下：在一个由 n 个顶点构成的网络中，要求找出一个包括所有顶点的具有最小耗费（例如最短距离或最小时间代价）的环路。一个环路也就是一个回路，既然回路是包含了所有顶点的一个循环,所以可以将任何一个点作为起点和终点。

先看下面的例子。

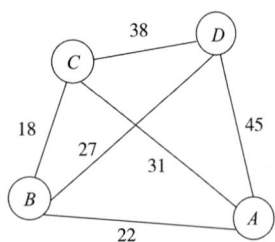

图 6-13   TSP 问题示意图

如图 6-13 所示,从配送中心 A 出发,送货到 B、C、D 三个客户需求站。任意两点间的距离已知或可求出,求最佳配送路径。

首先,B、C、D 三个客户点都必须被访问;其次,要使总路径最短,各客户点最好只被访问一次。按照这两个要求,可建立 TSP 问题的整数规划模型。

令决策变量 X_{ij} 表示路段 (i,j) 是否在线路上,即顶点 i 与顶点 j 是否直接相通。

$X_{ij} = 0$ 表示从 i 到 j 无通路;$X_{ij} = 1$ 表示从 i 到 j 有通路。

对应于图 6-13 的变量矩阵为:

$$X = \begin{bmatrix} x_{11} & x_{12} & \cdots & x_{14} \\ x_{21} & x_{22} & \cdots & x_{24} \\ \vdots & \vdots & \vdots & \vdots \\ x_{41} & x_{42} & \cdots & x_{44} \end{bmatrix}$$

令 C_{ij} 表示车辆经过对应路段 (i,j) 所付出的代价,例如时间、距离或费用等。将图 6-13 中各点间的代价用表 6-6 表示,从表中可得出代价矩阵 C。

站点至各顾客点间的距离   表 6-6

顾客点	A	B	C	D
A	0	22	31	45
B	22	0	18	27
C	31	18	0	38
D	45	27	38	0

$$C = \begin{bmatrix} 0 & 22 & 31 & 45 \\ 22 & 0 & 18 & 27 \\ 31 & 18 & 0 & 38 \\ 45 & 27 & 38 & 0 \end{bmatrix}$$

以总的行驶代价最小为目标,即:

$$\min Z = \sum_{i=1}^{n} \sum_{j=1}^{n} C_{ij} X_{ij} \tag{6-18}$$

要求各客户点仅被访问一次,可建立如下约束条件:

$$\sum_{i=1}^{n} X_{ij} = 1 \quad (\forall j = 1, 2, \cdots, n) \tag{6-19}$$

$$\sum_{j=1}^{n} X_{ij} = 1 \quad (\forall i = 1, 2, \cdots, n) \tag{6-20}$$

$$X_{ij} \in \{0, 1\}$$

求解上述整数规划模型可有多种方法。如果节点数目很少,运用穷举法是十分有效的。由于枚举的次数为 $(n-1)!$ 次,所以,对于大型的问题,必须应用其他算法求解。对于一部分中小规模的 TSP 问题,利用运筹学中的分支定界法进行求解也比较有效。另外,还可以利用现代优化方法,例如 Hopfield 神经网络方法、遗传算法、启发式算法等。

对图 6-13 中节点数较少的问题,还可用简单贪婪算法求解最佳路线,其步骤如下。

第一步,选择距出发点最近的顾客位置。由于 B 点距 A 点最近,故先选择 B 点。

第二步,再从剩下的位置中选距离当前已选择的位置最近的顾客位置。即找出离 B 点最近的点,从图可知这一点是 C 点。

第三步,如果所有位置都被选择了,则停止;否则返回到第二步。

由于只剩下 D 点没被选择,所以 D 点成为继 C 点之后的顾客。然后返回 A 点。

这样,可求出图 6-13 中的最佳送货路线,配送顺序为: $A \rightarrow B \rightarrow C \rightarrow D \rightarrow A$;总行驶距离 $= 22 + 18 + 38 + 45 = 123$。

(2)中国邮递员问题。

邮递员从邮局出发,走遍他所负责的街道,完成投递后返回邮局,怎样走才使总路程最短?城市配送中心为分布在各街道的便民连锁店配送完货物后再返回配送中心及流动推销员从销售中心出发,沿着街道推销商品,最后再返回销售中心,也属于这类问题。国际上通称这类问题为中国邮递员问题。下面,先以图 6-14 所示的连通网络图为例,介绍图论的相关概念和术语。

①"顶点"表示某对象节点(如设施地点或企业单位)。

②"边"表示对象之间的某种特性(如距离)。

③边上的非负数字称为"权"。

④以 V 为顶点的边的数目称为顶点 V 的"次"。

⑤次为奇数的点,称为奇点;次为偶数的点,称为偶点。

⑥由点、边交替构成的序列称为"链";起点与终点相同的链就称为"圈"。

若一个圈中没有重复的边,这个圈就是欧拉圈;若一个图中含有欧拉圈,此图就是欧拉图。当且仅当图中每一个顶点都是偶点时,一个图才是欧拉图,所以,图 6-14 的两个图都是欧拉图。显然,欧拉图是能一笔画出的图。

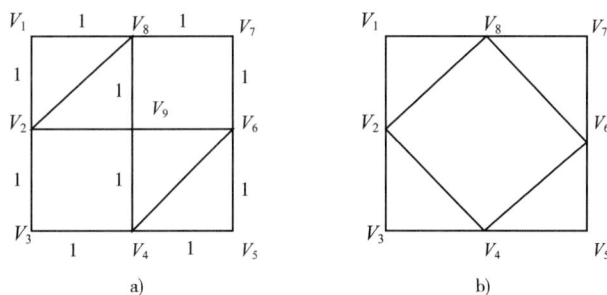

图 6-14 连通网络图(欧拉图)

在邮递员问题中,由街道构成的图中若没有奇点,他就可以从邮局出发,走过每条街道一次且仅一次,最后回到邮局,这样的路径无疑是最短路径。如果有奇点存在(如图 6-14 中的点 V_2、V_4、V_6 和 V_8),就必须在某些边上重复走一次或多次(这样奇点就成了偶点)。问题是重复走哪些边,才使总路程最短?这就是下面要解决的问题。

图 6-15 中,设 V_1 为起点(邮局)。下面采用奇偶点图上作业法确定邮递员路线的最佳

方案。

①确定可行方案。由图论的理论可知,在任何一个图中的奇点个数必为偶数。该图中有四个奇点 V_2、V_4、V_6、V_8,可将它们任意分成两对,例如:V_2 和 V_4,V_6 和 V_8。

V_2 和 V_4 之间有多种连接方式,例如 $[V_2$、V_1、V_8、V_7、V_6、V_5、$V_4]$ 就是其中之一。把边 $[V_2$、$V_1]$、$[V_1$、$V_8]$、$[V_8$、$V_7]$、$[V_7$、$V_6]$、$[V_6$、$V_5]$、$[V_5$、$V_4]$ 作为重复边加到图中。

同样,任取 V_8—V_6 之间一种连接 $(V_8,V_1,V_2,V_3,V_4,V_5,V_6)$,把边 $[V_8$、$V_1]$、$[V_1$、$V_2]$、$[V_2$、$V_3]$ 也作为重复边加到图中去。于是得到图 6-16。这是个没有奇点的欧拉图,故可作为一个可行方案。

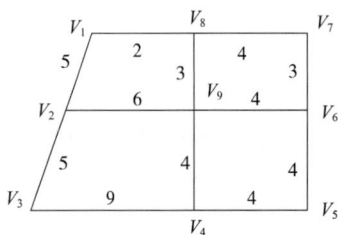

图 6-15 街道图   图 6-16 加重复边后的街道图(可行方案)

②判断最优方案。在两奇点之间加重复边有多种方案,怎样判断哪种方案最优?

这里有两条标准:一是图的每一边上最多有一条重复边;二是图中每个圈上重复边的总权不大于该圈总权的一半。

按第一条标准判断,图 6-16 中的边 $[V_1,V_2]$、$[V_1,V_8]$、$[V_4,V_5]$,$[V_5,V_6]$ 上的重复边多于一条,如果只保留一条重复边,将多余的重复边去掉,剩下的仍是一个可行方案,如图 6-17a)所示,这时的总长度下降了。

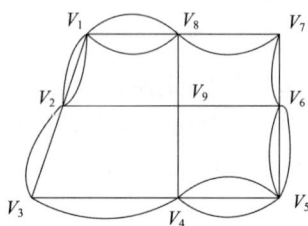

a)调整方案一   b)调整方案二

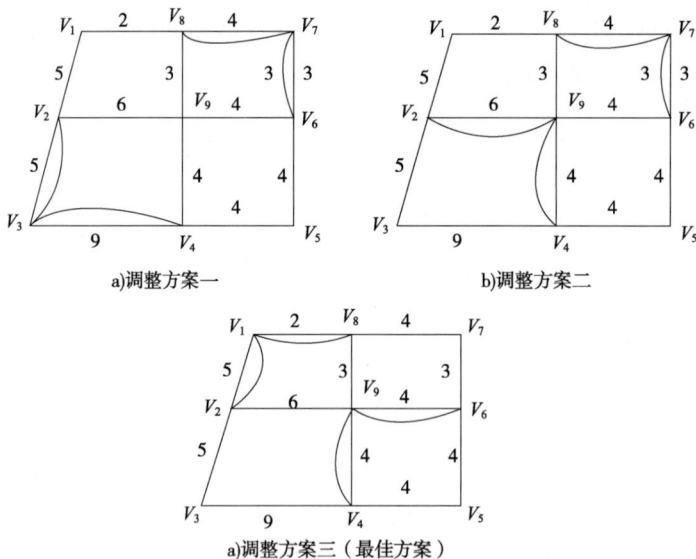

a)调整方案三(最佳方案)

图 6-17 调整方案图

按第二条标准,在图 6-17a)中,圈 $[V_2,V_3,V_4,V_9,V_2]$ 的总长度为 24,但重复边权之和:

$5+9=14$,大于该圈总长度的一半,不满足第二条要求,仍需要进行调整。

接着,以$[V_2,V_9]$、$[V_9,V_4]$上的重复边代替$[V_2,V_3]$、$[V_3,V_4]$上的重复边,如图6-17b)所示,重复边总长为10。依此方法再检验图5-17b)中的其他圈,如$[V_1,V_2,V_9,V_6,V_7,V_8,V_1]$,$[V_8,V_7,V_6,V_5,V_4,V_9,V_8]$…当图中任一个圈都能满足第二条标准时,得到的方案才是最佳的方案。图6-17c)就是一个符合条件的最优方案。

这种方法通常被称为奇偶点图上作业法。该方法的主要问题是要判断第二条标准,需要对每一个圈进行检验。当圈的结构复杂时,需检验的圈数急剧增加。例如,"日"字形图有3个圈,而"田"字形图就有13个。因此,当圈的个数很多时,该方法就不适应了。

三、行车路线及时刻表的制订

行车路线和时刻表的制订问题是运输路径问题的扩展。在车辆路径的实际规划过程中,经常需要考虑一些实际的限制条件,例如,在客户需求点既有送货的要求,又有一定的取货要求;使用的多部车辆可能具有不同的容积和载质量;客户要求在特定的时间段送货或者取货等。

增加这些实际限制条件后,问题的复杂性大大增加,甚至无法寻找到问题的最优解。所以,需要利用一定的原则或启发式方法来辅助得到问题的满意解。在此介绍节约法。

节约法(Savings Method)是由Clarke和Wright在1964年提出的,该方法能灵活处理许多现实的约束条件,当节点数不太多时,能较快地计算出结果,且结果与最优解很接近。该方法能同时确定分派的车辆数及车辆经过各站点的顺序,是一种非常有效的启发式路线设计方法。

节约法的目标是使所有车辆行驶的总里程最短,使提供服务的车辆总数最少。算法的基本思想是:如果将运输问题中的两个回路合并成一个回路,就可缩短线路总里程(即节约了距离),并减少了一辆载货汽车。如图6-18所示,将两个回路合并成一个回路后,节约的距离为$\Delta_{AB}=C_{AO}+C_{BO}-C_{AB}$。

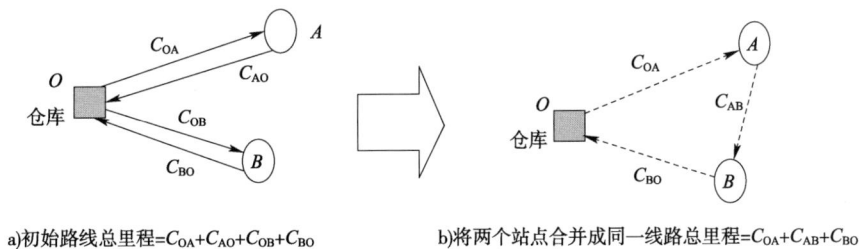

a)初始路线总里程=$C_{OA}+C_{AO}+C_{OB}+C_{BO}$　　b)将两个站点合并成同一线路总里程=$C_{OA}+C_{AB}+C_{BO}$

图6-18　节约法的图形描述

根据上述思想,不断地对可行运输方案中的回路进行合并,或将某个站点加入到现有的回路中,并计算出相应的节约距离,节约距离最多的站点(且满足约束条件)就应该纳入现有路线中。重复这一过程,直到完成所有站点的线路设计。

节约法可方便地编制成程序。当节点规模不大时,也可通过手工方式完成计算,这时通常利用节约矩阵或表格的形式进行。下面通过一个具体的例子来说明其步骤。

【例6-4】　某配送中心为13个客户提供配送服务,配送中心的位置、客户的坐标及客户的订单规模见表6-7。配送中心共有4辆载货汽车,每辆车的载质量是200件。由于送货成本与车辆行驶总里程之间密切相关,公司经理希望获得总行驶距离最短的方案。如何分配客户? 如何确定车辆行驶路径?

客户坐标及订单规模 　　　　　　　　　　　　　　表 6-7

站点	X 坐标	Y 坐标	订单规模(件)
配送中心	0	0	—
顾客 1	0	12	48
顾客 2	6	5	36
顾客 3	7	15	43
顾客 4	9	12	92
顾客 5	15	3	57
顾客 6	20	0	16
顾客 7	17	−2	56
顾客 8	7	−4	30
顾客 9	1	−6	57
顾客 10	15	−6	47
顾客 11	20	−7	91
顾客 12	7	−9	55
顾客 13	2	−15	38

解: 假设每个站点都由一辆虚拟的载货汽车提供服务(各站点的货运需求量不能超过车辆载质量),然后再返回仓库。这时的总里程数最长、使用的车辆数也最多,可作为初始可行方案。然后,运用节约法对该方案中的回路逐次进行合并,使总里程数不断地减少,直到获得最佳方案。利用表格或方阵求解车辆路径问题,主要有四个步骤:第一步,确定距离方阵;第二步,确定节约方阵;第三步,将客户划归由不同的载货汽车提供服务;第四步,为每辆载货汽车确定运输线路和为客户送的顺序。其中,前三步是为了划分服务的客户群,指派载货汽车;第四步为每辆载货汽车设定最佳行驶线路。

(1)确定距离方阵。即确定配送中13个客户中任意两点之间的距离。这里的"距离"是一个广义的距离,可以是两点间实际的空间距离,也可以是两点之间的运输成本。本例中,我们用两点间的坐标来计算两点间的距离 C_{AB},公式为:

$$C_{AB} = \sqrt{(x_A - x_B)^2 + (y_A - y_B)^2} \tag{6-21}$$

两点间的距离是对称的,即 $C_{AB} = C_{BA}$。根据表6-7中的坐标,可以计算出客户之间及客户与配送中心的距离,将所有结果列入表6-8中。例如,客户9与客户2之间的距离是12,客户9与客户3之间的距离是22。

(2)计算节约矩阵。节约矩阵是指将任两个客户将货物合并放在一辆载货汽车上运输时节约的累积。根据表6-7中的距离方阵,将线路"配送中心→客户 A→配送中心"与线路"配送中心→客户 B→配送中心"合并为一条线路"配送中心→客户 A→客户 B→配送中心",节约的距离 $\Delta(A,B)$（O 代表配送中心）的计算公式为：

$$\Delta(A,B) = \Delta_{AB} = C_{AO} + C_{BO} - C_{AB} \tag{6-22}$$

例如，$\Delta(1,2) = 12 + 8 - 9 = 11$；$\Delta(2,9) = 8 + 6 - 12 = 2$。

客户离与配送中心之间的距离 表6-8

站点	配送中心	客户1	客户2	客户3	客户4	客户5	客户6	客户7	客户8	客户9	客户10	客户11	客户12	客户13
客户1	12	0												
客户2	8	9	0											
客户3	17	8	10	0										
客户4	15	9	8	4	0									
客户5	15	17	9	14	11	0								
客户6	20	23	15	20	16	0	0							
客户7	17	22	13	20	16	5	4	0						
客户8	8	17	9	19	16	11	14	10	0					
客户9	6	18	12	22	20	17	20	16	6	0				
客户10	16	23	14	22	19	9	8	4	8	14	0			
客户11	21	28	18	26	22	11	7	7	13	19	5	0		
客户12	11	22	14	24	21	14	16	12	5	7	9	13	0	
客户13	15	27	20	30	28	22	23	20	12	9	16	20	8	0

（3）将客户划归到不同的运输路线。即将划归到不同的运输路线的客户,由不同的载货汽车提供送货服务,同一路线上的客户由同一辆载货汽车送货。客户合并的宗旨是使节约的距离最大化。这是一个重复进行的过程。

这里要遵循两个原则,一是保证两条线路的合并是可行的。如果两条运输线路的运输总量不超过载货汽车的最大载质量,那么二者的合并就是可行的。二是试图使节约最大的两条线路合并成一条新的可行线路。这一过程一直持续到不能再有新的合并方案产生才算结束。

首先,最大的节约34件来自客户6与客户11的合并,且这种合并是可行的。因为总运量为 $16 + 91 = 107$（件）,小于载货汽车的载质量 200 件,因此这两个客户被划归为一条线路,如表6-8中第二列所示。节约的 34 件在下一步中不必再考虑。

下一个最大的节约是将客户7和客户6合并为一条线路后可节约距离33。检查合并后的运量:$107 + 56 = 163$（件）,小于200件,所以这一合并也是可行的。因此,客户7也被添加到线路中。

虽然合并客户7与客户11可节约32件,但是,二者都已经安排在线路6中了,故不必再考虑。这样,接下来最大的节约是客户10与客户11（即线路6）合并得到的节约32件。检查这一合并的可行性,客户10的订货是47件,总运量:$163 + 47 = 210$（件）,超出了车辆载质量200件,所以,这个合并不可行。再考虑将客户5添加到线路6中,节约量是29件,但加入客户5的运量57件后,也超过了车辆载质量,同样不可行。

接下来,最大节约是合并线路 3 和 4 得到的节约 28 件,合并后的运量:$43 + 92 =$

135(件),这是可行的。这两条线路合并后的节约矩阵见表6-9。

第三次改进后的节约矩阵 表6-9

站点	线路	客户1	客户2	客户3	客户4	客户5	客户6	客户7	客户8	客户9	客户10	客户11	客户12	客户13
客户1	1	0												
客户2	2	11	0											
客户3	3	21	15	0										
客户4	**3**	18	15	**28**	0									
客户5	5	10	14	18	19	0								
客户6	6	9	13	17	19	29	0							
客户7	**6**	7	12	14	16	27	**33**	0						
客户8	8	3	7	6	7	12	14	15	0					
客户9	9	0	2	1	1	4	6	7	8	0				
客户10	10	5	10	11	12	22	28	29	16	8	0			
客户11	**6**	5	11	12	14	25	**34**	32	16	8	32	0		
客户12	12	1	5	4	5	12	15	16	14	10	18	19	0	
客户13	13	0	3	2	2	8	12	12	11	12	15	16	18	0

反复进行上述过程,已经合并了的线路不再考虑,将剩余的没有被合并的线路依次进行合并:

①线路5与线路10合并,得到的节约是22,合并后的运量:57 + 47 = 104(件),可行。

②线路1与线路3合并,得到的节约是21,合并后的运量:48 + 135 = 183(件),可行。

③线路12与线路6合并,得到的节约是19,但合并后的运量:55 + 163 = 218(件),不可行。

④线路12与线路10合并,得到的节约是18,合并后的运量:55 + 104 = 159(件),可行。

⑤线路13与线路12(线路10)合并,得到节约是18,合并后的运量:38 + 159 = 197(件),可行。

⑥线路8与线路6合并,得到的节约是15,合并后的运量:30 + 163 = 193(件),可行。

⑦线路2与线路1合并,得到的节约是11,但合并后的运量:36 + 173 = 209(件),不可行。

⑧线路2与线路9合并,得到的节约是2,合并后的运量:36 + 57 = 93(件),可行。

最后,线路合并的结果是客户被划归为四条线路,分别是{1,3,4}、{2,9}、{6,7,8,11}、{5,10,12,13},即由四辆载货汽车为这些客户送货。

(4)确定每辆车的送货顺序。确定每辆车的行驶路径,使车辆的总行驶距离最短,可应用上一节的方法求解。

客户群{1,3,4}的最佳行车路径是:配送中心→客户1→客户3→客户4→配送中心;行驶距离为39。

客户群{2,9}的最佳行车路径是:配送中心→客户2→客户9→配送中心;行驶距离为 32。

客户群 {6,7,8,11} 的最佳行车路径是：配送中心→客户 8→客户 11→客户 6→客户 7→配送中心；行驶距离为 49。

客户群 {5,10,12,13} 的最佳行车路径是：配送中心客户 5→客户 10→客户 12→客户 13→配送中心；行驶距离为 56。

因此,总的行驶里程为 176。客户分布及送货路线规划的结果如图 6-19 所示。

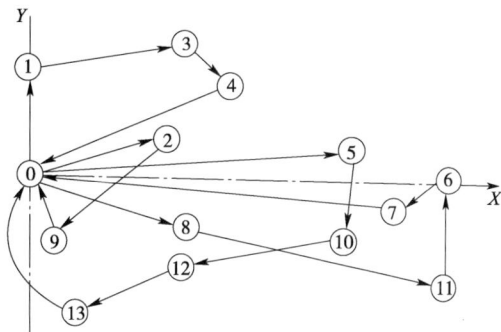

图 6-19　配送中心送货线路规划方案

第三节　货物运输车辆的选择

运输车辆的选择,主要指车辆选择和载质量的选择。

合理选择车辆,不仅可以保证货物完好,而且可以提高运输效率,避免动力过剩,降低运输成本。其中,影响车辆选择的主要因素有：货物的类型、特性与批量、装卸工作方法,道路与气候条件,货物运送速度以及运输工作的劳动、动力及材料消耗量等。

一、专用车辆与通用车辆的选择

货车的种类繁多,形式各异,各国的分类标准有所不同,在我国国家标准《汽车和挂车类型的术语和定义》(GB/T 3730.1—2001)中,将货车分为普通货车、多用途货车、全挂牵引车、越野货车、专用作业车和专用货车六大类。此处的车辆选择主要是指在专用车辆与通用车辆之间进行优选。

专用车辆就是考虑到专门或特种物资的运输需要而对汽车本身的设备装置进行改造,使之更适应专门的或特种物资运输的车辆。主要用于运输特殊货物,或在有利于提高运输工作效率的情况下装置随车装卸机械而用于运输一般货物。在适宜的情况下,采用专用车辆可以获得显著经济效果,例如,采用气动式卸货机构的水泥运输汽车与通用汽车相比,可以减少水泥损失和运输费用达 30%,而采用面粉专用运输车与采用通用汽车运输袋装面粉相比,运输费用可降低一半左右。

以自动装卸汽车选择为例。当运输车辆上装置自动装卸货机构时,首先由于缩短了装卸停歇时间,可使车辆运输生产率提高,但另一方面,却由于有效载质量的降低,又会使车辆运输生产率下降。显然只有在一定条件下采用专用车辆才是合理的。为了确定这类车辆的合理采用,可以比较其运输生产率或成本,通常采用计算等值运距的方法。

等值运距,即专用车辆与通用车辆的生产率或成本相等时的运距。因此,它包括生产率等值运距与成本等值运距两种。对相同的货运任务及车辆而言,生产率等值运距与成本等值运距的计算值相同,但以生产率等值运距的确定较为简便。

以自卸汽车为例,当货运任务既定,β、V_T 的值对自动装卸汽车和通用汽车相同时,则普通货车的工作生产率 W_Q(t/h) 为：

$$W_Q = \frac{V_T \beta q_0 \gamma}{L_1 + V_T \beta t_{1u}} \tag{6-23}$$

而专用汽车(自动装卸汽车)相应的工作生产率 W_Q''(t/h)为:

$$W_Q'' = \frac{V_T \beta (q_0 - \Delta q) \gamma}{L_1 + V_T \beta (t_{lu} - \Delta t)} \tag{6-24}$$

式中:Δq——自动装卸机构重量(t);

Δt——利用车辆减少的装卸停歇时间(h)。

当货运任务已定,β、V_T 和 γ 值对自动装卸汽车和通用汽车相同。

假设 $W_Q = W_Q''$,则生产率等值运距 L_W(km)为:

$$L_W = \left(q_0 \frac{\Delta t}{\Delta q} - t_{lu} \right) \beta V_T \tag{6-25}$$

【例6-5】 拟采用某种通用汽车完成一项货运任务,已知某有关数据为:$q_0 = 4t$,$t_{lu} = 30min$,$\beta = 0.5$,$V_T = 25km/h$,而利用该型号汽车改装为自动装卸汽车时,其有效载质量 $q_0 = 3.5t$,装卸停歇时间 $t_{lu} = 5min$。试计算有效使用自动装卸汽车的生产率等值运距 L_W。

解: 根据式(6-25):

$$L_W = \left(q_0 \frac{\Delta t}{\Delta q} - t_{lu} \right) \beta V_T = \left[4 \times \frac{\left(\frac{30-5}{60} \right)}{(4-3.5)} - \frac{30}{60} \right] \times 0.5 \times 25 = 35.4 (km)$$

因此,当实际运距小于 L_W 时,适合采用自动装卸汽车运输;反正则不适合。

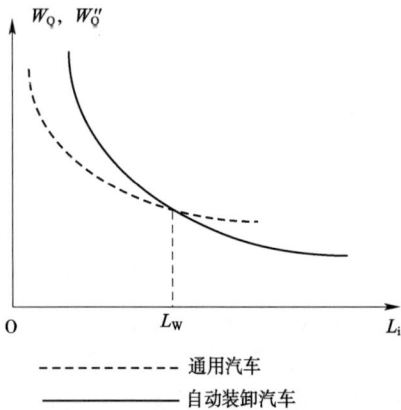

图6-20 汽车运输生产率比较

生产率等值运距也可以利用图解法确定,以"t/h"计的载货汽车工作生产率与运距的关系曲线为等轴双曲线,如图6-20所示。可见,当实际运距小于生产率等值运距 L_W 时,自动装卸汽车的生产率高于通用汽车生产率;当实际运距大于生产率等值运距 L_W 时,自卸汽车的生产率低于通用汽车生产率。

由于在实际运输工作中,常有车辆载质量不能充分利用的情况,虽然装置自动装卸机构使车辆额定载质量有所减少,但常常不会降低其有效载质量或降低不多。因此,实际的等值运距可以比理论计算值大一些。一般情况下,有效使用自动装卸汽车的生产率等值运距可为 $35 \sim 45km$,自卸汽车为 $10 \sim 15km$。

二、车辆载质量选择

确定车辆最佳载质量选择的首要因素是货物批量。当进行大批量货物运输时,在道路法规允许的范围内采用最高载质量车辆是合理的。而当货物批量有限时,车辆的载质量须与货物批量相适应,否则如果车辆载质量过大,必将增加材料与动力消耗量,增加运输成本。

1. 货物批量的分布规律

汽车总数的载质量构成,应尽量符合各种货物批量的分布规律。

货流的分布规律是指货流在其起、终点的发运量或运达量在某段时间内的分布特征。正确掌握货流(有时可表现为车辆流)的分布规律,是合理选择车辆类型、合理规划装卸设施现场布局以及构建运输系统的基础。

由于货流的分布规律主要取决于有关物品的生产与消费过程中各随机因素的影响程度,因此,若将货流量(按货物批量计)作为随机变量,则货流按运输时间分布规律不同可分为离散型、连续型及混合型。

1)离散型分布

如果货流量是离散型的随机变量,则对同类货流来说,最简单的分布为泊松分布。由概率理论可知,如按泊松分布处理,在长度为 t 的时间内发生货物批量数为 n 个的概率 $P_n(t)$ 为:

$$P_n(t) = \frac{(\lambda_t)^n}{n!}e^{-\lambda_t} \quad (n=1,2,3\cdots)$$ (6-26)

式中:λ_t——单位时间货物批量的均值。

实践表明,多数情况下,简单货流发生概率的计算均可按泊松分布处理。当式(6-26)中的 λ_t 值很大时(通常 $\lambda_t > 10$),泊松分布将近似于正态分布,此时的货物批量为连续型随机变量。

上述理论可用于车站、码头等的作业场有关组织设计中的组建模型工作。例如,一些货场、装卸现场的车辆源分布通常可视为泊松分布。

2)续型分布

如果货流量是连续型随机变量,则多数服从或近似服从于正态分布。例如,大批量货物运达火车站或港口时,其批量的分布即为正态分布(图6-21)。正态分布的随机变量概率密度函数 $f(x)$ 为:

$$f(x) = \frac{1}{\sqrt{2\pi}\sigma}e^{-\frac{1}{2\sigma^2}(x-\bar{x})^2}$$ (6-27)

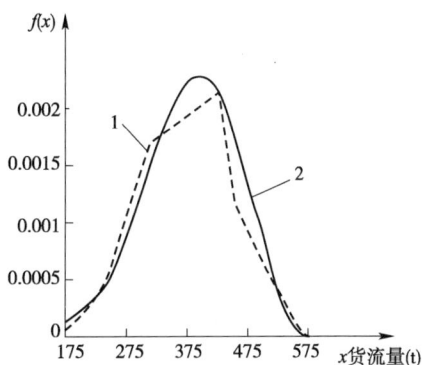

图6-21 正态分布的概率密度
1-经验分布;2-正态分布

式中:x、$\bar{x}$——货流量的随机变量及其均值;

σ——随机变量 x 分布的标准差。

而随机变量 x 落在区间 (x_1, x_2) 的概率为:

$$P(x_1 < x < x_2) = \Phi\left(\frac{x_2 - \bar{x}}{\sigma}\right) - \Phi\left(\frac{x_1 - \bar{x}}{\sigma}\right)$$ (6-28)

式中 $\Phi(t)$ 为:

$$\Phi(t) = \frac{1}{\sqrt{2\pi}}\int_{-\infty}^{t} e^{-\frac{1}{2}x^2}dx$$ (6-29)

此外,在某些情况下货流量还可能服从其他形式的分布,如威布尔分布、指数分布等。

3)混合型分布

如果货流量 x 是兼有连续和离散两种特性的随机变量,则服从混合型分布。混合型分布比较复杂,这里不再进行讨论。

以上分析了货流的分布规律,在现实生活中,运输管理者应对其管理范围内的货流做细致地调查,进行资料的积累,并对其变化做深入细致的研究,才能准确把握货流的分布规律。而正确掌握货流的分布规律,是合理选择运输车辆与组织运输所需的一项重要准备工作。

2. 车辆载质量构成的计算方法

假定,有 m 种车辆可供选择,每一种车辆的额定载质量分别为 $q_1,q_2,\cdots,q_j,\cdots,q_m$。若货物批量的概率密度函数为 $f(x)$,则适于额定载质量为 q_j 的汽车运输的货物批量概率 P_j 为:

$$P_j = \begin{cases} \displaystyle\int_0^{(qr)_j} f(x)\,\mathrm{d}x & (j=1) \\[2mm] \displaystyle\int_{(qr)_{j-1}}^{(qr)_j} f(x)\,\mathrm{d}x & (1 < j \leqslant m) \end{cases} \tag{6-30}$$

当货物批量超过最大载质量车辆的运输能力时,根据经济性的原则,可以将最大载质量的车辆组合起来使用。需要最大载质量的汽车 q_m 运 i 次时的货物批量概率 $P_{m,j}$ 为:

$$P_{m,i} = \begin{cases} \displaystyle\int_{(qr)_{m-1}}^{(qr)_m} f(x)\,\mathrm{d}x & (i=1) \\[2mm] \displaystyle\int_{(i-1)(qr)_m}^{i(qr)_m} f(x)\,\mathrm{d}x & (i > 1) \end{cases} \tag{6-31}$$

假设,某货物批量服从指数分布,其概率密度函数 $f(x)$ 为:

$$f(x) = \frac{1}{g}\mathrm{e}^{-\frac{x}{g}} \tag{6-32}$$

式中:g——平均货物批量(t);

x——某一货物批量(t)。

所以,适合于额定载质量为 q_j 的车辆运输的货物批量的概率为:

$$P_j = \frac{1}{g}\int_{(q\gamma)_{j-1}}^{(q\gamma)_j} \mathrm{e}^{-\frac{x}{g}}\mathrm{d}x = e^{-\frac{(q\gamma)_{j-1}}{g}} - e^{-\frac{(q\gamma)_j}{g}} \tag{6-33}$$

每运次货物运输量均值为:

$$\overline{g}_c = \sum_{j=1}^{m-1}(q\gamma)_j P_j + (q\gamma)_m \sum_{i=1}^{\infty} P_{m,i} \tag{6-34}$$

每运次汽车额定载质量均值为:

$$\overline{q}_0 = \sum_{j=1}^{m-1} q_j P_j + q_m \sum_{i=1}^{\infty} P_{m,i} \tag{6-35}$$

则汽车总数的重车载质量利用率均值为:

$$\overline{\gamma} = \frac{\overline{g}_c}{\overline{q}_0} \tag{6-36}$$

计划期内,汽车总数应完成的运次总数 $\sum n$(次)为:

$$\sum n = \frac{\sum Q}{\overline{g}_c} = \frac{\sum Q}{\overline{q}_0\,\overline{\gamma}} \tag{6-37}$$

式中:$\sum Q$——计划期总货运量(t)。

每一种车型应完成的运次数为:

$$n_j = P_j \sum n \quad (j=1,2,\cdots,m) \tag{6-38}$$

每一种车型应完成的货运量:

$$Q_j = n_j (q\gamma)_j \quad (j=1,2,\cdots,m) \tag{6-39}$$

每一种车型的日产量为:

$$Q_{dj} = \frac{q_j \gamma_j}{\dfrac{L_{lj}}{\beta_j \nu_{tj}} + t_{luj}} \cdot T_{dj} \quad (j = 1, 2, \cdots, m) \tag{6-40}$$

那么,所需各型车辆的在册车辆数 A_j(辆)为:

$$A_j = \frac{Q_j}{D_p \alpha_{dj} Q_{dj}} \quad (j = 1, 2, \cdots, m) \tag{6-41}$$

式中: D_p——计划期每车营运日数(d);

α_{dj}——计划期第 i 型车的工作率(%)。

【例 6-6】 由某钢铁厂仓库运出的金属材料批量按指数分布,其概率密度函数为 $f(x) = 0.11e - 0.11x$,年货运总量 $\sum Q = 406720t$。现计划采用三种类型的汽车完成上述任务,其中:

解放型汽车: $q_1 = 4t, \alpha_{d1} = 0.85, t_{lu1} = 60min$。

黄河型汽车: $q_2 = 8t, \alpha_{d2} = 0.90, t_{lu2} = 76min$。

玛斯型汽车: $q_3 = 12.5t, \alpha_{d3} = 0.75, t_{lu3} = 90min$。

其余指标各车型相同: $L_{Li} = 15km; V_{Ti} = 20km/h; \beta = 0.65; T_{di} = 8h; \bar{r} = 1; D_p = 365d; j = 1, 2, 3$。试计算各型汽车数。

解: 适合解放型、黄河型、玛斯型汽车运输的货物批量概率 P_1, P_2, P_3 分别为:

$$P_1 = \int_0^{(qr)_2} f(x) dx = \int_0^4 0.11e^{-0.11x} dx = 0.36$$

$$P_2 = \int_{(qr)_1}^{(qr)_2} f(x) dx = \int_4^8 0.11e^{-11} dx = 0.23$$

$$P_3 = 1 - P_1 - P_2 = 1 - 0.36 - 0.23 = 0.41$$

每运次车辆额定载质量均值 $\bar{q}_0$ 为:

$$\bar{q}_0 = \sum_{i=1}^3 P_i q_i = 0.36 \times 4 + 0.23 \times 8 + 0.41 \times 12.5 = 8.405(t)$$

计划期全部车辆应完成的总运次数 $\sum n$ 为:

$$\sum n = \frac{\sum Q}{\bar{q}r} \frac{406720}{8.405 \times 1} = 48390(次)$$

各型汽车应完成的运次数 n_i 分别为:

$n_1 = P_1 \sum n = 0.36 \times 48390 = 17420(次)$;

$n_2 = P_2 \sum n = 0.23 \times 48390 = 11130(次)$;

$n_3 = P_3 \sum n = 0.41 \times 48390 = 19840(次)$。

各型汽车应完成的货运量 Q_i 分别为:

$Q_1 = n_1 (qr)_1 = 17420 \times 4 = 69680(t)$;

$Q_2 = n_2 (qr)_2 = 11130 \times 8 = 89040(t)$;

$Q_3 = n_3 (qr)_3 = 19840 \times 12.5 = 248000(t)$。

各型汽车日产量 Q_{Di} 分别为:

$$Q_{D1} = \frac{V_{T1} \beta_1 q_1 r_1 T_{d_1}}{L_{L_1} + V_{T_1} \beta_1 t_{lu_1}} = \frac{20 \times 0.65 \times 4 \times 1 \times 8}{15 + 20 \times 0.65 \times 1} = 14.86(t/d)$$;

$$Q_{D2} = \frac{V_{T_2}\beta_2 q_2 r_2 T_{d_2}}{L_{L_2} + V_{T_2}\beta_2 t_{lu_2}} = \frac{20 \times 0.65 \times 8 \times 1 \times 8}{15 + 20 \times 0.65 \times 1.26} = 26.51(t/d);$$

$$Q_{D3} = \frac{V_{T_3}\beta_3 q_3 r_3 T_{d_3}}{L_{L_3} + V_{T_3}\beta_3 t_{lu_3}} = \frac{20 \times 0.65 \times 12.5 \times 1 \times 8}{15 + 20 \times 0.65 \times 1.5} = 37.68(t/d)。$$

各型汽车所需要数量 A_i 分别为：

解放型 $A_1 = \dfrac{Q_1}{D_p \alpha_{d_1} Q_{D_1}} = \dfrac{69680}{365 \times 0.85 \times 14.86} = 15(辆);$

黄河型 $A_2 = \dfrac{Q_2}{D_p \alpha_{d_2} Q_{D_2}} = \dfrac{89040}{365 \times 0.9 \times 26.51} = 10(辆);$

玛斯型 $A_3 = \dfrac{Q_3}{D_p \alpha_{d_3} Q_{D_3}} = \dfrac{248000}{365 \times 0.75 \times 37.68} = 24(辆)。$

第四节　货物装载优化技术

一、货物装卸作业与装卸机械

1. 装卸搬运的概念及其对货物运输的意义

装卸工作是货物运输生产过程中一个不可缺少的环节,货物只有在完成其装载或卸下作业后才能开始或结束其运送。装卸工作组织,就是要通过对运载工具、机械、劳力、货物合理调配和使用,充分利用运载工具的载质量和容积,努力缩短装卸工作停歇时间,不断提高货物装卸效率,提高装卸质量。

装卸搬运对货物运输的意义在于以下几个方面:

(1)装卸搬运工作效率直接影响运输成本。这是因为装卸搬运活动所消耗的人力、物力很多。每次装卸活动都要花费很长时间,所以装卸搬运费用在运输成本中所占的比重较大。以我国为例,铁路运输的始发和到达的装卸作业费用占运费的20%左右,水运可占到40%左右。因此,要降低运输成本,装卸是个重要环节。

(2)装卸搬运工作的质量关系到货物在运输过程中的完整性。这是由于进行装卸搬运操作时往往需要接触货物。装卸搬运是在货物运输过程中造成货物破损、散失、损耗、混杂等损失的主要环节。

(3)装卸搬运工作所耗费的时间影响货物的运送速度。例如,我国目前汽车货运中人力装卸还占相当比重,装卸效率不高,装卸质量不好,尤其在短途运输或装卸长大、笨重货物时其影响更为明显。有时车辆装卸工作停歇时间竟占到全部出车时间的40%～50%。又如,美国与日本之间的远洋船运,一个往返需25天,其中运输时间为13天,装卸搬运时间为12天,几乎占了船运总时间的一半。

(4)装卸工作的水平影响运载工具的载重能力和容积的利用率。要提高运载工具的载质量利用水平,就应不断改进货物装载技术和操作方法,充分利用运载工具的载重能力和容积,提高运输生产率。

因此,加强对装卸工作的组织和管理,实现装卸机械化与自动化,对运输生产意义重大。

2.装卸活动的分类与装卸的基本方法

1)装卸活动的分类

装卸活动可按装卸施行的物流场所、装卸的机械及作业方式等进行分类。

(1)按装卸施行的物流场所分类。

可分为仓库装卸、铁路装卸、港口装卸、汽车装卸、飞机装卸等。

①仓库装卸。是配合出库、入库、维护保养等活动进行的,并且以堆垛、上架、取货等操作为主。

②铁路装卸。是对火车车厢的装进和卸出,特点是一次作业就实现一车皮的装进或卸出,很少有像仓库装卸时出现的整装零卸或零装整卸的情况。

③港口装卸。包括码头前沿的装船,也包括后方的支持性装卸,有的港口装卸还采用小船在码头与大船之间"过驳"的办法,因而其装卸的流程较为复杂,往往经过几次的装卸及搬运作业才能最后实现船与陆地之间货物过渡的目的。

④汽车装卸。一般一次装卸批量不大,由于汽车的灵活性,可以少量或根本省去搬运活动,而直接、单纯利用装卸作业达到车与物流设施之间货物过渡的目的。

⑤飞机装卸。装机人员依据《装机工作单》或《出港货物邮件交接单》对货邮进行核实与检查,并通常按照"装前卸后"的原则,先装飞机的前下货舱,后装飞机的后下货舱和主货舱。装卸货物过程中应随时注意飞机重心的非正常变化。

(2)按装卸的机械及作业方式分类。

按装卸的机械及作业方式不同,装卸搬运的基本方法有"吊上吊下""叉上叉下""滚上滚下""移上移下"及"散装散卸"等方式。

①吊上吊下方式。是采用各种起重机械从货物上部起吊,依靠起吊装置的垂直移动实现装卸,并在起重机运行的范围内或回转的范围内实现搬运,或依靠搬运车辆实现搬运。由于吊起及放下属于垂直运动,这种装卸方式属垂直装卸。

②叉上叉下方式。是采用叉车从货物底部托起货物,并依靠叉车的运动进行货物位移,搬运完全依靠叉车本身,货物可不经中途落地直接放置到目的处。这种方式垂直运动不大而主要是水平运动,属水平装卸方式。

③滚上滚下方式。主要指港口装卸的一种水平装卸方式。利用叉车或半挂车、汽车承载货物,载货车辆载着货物一起开上船,到达目的港后再从船上开下,称为滚上滚下方式。利用叉车的滚上滚下方式,在船上卸货后,叉车必须离船;利用半挂车、平车或汽车的滚上滚下方式,拖车将半挂车、平车拖拉至船上后,拖车开下船,而载货车辆连同所载货物一起运到目的地,再原车开下或拖车上船拖拉半挂车、平车开下。

④移上移下方式。在两车(如火车及汽车)之间进行靠接,然后利用各种方式,不使货物垂直运动,而靠水平移动从一个车辆推移到另一个车辆上,称为移上移下方式。移上移下方式需要使两辆车水平靠接,因此,对站台或车辆货台需进行改造,并配合移动工具实现这种装卸。

⑤散装散卸方式。是对散装货物进行装卸。一般从装点直到卸点,中间不再落地,这是集装卸与搬运于一体的装卸方式。

此外,还可按被装物的主要运动方式划分,可分为垂直装卸和水平装卸;按装卸搬运作业对象划分,可分为散装货物装卸、单件货物装卸、集装货物装卸;按装卸搬运的作业特点划分,可分为连续装卸与间歇装卸等。

2)装卸机械的选择

货物装卸机械装卸机械是用来完成船舶与车辆的装卸,场库货物的堆码、拆垛与转运以及舱内、车内作业的起重机械。装卸机械是现代化港站不可缺少的设备。装卸机械的种类很多,通常可分为两类:一类是同定在货位或泊位上为装卸车、船服务的装卸机械和同定在仓库或堆场为进出库服务的装卸机械,另一类是可从事各种作业的流动机械,主要有以下几种。

(1)起重机械。起重机械是周期性间歇动作的机械。常用的起重机械有桥式起重机、旋转式起重机和升降机等。

(2)连续输送机械。连续输送机械是沿着一定的运输路线连续地运输货物的机械。一般适用于同一类型的货物(件货或散货),但不适于搬运单件重量很大的货物。大多数的连续输送机不能自行取货,需采用供料设备。其种类主要有带式输送机、链式输送机、斗式提升机以及气力输送机和螺旋输送机等。

(3)装卸搬运机械。装卸搬运机械是一些可用于水平搬运和堆码货物的机械。主要有叉式装卸车、牵引车、跨运车、单斗车、搬运车和平板车等。

二、汽车运输装卸工作组织

装卸工作组织手段通常有两种,一种是采取必要的技术措施对装卸设备进行技术改造,购置比较先进的装卸机械,有计划地逐步做到装卸机械化与自动化。这种方式是应予以坚持和发展的方向,但要受到客观条件的制约。另一种是加强对既有人力、物力、财力的组织,并采用科学的组织方法,一方面充分利用车辆载质量和容积,巧装满载;另一方面提高装卸效率,把装卸停歇时间压缩到最低限度。这种策略实用性强,对提高汽车运输效率具有很大的实际意义。接下来,论述提高运输装卸工作组织效率的具体措施。

1.提高载运工具的载质量利用

载运工具是货物运输的主要工具,努力提高载运工具的使用效率,意味着用同样的载运工具,可以运送更多的货物。载运工具使用效率越高,运输成本则越低。

载运工具载质量利用有两方面的含义,一方面是要最大限度地利用载运工具载重力,另一方面是要充分利用载运工具的有效容积。载运工具载质量是根据载运工具结构所能承担的负载能力,在充分保证行驶安全的条件下所规定的容许载质量,又称"标记载质量"(简称标重)。但是,由于载运工具结构和尺寸不同,各种载运工具的比容(即每一吨载重力所分摊到的容积)也不相同。货物有重质和轻浮之分。重质货物可以装足载运工具的标重,但不一定装满容积,轻浮货物则装满了容积还达不到标重。因此,如何使载运工具与货物相配合,既提高载运工具静载重,又不增加载运工具的空走行,是一个值得研究的问题。

载运工具载质量利用程度可用平均静载重、动载重、静载重利用率及载运工具的生产率等 指标加以衡量。

(1)静载重。

静载重是指在一定时期内,每一运输工具在始发港站平均所装载的货物吨数,按下式计算：

$$P_{\text{静}} = \frac{\sum P}{U_{\text{装}}} \tag{6-42}$$

式中：$P_{\text{静}}$——平均静载重[t/车(机、船)]；

$\sum P$——一定时间内货物发送总吨数(t)；

$U_{\text{装}}$——一定时间内的总装车(机、船)数。

（2）动载重。

静载重只说明载运工具标记载质量的利用程度，而不能反映整个运送过程中载质量的利用水平。能够更全面表示载运工具载质量利用程度的是载运工具的动载重。动载重是载运工具平均每运行1km所完成的货物吨公里数。又分为有载动载重和载运工具动载重两种，在铁路运输中分别称为重车动载重及运用车动载重。

①有载动载重是指所有运输工具平均每有载运行1km完成的货物吨公里数，可用下式计算：

$$P_{\text{动}}^{\text{重}} = \frac{\sum PL}{\sum nS_{\text{重}}} \tag{6-43}$$

式中：$P_{\text{动}}^{\text{重}}$——有载动载重[t/车(机、船)]；

$\sum PL$——一定时间内完成的货物总吨公里(t·km)；

$\sum nS_{\text{重}}$——一定时间内总有载行驶公里[车(机、船)·km]；

n——营运用车数。

②载运工具动载重是指载运工具平均运行1km(包括空驶)所完成的货物吨公里数，可用下式计算：

$$P_{\text{动}}^{\text{运}} = \frac{\sum PL}{\sum nS_{\text{重}} + \sum nS_{\text{空}}} = \frac{P_{\text{动}}^{\text{重}}}{1 + \alpha} \tag{6-44}$$

式中：$P_{\text{动}}^{\text{运}}$——载运工具动载重[t/车(机、船)]；

$\sum nS_{\text{空}}$——一定时间内总空驶公里[车(机、船)·km]；

α——载运工具空驶率，为一定时间内空驶公里与有载行驶公里之比。

（3）静载重利用率。

静载重利用率是载运工具静载重与其标记载质量的比，也是载运工具载质量被利用的百分比率，可用下式计算：

$$\lambda_{\text{静}} = \frac{P_{\text{静}}}{P_{\text{标}}} \times 100\% \tag{6-45}$$

式中：$P_{\text{标}}$——车(机、船)平均标记载重(t)。

（4）载运工具的生产率。

载运工具的生产率是指单位载运工具(每营运车辆，水运和航运中一般指每营运吨位)在一定时间内(通常为1天)平均完成的货物吨公里数。它是衡量载运工具利用质量的综合指标，既反映载质量利用水平，也反映载运工具周转的快慢。可用下式计算：

①车辆生产率：

$$H = \frac{\sum PL}{n} = \frac{\sum PL}{\sum nS} \cdot \frac{\sum nS}{n} = P_{动}^{运} \cdot S_{车} = \frac{P_{动}^{重} \cdot S_{车}}{1+\alpha} \tag{6-46}$$

式中：H——车辆昼夜生产率$[t \cdot km/(车 \cdot 天)]$；

$\sum nS$——一天的总车公里数；

$S_{车}$——每辆车平均一天的走行公里数。

②船(机)营运吨位生产率：

$$H = \frac{\sum PL}{D_{定}} \tag{6-47}$$

式中：H——船(机)营运吨位昼夜生产率$[(t \cdot km)/t]$；

$D_{定}$——平均每天保有的船机吨位数。

2.提高载运工具的载质量利用

提高载运工具载质量利用的途径主要有两个：一是合理调配使用载运工具，二是巧装满载。

1)合理调配使用载运工具

合埋调配使用载运工具是从运输系统的整体来研究提高载运工具载质量利用效率。衡量合理调配使用载运工具，提高载质量利用效率的指标是载运工具动载重。所以合理调配使用载运工具必须从下述3个方面来考虑。

(1)高载运工具的平均静载重。因为不同种类的载运工具适于装运不同性质的货物，如果种类不适合，既影响货物运输的安全，又不能提高装载量。所以，如有若干不同的方案安排各类载运工具装运不同的货物，必须使所有载运工具总的载质量利用率最高，这样才能使平均静载重达到最高。

(2)高有载动载重。在完成同样吨公里任务的情况下，大型载运工具和载质量利用率高的载运工具完成的吨公里比重增加，有载公里减少，有载动载重也就能提高。所以，加快大型载运工具的周转，让大型载运工具和载质量利用率高的载运工具装运更多的货物，可以提高有载动载重。

(3)减少空驶率。一方面是要合理调整空车(机船)径路，缩短空车(机船)走行距离，另一方面是要提高主要货流方向载运工具的装载量。

合理调配使用载运工具，主要有以下方法：

(1)载运工具与货物配合。载运工具与货物配合，从生产调度角度来看，应尽最大努力做到按货配车(机船)；而从货运工作来看应做到按车(机船)配货，重质货物装大型工具，轻浮货物装小型工具。但是，当一个运输企业有多种工具要装运多种货物时，为了使总的载质量利用效率最高，就有一个综合优化的问题。

(2)载运工具种类流向适合货物流向。该方法主要是针对铁路运输这种货车在全路通用的运输方式。根据货流特点，全面安排载运工具的使用，提高载质量总的利用效率。保证主要货流方向达到充分满载，减少空载率，避免回程空载。

2)巧装满载

巧装满载就是千方百计改进装载方法,提高货车的装载量。主要方法如下:

(1)改善货物包装及其状态。通过机械打包、包装标准化、机械解体等方法使货物的比重和状态与通用运输工具相适应。

(2)货物轻重配装。轻重配装的目的是充分利用载运工具的载重力和容积,节约吨位。装载时应先装重质货物,后装轻浮货物。为了使配装得到最大效果,必须使所装货物的加权平均单位体积重量等于载运工具的比载重,并定出重质货物和轻浮货物的正确比例。重质与轻浮货物的比例关系可用下式来计算:

$$\begin{cases} P_{\text{标}} = P_{\text{重}} + P_{\text{轻}} \\ V_{\text{有效}} = V_{\text{重}} + V_{\text{轻}} = \dfrac{P_{\text{重}}}{\gamma_{\text{重}}} + \dfrac{P_{\text{轻}}}{\gamma_{\text{轻}}} \\ P_{\text{重}} = \dfrac{P_{\text{标}} - V_{\text{有效}}\gamma_{\text{轻}}}{1 - \dfrac{\gamma_{\text{轻}}}{\gamma_{\text{重}}}} \\ P_{\text{轻}} = P_{\text{标}} - P_{\text{重}} \end{cases} \tag{6-48}$$

式中: $P_{\text{标}}$ ——载运工具标记载质量(t);

$V_{\text{有效}}$ ——载运工具有效容积(m^3);

$P_{\text{重}}$ ——应装的重质货物(t);

$P_{\text{轻}}$ ——应装的轻浮货物(t);

$V_{\text{重}}$ ——重质货物的有效容积(m^3);

$V_{\text{轻}}$ ——轻浮货物的有效容积(m^3);

$\gamma_{\text{重}}$ ——重质货物单位体积质量(t/m^3);

$\gamma_{\text{轻}}$ ——轻质货物单位体积质量(t/m^3)。

(3)合理装载货物。合理装载货物的目的是要充分利用载运工具的有效容积,合理利用载运工具的长度、宽度和高度,提高装载量。

①紧密装载,设法减少货物之间的间隙。

②多层装载与起脊装载,充分利用空间。

③正确配置货物。货物在车厢内配置方法不同,货车容积的利用效率就不一样,选择最好的方法能提高装载量。

图6-22为长方体保障货物在车内配置的可能方案。为了选择最好的配置方案,下面介绍一种确定铁路棚车合理装载包装货物的方法。这种方法的理论依据是:如果同时装满三辆类型相同的货车,但是每辆车都剩余1cm的空隙没有装满。第1辆车是长度上剩余1cm,如图6-23a)所示。第2辆车是宽度上剩余,如图6-23b)所示,第3辆车是高度上剩余1cm,如图6-23c)所示。这三种情况,所空余的容积是不一样的。第1辆车空余容积最小,第2辆次之,第3辆最大。因此,为了使空余容积最小,应首先装满车辆的高度和宽度,最好再确定在车辆长度方面应装载的件数。

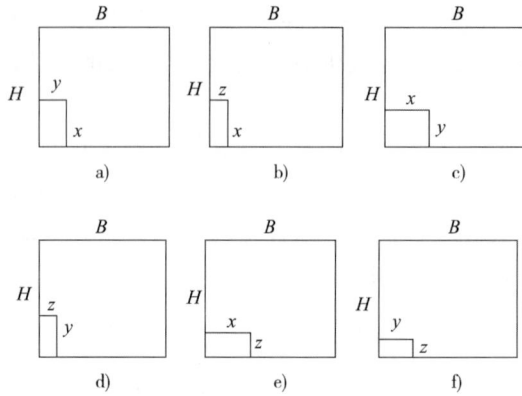

图 6-22　长方体包装货物在车内可能配置方案

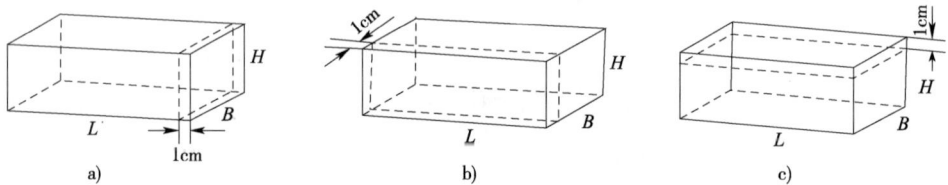

图 6-23　铁路棚车合理装载包装货物的方法

（4）正确测定货物的体积，防止亏吨。散堆装货物如煤、碎石、沙子等，单位体积重量比较大，使用敞车装运，都能达到车辆标重。确定货物的质量可采用轨道衡，最好是用电子秤，但是，不是所有的装车点都有轨道衡和电子秤。利用测量体积的方法确定质量，一是要正确测定货物的单位体积质量，二是要正确掌握货物的装载高度，装够一定高度，就能满载。

（5）制订载运工具的装载技术标准。同一种货物的打包方法、包装尺寸、包装材料和装载方法不同，载运工具装载量差别是很大的。制订载运工具技术装载标准，是要最充分地利用载运工具的载质量和容积，同时还应保证运行安全、货物完整，便利装卸作业和使用装卸机械。

提高载运工具的载质量利用，是一个综合性技术组织问题，包括采用先进的货运形式、选择运输径路及合理组织装卸工作，还要求针对不同类型的载运工具、运送条件及货物批量特性，合理确定载质量构成、货物包装标准等内容。如何提高载运工具的载质量利用，是一个需要深入研究的问题。

3. 缩短装卸工作停歇时间

车辆因完成货物装卸工作所占用的全部时间，称为车辆装卸工作停歇时间，它主要由以下几部分时间构成。

（1）车辆到达作业地点后，等待装卸货物的时间。

（2）车辆在装卸货物前后，完成调车和摘挂作业的时间。

（3）直接装卸货物的作业时间。

（4）办理有关商务作业的时间。

车辆停歇时间必须尽可能缩短，非作业性停歇时间纯属一种浪费，应通过加强车辆调度和对驾驶员教育等措施，力争消灭或缩短到最低限度。技术作业、商务作业和装卸作业停歇时间虽是运输生产所必需的，但它们毕竟属于辅助性的作业时间，尽量缩短这部分时间就可增加车辆的运行时间，从而有利于提高运输效率。

车辆生产率与装卸工作停歇时间之间，存在着函数关系。随着装卸工作停歇时间的增加，车辆生产率将逐渐下降。当装卸工作停歇时间增加到一定程度时，对于车辆生产率的影响幅度就很小，此时的车辆生产率将趋近于零。在短途运输中，这种情况更为明显。努力缩短装卸工作停歇时间，对于提高车辆生产率和降低运输成本有重要的意义。

车辆等待装卸时间的长短，取决于作业点的装卸能力与需要进行装卸作业车辆数之间相互适应和协调的程度。如果装卸能力大于（或等于）需要进行装卸作业的车辆数，则车辆等待装卸时间一般不该发生；只有当车辆到达很不均衡，某段时间内车辆过于集中时，才会使某单位时间内的装卸作业车辆数增多并且达到一定程度，不仅会产生严重的待装卸现象，甚至使得一些车辆的装卸作业无法进行。

为压缩装卸时间，提高装卸效率，一般采取如下组织措施：

（1）制订科学合理的装卸搬运工艺方案。

首先，要确定计划期内的装卸任务量。同时，还要把装卸作业货物的品种、数量、规格、质量指标以及搬运距离做出详细的规划，并根据装卸任务、装卸设备生产率和需用台数，编制装卸作业进度计划包括装卸搬运设备作业时间表和作业顺序。编制的工艺方案要合理，尽量减少二次搬运和临时停放，使搬运次数尽可能减少。

其次，要制订各种装卸作业时间定额。通过装卸作业时间定额的制订，使方案建立在先进合理的水平上，加强和改善了装卸劳动组织管理，提高了装卸搬运效率。

（2）合理规划装卸搬运作业现场。

装卸作业现场的平面布置是直接关系到装卸搬运距离的关键因素。装卸机械要与货场长度、货位面积等互相协调，要有足够的场地集结货物，并满足装卸机械工作面积的要求。场内的道路布置要为装卸、搬运创造良好的条件，以有利于加速货位的周转。装卸搬运距离的平面布置要适当，以减少装卸搬运距离。

要做好装卸搬运现场组织工作，使现场的作业场地、进出口通道、作业线长度、人机配置等布局设置合理，能使现有的和潜在的装卸能力充分发挥，避免由于组织管理工作不当造成装卸现场拥挤、阻塞、混乱现象，确保装卸工作能够安全、顺利地进行。

（3）应用现代通信技术，及时掌握装卸任务信息。

建立现代通信系统对装卸搬运组织工作有重要的影响。及时掌握车辆到达时间等有关信息，是减少车辆等待装卸作业时间的一个有效措施。应当根据有关技术条件的应用情况，建立车辆到达预报系统，根据车辆到达时间、车号、货物名称、收发货单位等的报告，及时与收货单位取得联系，事先安排装卸机具和劳力，做好装卸前的准备工作，保证车到即可及时装卸。

（4）加强装卸工作的调度指挥，合理支配装卸劳动力和机具。

要充分发挥装卸搬运现场组织人员的作用,根据货物信息和车辆预报到达时间,对所需装卸工人的人数,装卸点的作业能力,装卸工人的技术专长和体力状况,装卸工具、设备和防护用品的配备等统一调配。装卸作业的安排,应尽可能采用分班作业的办法,以适应运输车班的需要。即使在装卸劳力比较紧张的情况下,也应适当留有一部分机动装卸工人,以备临时装卸车急需或其他情况所用。

(5)逐步实行装卸机械化、自动化。

实现装卸机械化和自动化,是提高装卸质量和装卸效率、减轻工人的劳动强度、降低装卸成本的有效措施。这项工作对于装卸任务量大的场站来说尤其重要。总而言之,在进行汽车运输装卸机械化建设时,既要立足于现在,又要看到将来;既要充分挖潜,又要引进和采用新技术;既要作业效率高,又要经济效益好。具体来讲,装卸机械的选择和应用,应注意以下原则:

①应充分考虑汽车运输生产的特点。

②应充分考虑营运地区内的主要货流及其特征。

③应充分考虑综合运输发展的需要。

④应充分考虑全社会的经济效益。

(6)采用"就近装卸"法或"一次作业"法进行装卸。

将车辆直接停靠于货物堆存地点(站台或仓库)旁进行装卸作业的组织工艺,称为"就近装卸"法。它可避免货物由于搬运距离过长而导致装卸作业时间的延长。当车辆不能直接停靠在站台或仓库旁时,则可采用"就地装卸"法。这种"先卸后搬"或"先搬后装"的操作工艺,要求车辆到达卸车作业地点后先就地卸货,待卸货完毕车辆驶离之后,再将卸下的货物搬运至堆存地点;或进行装车作业时,先将待装货物搬运至车辆停车地点,待车辆到达后即可直接装车。"就地装卸"法虽可减少整个车辆装卸作业停歇时间,但它不符合物料搬运"作业量最少"原则,所以应根据具体情况灵活运用。

"一次作业"法也就是"连卸带装"的组织工艺。它是指在同一地点进行装卸作业时,利用装卸工人卸货搬运后返回的机会,将应装运的货物随即捎运至待卸车旁,待该车卸货完毕后立即装车。这种方法装卸工人劳动强度较大,故采用机械搬运时较为合适。

思考与练习

1. 结合实际说明不合理的运输形式有哪些?

2. 大宗货物车辆行驶路线有哪些类型?其优选的标准是什么?

3. 零担货物车辆行驶路线有哪些类型?其优选的标准是什么?

4. 简述运输线路优化的节约里程法的基本原理与基本步骤。

5. 简述车辆选择的依据与技术方法。

6. 简述汽车运输装卸工作组织流程。

7. 已知配送中心 P_0 向 5 个用户 $P_j(j=1\sim5)$ 配送货物,其配送路线网络、配送中心与用户的距离以及用户之间的距离如图 6-24 所示,配送中心有 3 台 2t 载货汽车和 2 台 4t 两种车辆可供使用。利用节约里程法制定最优的配送方案。

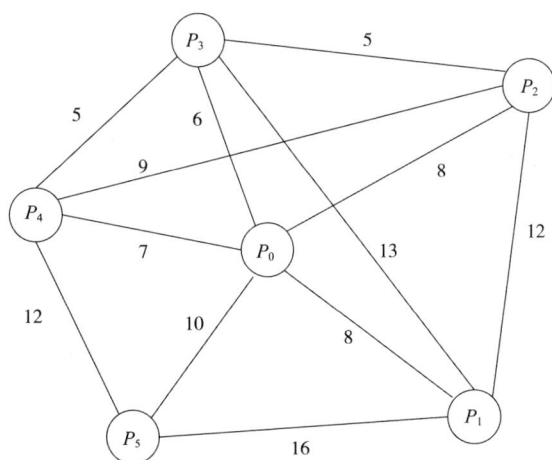

图 6-24 距离示意图

8. 某商品有 3 个生产基地和 3 个需求地。各生产基地能供应的生产量分别为：A_1（10t），A_2（7t），A_3（5t）。各需求地的需求量分别为：B_1（6t），B_2（8t），B_3（8t）。从生产基地到需求地的产品单位运价见表 6-10。如何规划运输方案才能使总运输费用最低？

从生产基地到需求地的产品运价表（单位：千元/t）　　　　　　表 6-10

生产地　　　　需求地	B_1	B_2	B_3
A_1	1	10	5
A_2	9	2	4
A_3	12	7	3

第七章　公路特殊货物运输组织

按货物的运输和保管条件不同,可以将货物分为普通货物和特种货物。由于特种货物本身的性质比较特殊,进而对装卸、运送和保管等环节均有特殊要求,特种货物通常可分为长大笨重货物、危险货物、鲜活易腐货物。国家对特种货物的运输有专门的要求。

第一节　大件货物运输

随着经济的发展和社会的进步,工业设备向着大型化、重型化和超重型化发展。电力、化工、冶金、建材等的单套设备的容量、生产能力越来越大,单件设备质量可达数百吨,长度与高度都远远超出一般的公路通行界限。大件货物的运输量呈现逐年上升的趋势。如何组织好这些与国民经济关系重大的大型设备的安全运输工作,对发展我国工业、支援农业等都具有十分重要的意义。

一、大件货物的概念

大件货物也称为超限货物,包括长大货物和笨重货物。大件货物是指符合下列条件之一的货物:

(1)货物外形尺寸条件。长度在14m以上或宽度在3.5m以上或高度在3m以上的单件货物或不可解体的成组(成捆)货物。满足上述货物外形尺寸条件(长度、宽度或高度)之一,甚至几者皆而有之的货物称为长大货物。

(2)质量条件。质量在20t以上的单件货物或不可解体的成组(成捆)货物,这类货物又称笨重货物。笨重货物的质量是指货物毛重,即指货物的净重加上包装材料质量和支撑材料质量后的总质量,一般以厂家提供的货物技术资料所表明的质量为参考数据。

根据笨重货物质量在车辆底板上的分布情况,又可以将其分为均重货物和集重货物。

(1)均重货物是指其重量能够均匀或近似均匀地分布于装载车辆底板上的货物。

(2)集重货物是指其重量集中于装载车辆底板上的某一小部分上的货物。对于集重货物,在确定其装载方案时,需要在其下面铺一些垫木,使其重量比较均匀地分散于底板上。

根据《道路大型物件运输管理办法》(1995年12月4日　原交通部交公路发〔1995〕1154号)的规定,大件货物按照货物外形尺寸条件和重量条件(含包装材料重量和支撑材料重量)可以分为4级,见表7-1。

公路大件货物分级　　　　　　　　　　　　　　　　　表7-1

大件货物级别	质量(t)	长度(m)	宽度(m)	高度(m)
一	20 ~ (100)	14 ~ (20)	3.5 ~ (4.5)	3.0 ~ (3.8)
二	100 ~ (200)	20 ~ (30)	4.5 ~ (5.5)	3.8 ~ (4.4)

大件货物级别	质量(t)	长度(m)	宽度(m)	高度(m)
三	200 ~ (300)	30 ~ (40)	5.5 ~ (6.0)	4.4 ~ (5.0)
四	300 以上	40 以上	6.0 以上	5.0 以上

注:1.括号内的数字表示该项参数不包括括号内的数值。

2.货物的外形尺寸条件和重量条件中,有一项达到表中所列数值,即为该级别的大件货物;若同时达到两种等级以上,则按最高级别确定大件货物的等级。

二、大件货物运输的特殊性

(1)载运工具的特殊性。大件货物要用非常规的超重型汽车列车(车组)来运输,其牵引车和挂车都必须用高强度钢材和大负荷轮胎制成,不仅列车的造价高,而且对于列车行驶平稳性和安全性的要求也很高。

(2)道路条件要求很高。由于大件货物外形尺寸和质量上的要求的特殊性,由此要求通行的道路有足够的宽度、净空和良好的道路线形,要求通过的桥涵要有足够的承载能力,必要时还需要封闭路段,让载运车辆单独安全通过。这就需要公路管理、公安、交通、电信电力等专管部门的同意及通力配合,才能使得大件货物的运输顺利实现。

(3)安全性要求很高。"安全质量第一"是大件货物运输的指导思想和行动指南。大件货物运输要求有严密的质量保证体系,任何一个环节都要有专人负责,按规定按要求严格执行,经检查合格才能运行。

三、大件货物的运输组织

大件货物的运输组织主要包括办理托运、理货、验道、制订运输方案、签订运输合同、运输现场组织以及运费结算等。

1.办理托运

托运人必须向已取得道路大型物件运输经营资格的运输业户或其代理人办理托运;托运人必须在运单上如实填写大型物件的名称、规格、件数、件重、起运日期、收发货人详细地址及运输过程中的注意事项;托运人还必须向承运人提交货物说明书,需要时应提供大件货物外形尺寸的三视图(并用"+"表示重心位置)和计划装载、加固等具体意见及要求。凡未按上述规定办理大件货物托运或运单填写不明确,由此发生运输事故的,由托运人承担全部责任。

2.理货

大件货物承运人在受理托运时,承运大件货物的级别必须与批准经营的类别相符,不准受理经营类别范围以外的大型物件;必须根据托运人填写的运单和提供的有关资料,予以查对核实货物的特性、外形尺寸、质量、质量分布情况、重心位置、货物承载位置、装卸方式,以及其他技术经济资料等,上述工作便是理货工作。理货完成后,应完成理货书面报告,理货可以为合理选择车型、查验道路及制订运输方案等提供依据。凡未按以上规定受理大型物件托运,由此发生运输事故的,由承运人承担全部责任。

3.验道

承运人应根据大件货物的外形尺寸和车货质量,在起运前会同托运人勘察作业现场和运行路线,查验沿途道路宽度、坡度、线形、高空障碍和桥涵通过能力,还要查验装卸货现场的负荷能力;还需要了解运行路线附近有无电缆、煤气管道或其他地下建筑等。验道完毕,根据勘查的结果预测作业时间,编制运行路线图,完成验道报告。

4. 制订运输方案

在对理货报告和验道报告充分分析与研究的基础上,制订周密的、安全可行的运输组织方案。运输组织方案的具体内容包括选用车辆、挂车及附件,确定车辆运行的最高车速,确定货物的装卸方案和加固方案,确定配备的辅助车辆数量,制订运行技术措施等,最终完成运输方案书面报告。货物运输涉及其他部门的,还应事先向有关部门申报并征得同意,方可起运,并按照核定的路线和时间行驶。

5. 签订运输合同

完成上述工作后,承托双方便可以签订运输合同。运输合同的主要内容包括:大件货物的基本数据,运输车辆数据,运输的起止地点,运输时间和运输距离,合同的生效时间,承托双方的责任与义务,运费的结算方式和付款方式等。

6. 运输现场组织

(1)为确保大件货物运输的安全,应建立临时组织机构负责运输组织方案的实施与协调各方关系,督促各方执行岗位责任。

(2)大件货物的装卸质量直接影响到运输安全,鉴于大件货物的特点,对于装运车辆的性能和结构、货物的装载和加固技术等都有一定的特殊要求,为了保证货物和车辆完好,保证车辆运行安全,货物装卸必须满足以下基本技术条件。

①货物的装卸应尽可能选用适宜的装卸机械,装车时应使货物的全部支承面均匀地分布在车辆底板上,以免损害车辆底板或大梁。

②装运货物的车辆,应尽可能选用大型平板车等专用车辆。除有特殊规定外,装载货物的质量不得超过车辆的核定吨位,其外形尺寸不得超过规定的装载界限。

③支承面不大的笨重货物,为使其质量均匀地分布在车辆底板上,必须将货物安置在纵横垫木上(或相当于起垫木作用的设备上)。

④货物的重心应尽量置于车底板纵、横中心线交叉点的垂直线上。

⑤重车重心高度应符合相关要求,重车重心如果偏高,除应认真进行装载加固外,还应采取配重措施以降低重心高度,但需要注意货物和配重的总质量不得超过车辆的核定吨位。

重车重心高度的计算公式为:

$$h = \frac{h_c Q_c + h_h Q_h}{Q_c + Q_h} \tag{7-1}$$

式中:h——重车重心距地面的高度(mm);

h_c——车辆重心距地面的高度(mm);

Q_c——车辆自重(kg);

h_h——装于车上的货物的重心距地面的高度(mm);

Q_h——装于车上的货物的重量(kg)。

⑥货物装车完毕后,应根据货物的形状、重车重心高度、运行线路、运行速度等情况,采取不同的措施进行加固,以确保行车安全。这是因为大件货物置于车辆(尤其是平板车辆)

上运输时,比普通货物更容易受到各种外力的作用,包括纵向惯性力、横向离心力、垂直冲击力、风力以及货物支承面与车底板(或垫木)之间的摩擦力等,如图 7-1 所示。这些外力综合作用可能会使货物发生水平移动、滚动甚至倾翻。

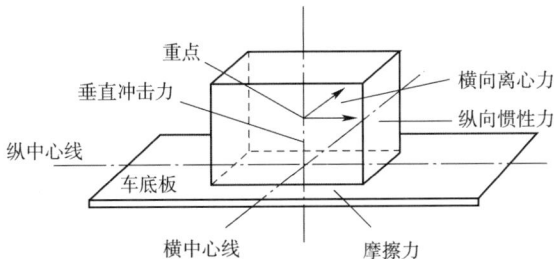

图 7-1 大件货物受力情况

(3)大件货物运输的装卸作业,由承运人负责的,应根据托运人的要求、货物的特点和装卸操作规程进行作业;由托运人负责的,承运人应按约定的时间将车开到装卸地点,并监装、监卸。在货物的装卸过程中,由于操作不当或违反操作规程,造成车货损失或第三者损失的,由承担装卸的一方负责赔偿。

(4)运输大件货物,应按有关部门核定的路线行车。白天行车时,悬挂标志旗;夜间行车和停车休息时装设标志灯。

7.运费结算

(1)大件货物运输费用按交通主管部门和物价管理部门的有关规定,由承、托双方协商确定。

(2)因运输大件货物发生的道路改造、桥涵加固、清障、护送、装卸等费用,由托运人负担。

第二节　危险货物运输

一、危险品货物运输概述

1.危险货物的定义

国家标准《危险货物分类和品名编号》(GB 6944—2012)中对危险货物的定义为"凡具有爆炸、易燃、毒害、感染、腐蚀、放射性等危险特性,在运输、储存、生产、经营、使用和处置中,容易造成人身伤亡、财产损毁或环境污染而需要特别防护的物质和物品,均属于危险货物。"这一概念包括以下 3 层含义:

(1)具有爆炸、易燃、毒害、感染、腐蚀、放射性等危险特性。非常具体地指明了危险货物本身所具有的特殊性质,是造成火灾、灼伤、中毒等事故的先决条件。

(2)易造成人身伤亡、财产损毁或环境污染。指出了危险货物在一定条件下,由于受热、明火、摩擦、振动、撞击、泄露或与性质相抵触物品接触等,发生化学变化所产生的危险效应,不仅使危险货物本身遭到损失,更严重的是危及人身安全、破坏周围环境。

(3)在运输、储存、生产、经营、使用和处置中需要特别防护。这里的特别防护不仅是一般普通货物必须做到的轻拿轻放、谨防明火,而且是必须针对危险货物本身的理化性质,采取相应的防护措施,如爆炸品可采取添加抑制剂的措施;部分有机过氧化物采取控制环境温度的措施。

因此,构成危险货物定义中上述三项要素必须同时具备(缺一不可)的货物方可称为危险货物。

2. 危险货物的分类

物质的理化性质的不同,是决定物质是否能燃烧、爆炸或具有其他危害性的重要因素。例如,有些物质本身的原子比较活泼,能与空气中的氧气在常温下进行反应,并放出热能;有些物质能与水进行反应,置换出氢气,在常温下反应也极为剧烈;有的物质有氧化性或还原性;有的在常温下是气态的物质,与空气混合能形成易燃、易爆的混合蒸汽;有的物质是液态或固态,但暴露在空气中,遇明火极易燃烧;还有的物质本身就不稳定,当受热、振动或摩擦极易分解导致危害;有的物质具有毒性和放射性等。因此,危险货物是各类需运输的危害性物品的总称,尤其是化学危险物品种类繁多,性质各异,有的还相互抵触。为了保证储运安全,方便运输,有必要根据各种危险货物的主要特性对危险货物进行分类。

根据危险货物分类和品名编号(GB 6944—2012)对危险品进行了类型划分。按危险货物具有的危险性或最主要的危险性分为9个类别。其分类序列和名称依次为:第1类,爆炸品;第2类,气体;第3类,易燃液体;第4类,易燃固体、易于自燃的物质、遇水放出易燃气体的物质;第5类,氧化性物质和有机过氧化物;第6类,毒性物质和感染性物质;第7类,放射性物质;第8类,腐蚀性物质;第9类,杂项危险物质和物品,包括危害环境的物质。

3. 危险货物的品名编号

1) 危险货物的品名

确认某一货物是否为危险物品,是危险货物运输管理的前提,也是保证客运和普通货物运输安全的前提。仅凭危险品的定义和危险品的分类标准来确认某一货物是否为危险货物,在具体操作上常有困难,承托双方也不可能对众多的危险品到需运输时再做技术鉴定判断,而且有时还会引起承托各方的矛盾。所以,各种运输方式在确认危险货物时,都采取了列举原则。2012年5月11日颁布实施的国家标准《危险货物品名表》(GB 12268—2012),规定了4000多种危险货物的品名,危险货物的每个品名都有对应的危险货物编号。

2) 危险货物的编号

危险货物编号由5位阿拉伯数字组成,第1位数字表明危险货物的类别(即其主要危险特性),第2位数字代表危险货物的项别,第3~5位数字表示危险货物的顺序号。危险货物的品名编号如图7-2所示。

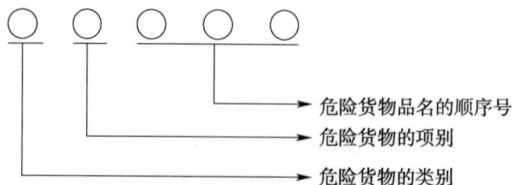

图7-2 危险货物品名编号

原则上,每一危险货物的品名规定一个编号,如品名编号11030(硝酸重氮苯)属于第1

类爆炸品中的第 1 项"有整体爆炸危险的物质和物品",该物品在爆炸品中的顺序编号为030。

二、危险货物对运输工作的要求

1. 爆炸品

爆炸品,指在外界作用下(如受热、撞击等),能发生剧烈化学反应,瞬时产生大量的气体和热量,使周围压力急剧上升,发生爆炸,对周围环境造成破坏的物品。它也包括无整体爆炸危险,但有燃烧、抛射及较小爆炸危险,或仅产生热、光、音响或烟雾等一种或几种作用的烟火物品。

爆炸品货物对汽车运输工作的要求主要如下:

(1)慎重选择运输工具。汽车运输爆炸品货物禁止使用以柴油或煤气燃料的机动车,自卸车、三轮车、自行车以及畜力车同样不能运输爆炸物品。这是因为柴油车容易飞出火星,煤气车容易着火;三轮车和自行车容易翻倒,畜力车有时牲口受惊不易控制,这些对于安全运输爆炸品具有潜在危险性。

(2)装车前应将货厢清扫干净,排除异物,装载量不得超过额定负荷。押运人应负责监装,监卸,数量点收、点交清楚,所装货物高度超出部分不得超过货厢高的三分之一;封闭式车厢货物总高度不得超过 1.5m;没有外包装的金属桶(一般装的是硝化棉或引发类药)只能单层摆放,以免压力过大或撞击摩擦引起爆炸;在任何情况下雷管和炸药都不得同车装运,或者两车在同时、同一场所进行装卸。

(3)汽车长途运输爆炸品时,其运输路线应事先报请当地公安部门批准,按公安部门指定的路线行驶,不得擅自改变行驶路线,以利于加强运行安全管理,万一发生事故也可及时采取措施处置。车上无押运人员时不得单独行驶,押运人员必须熟悉所装货物的性能和作业注意事项等。车上严禁捎带无关人员和危及安全的其他物资。

(4)汽车驾驶员必须集中精力,严格遵守交通法令和操作规程。行驶中注意观察,保持行车平稳。多辆车列队运输时,车与车之间至少保持 50m 以上的安全距离。一般情况下不得超车、抢行会车,非特殊情况下不准紧急制动。

(5)装卸及运输工作人员,都必须严格遵守保密规定,对有关弹药储运情况不准向无关人员泄露。同时必须严格遵守有关库、场的规章制度,听从现场指挥人员或随车押运人员的指导。装卸时必须轻拿轻放,严防跌落、摔碰、撞击、拖拉、翻滚、投掷、倒置等,以免发生着火、爆炸。

2. 压缩、液化、加压溶解气体货物

将常温常压条件下的气压物质,经压缩或降温加压后,储存于耐压容器、特制的高绝热耐压容器或装有特殊溶剂的耐压容器中,称为压缩、液化、加压溶解气体货物。常见的气体货物有氧气、氢气、氯气、氨气、乙炔、石油气等。

本类货物的危险性主要是:

(1)容器有破裂或爆炸的危险。

(2)本类气体物质本身化学性质所引起的危险,如引起火灾、爆炸、中毒、灼伤、冻伤等危险事故。

压缩、液化、加压溶解气体货物对汽车运输工作的要求主要有以下几个方面：

(1)夏季运输除另有限运规定外，车上还必须置有遮阳设施，防止暴晒。液化石油气槽车应配备橡胶导静电拖地带。

(2)车上禁止烟火，运输可燃、有毒气体时，车上应备有相应的灭火器和防毒面具。

(3)运输大型气瓶，行车途中应尽量避免紧急制动，以防止气瓶的巨大惯性力冲出车厢平台而造成事故。运输一般气瓶在途中转弯时，车辆应减速，以防止急转弯或车速过快时，所装气瓶会因离心力作用而被抛出车厢外，尤其是市区短途运输的没有二道防振橡皮圈的气瓶更应注意转弯时的车速。

3. 易燃液体货物

易燃液体货物，指易燃的液体、液体混合物或含有固体物质(如粉末沉积或悬浮物等)的液体(但不包括因其危害性已列入其他类别危险货物的液体)，如乙醇(酒精)、苯、乙醚、二硫化碳(CS_2)、油漆类以及石油制品和含有机溶剂制品等，其主要危险是燃烧和爆炸。易燃液体货物对汽车运输工作的要求主要有以下几个方面：

(1)运输易燃液体货物，车上人员不准吸烟，车辆不得接近明火及高温场所。装运易燃液体的罐(槽)车行驶时，导除静电装置应接地良好。

(2)装运易燃液体的车辆，严禁搭乘无关人员，途中应经常检查车上货物的装载情况，如捆扎是否松动，包装件有否渗漏。发现异常时应及时采取有效措施。

(3)夏天高温季节，当天天气预报气温在30℃以上时，应根据当地公安消防部门的限运规定按指定时间内进行运输，如公安部门无具体品名限制的，对一级易燃液体(即闪点低于23℃)应安排在早、晚进行运输。如必须运输时，车上应具有有效的遮阳措施，封闭式厢应保持车厢通风良好。

(4)不溶于水的易燃液体货物原则上不能通过越江隧道，或按当地有关管理部门的规定进行运输。

(5)装卸作业必须严格遵守操作规程，轻装、轻卸、防止货物撞击，尤其是内容器为易碎容器(如玻璃瓶)时，严禁摔掼、重压、倒置，货物堆放时应使桶口、箱盖朝上，堆垛整齐、平稳。

4. 易燃固体、自燃物品和遇湿易燃物品货物运输

易燃固体货物，指燃点低，对热、撞击、摩擦敏感，易被外部火源点燃，燃烧迅速，并可能散出有毒烟雾或有毒气体的货物，如赤磷及磷的硫化物、硫黄、萘、消化纤维塑料等。

自燃物品，指自燃点低，在空气中易于发生氧化反应，放出热量，而自行燃烧的物品，如黄磷和油浸的麻、棉、纸及其制品等。

遇湿易燃物品，指遇水或受潮，发生剧烈化学反应，放出大量易燃气体和热量的物品，其中有些不需明火即能燃烧或爆炸，如钠、钾等碱金属，电石(碳化钙)等。

本类危险货物对汽车运输工作的要求主要有以下几个方面：

(1)行车时，要注意防止外来明火飞到货物中，要避开明火高温区域场所。

(2)定时停车检查货物的堆码、捆扎和包装情况，尤其是要注意防止包装渗漏留有隐患。

(3)装卸时要轻装轻卸，不得翻流。尤其是含有稳定剂的包装件或内包装是易碎容器的，应防止撞击、摩擦、摔落，致使包装损坏而造成事故。

(4)严禁与氧化剂、强酸、强碱、爆炸性货物同车混装运输。

5. 氧化剂和有机过氧化物货物运输

氧化剂系指处于高氧化态,具有强氧化性,易分解并放出氧和热量的物质。这些物质本身不一定可燃,但能导致可燃物燃烧,与松软的粉末状可燃物能组成爆炸性混合物,对热、振动摩擦较敏感,如硝酸钾、氯酸钾、过氧化钠、过氧化氢(双氧水)等。

有机过氧化物系指分子组成中含有过氧化基的有机物,其本身易爆易燃、极易分解,对于热、振动与摩擦极为敏感,如过氧化二苯甲酰及过氧化乙基甲基酮等。

本类危险货物对汽车运输工作的要求,主要如下:

(1)根据所装货物的特性和道路情况,严格控制车速,防止货物剧烈振动、摩擦。

(2)控温货物在运输途中应定时检查制冷设备的运转情况,发现故障应及时排除。

(3)中途停车时,也应远离热源、火种场所,临时停靠或途中住宿过夜,车辆应有专人看管,并注意周围环境是否安全。

(4)重载时发生车辆故障维修时应严格控制明火作业,人不准离车,同样要注意周围环境是否安全,发现问题应及时采取措施。

6. 毒害品和感染性物品货物运输

毒害品系指进入机体后,累积达一定的量,能与体液和组织发生生物化学作用或发生物理学变化,扰乱或破坏机体的正常生理功能,引起暂时性或持久性的病理状态,甚至危及生命的物品,如四乙基铅、氢氰酸及其盐、苯胺、硫酸二甲酯、砷及其化合物以及生漆等。

感染性物品系指含有致病的微生物,能引起病态,甚至死亡的物质。对这类物品无法给出衡量参数,也无法用化学实验确定,而需由卫生防疫部门认定。

本类危险货物对汽车运输工作的要求主要有以下几个方面:

(1)防止货物丢失,这是行车中要注意的最重要事项。如果丢失不能找回,毒品落到没有毒品知识的群众或犯罪分子手里,就可能酿成重大事故。万一丢失而又无法找回,必须紧急向当地公安部门报案。

(2)驾驶员要平稳驾驶车辆,勤加瞭望,定时停车检查包装件的捆扎情况,谨防捆扎松动、货物丢失。

(3)行车要避开高温,明火场所;防止袋装、箱装毒害物品淋雨受潮。

(4)用过的苫布,或被毒害品污染的工具及运输车辆,在未清洗消毒前不能继续使用,特别是装运过毒害品的车辆未清洗前严禁装运食品或活动物。

(5)毒害品装运配载时须注意:氧化剂不得与有机毒害品配装,毒害品中的氧化物不得与酸性腐蚀品配装(例如氰化钠、氰化钙遇硫酸反应会产生剧毒的氰化氢气体),其他无机毒害品与酸性腐蚀物品均应隔离配载。

7. 放射性物品货物运输

根据国家标准规定,放射性物品系指放射性比活度大于 $7.4 \times 10^4 \text{Bq/kg}$ 的物品。

一些元素和他们的化合物或制品,能够自原子核内部自行放出穿透力很强而人的感觉器官不能察觉的粒子流(射线),具有这种放射性的物质称为放射性物品。其中将比活度大于 $7.4 \times 10^4 \text{Bq/kg}$ 的物品归于危险货物中的放射性物品,而放射性比活度小于 $7.4 \times 10^4 \text{Bq/kg}$ 的物品因其放射性比活度很小,不会对人体造成危害,对其可按普通货物运输办理。

放射性物质有如块状固体、粉末、晶粒、液态和气态等各种物理形态,如铀、钍的矿石及其浓缩物,未经辐照的固体天然铀、贫化铀和天然钍以及表面污染物体(SCO)等。

本类货物对汽车运输及装卸工作的要求主要有以下几个方面:

(1)放射性物品的配载。

①除特殊安排装运的货包外,不同种类的放射性货包(包括可裂变物质货包)可以混合装运、储存,但必须遵守总指数和间隔距离的规定。

②放射性物品不能与其他各种危险品配载或混合储存,以防危险货物发生事故,造成对放射性物品包装的破坏,也避免辐射诱发其他危险品发生事故。

③不受放射线影响的非危险货物可以与放射性物品混合配载。放射性货物应与未感光的胶片隔离。

(2)放射性货物运输装卸过程中的辐射防护。

放射性照射又称辐射。辐射防护的目的是保障辐射工作人员(包括运输人员)和广大居民的健康,以及保护环境不受污染,以使伴有射线和放射性物质的生产科研活动得以顺利进行。

射线对人体的照射有两种:一种是人体处在空间辐射场中所受到的外照射;另一种是摄入放射性物质对人体或人体的某器官组织所形成的内照射。对两者照射都要进行防护。

8.腐蚀品货物运输

凡从包装内渗漏出来后,接触人体或其他货物,在短时间内即会在被接触表面发生化学反应或电化学反应,造成明显破坏现象的物品,称为腐蚀品,如硝酸、硫酸、氯磺酸、盐酸、甲酸、溴乙酰、冰醋酸、氢氧化钠、肼和水合肼、甲醛等。

本类危险品对汽车运输工作的要求主要有以下几个方面:

(1)驾驶员要平稳驾驶车辆,特别在载有易碎容器包装的腐蚀品的情况下,路面条件差、颠簸振动大而不能确保易碎品完好时,不得冒险通过。

(2)每隔一定时间要停车检查车上货物情况,发现包装破漏要及时处理或丢弃,防止露出物损坏其他包装酿成重大事故。

(3)腐蚀品的配载,应注意:

①酸性腐蚀品和碱性腐蚀品不能配载。

②无机酸性腐蚀品和有机酸性腐蚀品不能配载。

③无机酸性腐蚀品不得与可燃品配载。

④有机腐蚀品不得与氧化剂配载。

⑤硫酸不得与氧化剂配载。

⑥腐蚀品不得与普通货物配载,以免对普通货物造成损害。

(4)装卸作业时要轻装轻卸,防止撞击、跌落,禁止肩扛、背负、揽抱、钩拖腐蚀品。酸坛外包装要用绳索套底搬动,以防脱底,酸坛摔落,发生事故。

(5)堆装时应注意指示标记,桶口、瓶口、箱盖朝上,不准横放倒置,堆码要整齐、靠紧、牢固;没有封盖的外包装不得堆码。

(6)装卸现场应视货物特性,备有清水、苏打水(对酸性能起中和作用)或稀醋酸(对碱性起中和作用),以应急求之需。

(7)需要丢弃时,要注意环境安全。

9.其他危险品(杂类)

这类物品指在运输过程中呈现的危险性质不包括在上述8类危险性质的物品中。这类危险品分为两项:

(1)磁性物品,系指航空运输时,距其包装件表面任何一点2.1m处的磁场强度$H \geqslant$ 0.159A/m,因在其磁场强度范围内,对飞机的导航、通信设备有一定的影响,干扰飞行罗盘的准确性,从而影响飞机安全。

(2)另行规定的物品,这类物品特性各异,运输时应充分考虑其特性,采取相应的防护措施,包括二氧化碳(固体,也称干冰),其危险货物编号为GB92001;还包括影响飞行安全的物品(未列名的),其危险货物编号为GB92002,这类物品具有麻醉、刺激或其他类似性质,会使驾驶员情绪烦躁或不适,危及运输安全,如榴莲、大蒜油等。

三、公路危险货物运输组织管理要点

1.办理汽车危险货物运输业务有关规范

危险货物运输,要经过受理托运、仓储保管、货物装卸、运送、交付等环节,如图7-3所示。

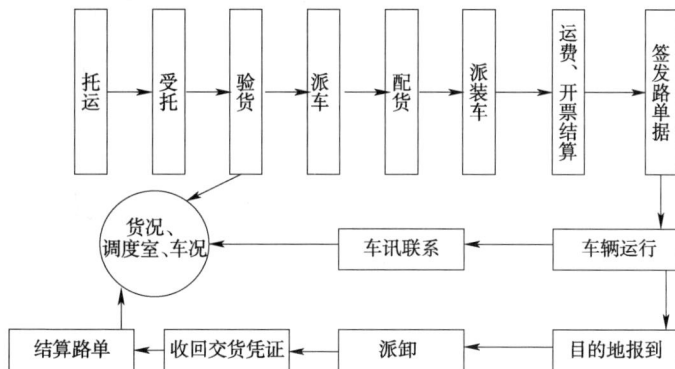

图7-3 公路危险货物运输作业程序

这些环节分别由不同岗位人员操作完成。其中,受理托运、货物运送及交接保管工作环节尤其应加强管理,其规范要点如下:

1)受理托运

(1)营业人员在受理前必须对货物名称、性能、防范方法、形态、包装、单件重量等情况向托运人进行详细了解,再根据物品的危险性能与说明,在承运单上注明。

(2)问清包装、规格和标志是否符合国家规定要求,必要时应赴现场进行了解。

(3)托运时提交的"危险货物鉴定表"是否有效,如表7-2所示。

(4)按规定需要的"转运证件"是否齐全。

(5)问清运输前准备工作是否做好,装卸现场、环境是否符合安全运输条件,必要时应赴现场勘察。

(6)到达车站、码头的爆炸品、剧毒品、一级氧化剂、放射性物品(天然铀、钍类除外),在受理前应赴现场检查包装等情况,对不符合安全运输要求的,应请托运人改善后再受理。

危险货物鉴定表 表 7-2

品名		别名	
英文名		分子式	
理化性能①			
主要成分②			
包装方法③			
中毒急救措施			
撒漏处理和消防方法			
运输注意事项④			
鉴定单位意见	属于　类　项危险货物 比照　　　品名办理 比照危规　　号包装	鉴定单位 主管部门 审核意见	（公章）
交通运输部门意见			
鉴定单位及鉴定人 发货单位		（盖章）　　　年　月　日 （盖章）　　　年　月　日	

注:①理化性能包括色、味、形态、比重、熔点、沸点、闪点、燃点、爆炸极限、急性中毒极限及危险程度。

②凡危险货物系混合物,应详细填写所含危险货物的主要成分。

③包装方法应注明材质、形状、厚度、封口、内部衬垫物、外部加固情况及内包装单位质量等。

④对该种危险货物遇到任何物质可能发生的危险,提出相应的防护措施。

2）货物运送

（1）详细审核托运单内容,发现问题要及时与营业部门联系,弄清情况后,再安排运送作业。

（2）必须按照货物性质和托运人的要求安排车班、车次,如无法按要求安排作业时,应及时与托运人联系进行协商处理。

（3）要注意气象预报,掌握雨雪和气温的变化。

（4）遇有大批量烈性易燃、易爆、剧毒和放射性物质时,须作重点安排,必要时召开专业会议,制订运输方案。

（5）安排大批量爆炸物品与剧毒物品跨省市运输时,应安排有关负责人员带队,指导装卸和运行,确保安全生产。

（6）遇有特殊注意事项,应在行车单上注明,电话派车也须交代清楚。

3）交接保管

（1）自货物交付起至运达止,承运单位及驾驶、装卸人员应负保管责任。托运人派有押运人员的应明确各自应负的责任。

（2）严格货物交接,危险货物必须点收、点交,签证手续完善。

（3）装货时发现包装不良或不符合安全要求,应拒绝装运,待改善后再运。卸货时发生货损货差,收货人不得拒收,并应及时采取安全措施,以避免扩大损失,同时在运输单证上批注清楚。驾驶员、装卸工返回单位后,应向调度汇报,及时处理。

（4）因故不能及时卸货,在待卸期间行车人员应负责对所运危险货物的看管,同时应及时与托运人取得联系,做出处理决定。

(5)如所装货物危及安全时,承运人应立即报请当地运输管理部门会同有关部门进行处理。

2.汽车运输危险货物运输车辆及站场设施管理

1)危险货物运输车辆的技术要求

危险货物具有燃烧、爆炸、毒害、腐蚀及放射等危险性质。这些性质的存在,就决定了运输危险货物车辆的结构、性能和装备必须符合一些相应的特殊要求。具体要求如下:

(1)车辆排气管应有隔热罩和火星熄灭装置。

(2)装运大型气瓶,可移动式槽罐的车辆必须装备有效的紧固装置。

(3)车厢低板必须平整完好,周围栏板必须牢固。

(4)在装运易燃易爆危险品时,一般应使用木质低板车厢,如是铁制底板,就应采取衬垫防护措施,例如铺垫胶合板、橡胶板等,但不能使用稻草片、麻袋等松软材料。

(5)装有易燃易爆危险品的车辆,不得使用明火修理或采用明火照明,不得和易产生火花的工具敲击。

(6)装运放射性同位素的专用车辆、设备、搬运工具、防护用具,必须定期进行放射性污染程度的检查,当污染量超过规定允许水平时,不得继续使用。

(7)根据所装危险货物的性质,车辆要配备相应的消防器材和捆扎、防散失、防水等工具、用具。

(8)装运危险品的车辆应具备良好避振性能的结构和装置。

(9)装运危险货物的车辆必须按国家标准《道路运输危险货物车辆标志》(GB 13392—2005)规定设置"危险品"字样的信号装置,即三角形磁吸式"危险品"字样的黄色顶灯和车尾标志牌。

(10)对运输危险货物车辆的限制:

①拖拉机不得装运爆炸物品、一级氧化剂、有机过氧化物、一级易燃物品(包括固体、液体和气体)。

②自卸车原则上不得装运各类危险货物,但沥青、粗蒽、萘,散袋硫黄除外。

③非机动车不得装运爆炸品、压缩气体和液化气体(民用液化石油气暂予免除限制)。

④畜力车不能驮运起爆器材、炸药或爆炸物品。

2)汽车危险货物运输设施管理

运输设施是指按一定技术标准建设,具有特定功能,供运输生产作业、经营活动使用的建筑物及场所。汽车危险货物运输设施,主要包括供危险货物运输使用的汽车场、汽车站、停车场、专用仓库等建筑物、场地及其他从事汽车危险货物运输生产作业、经营活动的场所。

(1)汽车危险货物运输设施的建设要求。

汽车危险货物运输设施建设,在选址、布局、结构、功能等方面,既要适应危险货物运输的技术条件、生产安全的要求,又必须符合环境保护、消防安全、劳动保护、交通管理等方面的规定。汽车危险货物运输设施,一般应建设在人口稀少的郊区,远离工厂企业、机关团体、商业网点密集及居民密集地区。建筑设计中,应充分考虑危险货物作业场所对消防措施、安全防护、三废处理、生态环境的特殊要求以及万一发生事故的应急措施等问题。

为了使储存危险货物的仓库一旦发生燃烧等危险事故时,能限制灾情的扩大,各个储存危险货物的仓库之间,要保持一定的防火安全距离,危险货物仓库之间,一般要保持防火间距 20~30m。如果是储存爆炸物品和放射性物品,则必须按国家有关规定办理。

储存危险货物的仓库,在建设设施上也有一定的要求。如仓库面积不要太大,一般不超过 400~600m² ;仓库区必须与行政管理、生活区分开;每间库房应设有两个或不少于两个的安全出入口,库门应朝外开启。储存危险货物的仓库,还应有通风、防潮、防汛和避雷设施。仓库的电源装置必须采用防爆、隔离、密封式的安全设置。汽车危险货物运输的主管机关及运输企业都应当分别制订和实施各层次的运输设施管理制度,并按照制度的要求,切实加强运输设施的使用监督和技术状况的检查、维护工作,保证运输设施技术状况的完好。

(2)汽车危险货物运输生产现场的安全管理。

运输生产现场的安全管理,主要是指对汽车危险货物运输的重点干线、车站、港口、仓库、工厂及其他有关物资单位相关场所的安全设备、环境条件、车辆进出程序、货物装卸、储存保管货物、生产组织及其他生产作业中的安全管理工作。为切实做好汽车危险货物运输现场的安全管理工作,要制订相应的管理规则、岗位责任制、工作标准、管理工作程序和货物装卸操作规程等规章制度,并严格监督执行。

在运输现场安全管理的组织措施上,汽车危险货物运输企业应建立健全运输现场安全管埋网。现场安全管理网,是在企业调度部门统一负责下,由调度、安全、质量机构及现场管理人员共同组成的管理体系。现场管理人员在人事关系上分属调度机构及有关车队领导;在业务工作上,由调度、安全、质量部门负责指导、安排具体工作任务。

各网点现场人员应掌握危险货物运输有关的政策、法规,以及制度和操作规程,建立联系制度,做好安全、质量的监督、检查工作,及时处理现场发生的问题。

第三节 冷 链 运 输

一、冷链运输概述

1.冷链运输的定义

冷链运输是指使用专门的冷链运输装备,按照冷链物流的基本要求,将易腐货物在其适宜的低温条件下从供应地向需求地完好地运送的专门技术与方法。

冷链运输与普通意义上的运输比较而言,要注意以下三点:

(1)使用装有特制冷藏设备的运输工具。

(2)运送的对象是易腐货物,包括易腐食品(如水产品、畜产品、水果和蔬菜等生鲜食品)以及花卉苗木、药品(如疫苗)等。

(3)在整个运输过程中要保证适宜的低温条件,以保持食品的原有品质,包括鲜度、色、香、味等。

2.冷链运输的适用范围

冷链运输中的易腐货物若按一般条件运输极易受到外界条件的影响而腐烂变质。冷链运输常见的易腐货物一般分为以下三类：

（1）初级农产品。动物性食品包括：肉（禽畜肉类）、鱼类、蛋类、鲜乳等；植物性食品包括：各种水果和蔬菜等；其他包括：花卉、苗木等。

（2）加工后的食品。如速冻方便调理食品、肉制品、鱼制品、蛋制品、水产品、部分罐头食品、糖果、冰淇淋等。

（3）特殊商品。包括某些化学品、药品和疫苗等。

二、易腐货物的特性及运输方法

1. 易腐货物的特性

1）易腐货物的热状态

易腐货物根据其性质和状态，在运输、储存和分配过程中，必须特别加以照料，并往往需要保持与周围环境不同的温度和湿度以限制其质量变化。根据《易腐食品控温运输技术要求》（GB/T 22918—2008），按其加工处理后的热状态的不同，可分为以下三类。

（1）冻结货物：是指通过前处理后快速冻结至 −18℃ 及以下的易腐货物。冻结货物的温度如果升高，食品的汁液就会流失，质量就会降低。温度越高，汁液的流失就越多，反之越少。

（2）冷却货物：是指在装车（箱）之前，采用天然或人工的办法进行冷却至冰点以上但未冻结的适宜储运温度下的易腐货物。如夹冰包装的鲜鱼虾，冷却到 11～15℃ 的香蕉，冷却到 0～4℃ 的水果蔬菜等，都属于冷却货物。

（3）未冷却货物：是指未进行任何冷加工，按自然温度状态提交运输的易腐货物。如采收后即提交运输的生鲜水果、蔬菜等，也包括某些腌制品和熏制品。根据热状态易腐货物对冷链运输的特殊要求如表 7-3 所示。

根据热状态易腐货物的特殊运输要求   表 7-3

货物类型	易腐货物的特征	特殊运输要求
冻结货物	冻结货物的温度升高，食品的汁液就会流失，质量就会降低。温度越高，汁液流失越多	为了保持货物质量，应尽量降低冻结货物的出库温度，运输温度最好与库温相等，并应保持稳定
冷却货物	由于已经预冷，果蔬的呼吸热大为降低	要保持适当的运输温度和运输方法，避免冷害和冻害，应积极开展冷却货物的运输，降低能源，节约运输成本
未冷却货物	易腐货物有田间热、加工热以及呼吸热	需要采取额外冷源（如冰块）进行快速冷却，要求运输工具具有较大的制冷能力

2）易腐货物对冷链运输的特殊要求

易腐货物的特点是易于变质，变质是由于微生物作用、呼吸作用、化学作用及其联合作用而导致的。其化学成分和物理性质对易腐货物的加工、储存和运输都会产生重要的影响。从化学成分、物理性质的特性方面分析，易腐货物对冷链运输的特殊要求如表 7-4 所示。

根据化学成分和物理特性易腐货物的特殊运输要求 表 7-4

性质	特性要素		特殊运输要求
化学成分	有机物	蛋白质、脂肪类、糖类	适宜的温度:保持其营养性
		维生素	适宜的温度:在冷链运输过程中应设法使维生素免受损失,适当降温具有重要意义。特别是维生素 C 极不耐热,最易破坏;维生素 A 易被氧化、易被紫外线破坏
		酶	适宜的温度:酶对高温极为敏感,低于 0℃ 或高于 70℃ 时,酶的催化作用变得缓慢或完全丧失活性,40 ~ 50℃ 时活性最强
	无机物	水、矿物质	适宜的温度:各种食物中的含水量对于保证易腐货物的新鲜度具有重要意义
物理性质	比热容		适宜的温度和湿度:同一易腐货物的比热容随着温度的降低而减小,与其含水量关系最大
	热传导系数		热传导系数对易腐货物有很大的影响,其他条件相同时,热传导系数越大,冷却和冻结的过程就进行的越快,反之越慢
	冻结温度		不同易腐货物冻结温度不同,热状态不同,相应的装运条件和装载方式不同
	比重		比重越轻、越娇嫩、怕压,装运时不能紧密挤压。不同易腐货物的比重决定于它的化学成分,特别是水的含量

2. 易腐货物的运输原则

(1)进入冷链运输前的易腐货物原料和产品的初始质量应该是好的。

首先是质量和新鲜度要好,因为如果易腐货物已经变质,则不可避免地会造成腐烂损失。用低温控制的冷藏不能使产品恢复到初始状态,也不能提高其质量,只能最大限度地保持现有质量。农产品应当依据合理的种植管理方法种植,应当没有影响食品安全的有毒微生物,没有超标的农药残留,没有受到病理性疾病、生理失调或者虫病的影响。其次是要保证包装要符合易腐货的特性和冷链的要求。这一原则十分重要,不按照此原则,不但要承担不必要的费用,还有使完好食品受污染的风险。

(2)冷链运输前要进行运输工具的预冷及易腐货物的预冷。

冷链运输的目的不是为了冷却货物温度,而是维持货物的温度。预冷运输工具可以大大减少运输途中继续冷却车体的冷消耗,易腐货物在生产、收获、收集后应尽快地予以冷加工处理,尽可能地保持最好的品质,从而减轻运输工具的热负荷。

(3)易腐货物的性质要求易腐货物的冷链运输要连续不断地保持适宜的温度、湿度等条件,同时,控制低温要保证适宜、稳定不变和连续性。

①适宜的温度。果蔬如温度过低,就会因冻结而破坏其呼吸功能,失去抗病性,同时因冻结破坏其组织结构而降低其耐藏性,风味品质就会发生很大变化,解冻时会迅速腐烂。

②保证温度的平稳。温度上下波动、忽高忽低,不但会使微生物的活动和呼吸作用随着温度的升高而加强从而大量繁殖,同时还会引起冻结食品内部的重新结晶,使冰晶进一步扩大,食品的不可逆变化加深。

③保证连续性。易腐货物在冷链运输过程中应保持冷藏条件的连续性,如果由于各种

偶然因素断链,那么易腐货物就有可能在这个环节中迅速腐败。

(4)快速运输。即符合著名的"T. T. T"理论[即时间(Time)、温度(Temperature)、耐藏性(Tolerance)],其理论要点是:对每一种易腐食品而言,在一定的温度下,食品所发生的质量下降与所经历的时间存在着确定的关系。易腐货物即使处在要求的条件下,其品质仍在不断地降低,因为呼吸作用等生化变化以及微生物繁殖仍继续进行,只是进行的速度相比通常条件下较为缓慢。某些娇嫩易腐货物在要求条件下只能保管几天,超过这个时间,货物品质就会显著降低甚至失去食用价值,因此易腐货物本身的特点要求快速运输。

3. 易腐货物的运输方法

为了保持适宜的运输温度,需要根据货物特性及不同的外部条件,采用不同的运输方法。易腐货物常用的运输方法有冷藏运输、气调运输、通风运输、保温运输、防寒运输和加温运输6种方法。

1)冷藏运输

冷藏运输是指通过一定的制冷方式,在运输工具内保持低于外界气温的温度,使货物保持在适宜的温度条件下的运输方法。装运易腐货物的运输工具,必须具有隔热车(箱)体和制冷设备(如冰箱、制冷机和其他冷源装置),并在运输中不断制冷,使车内或箱内保持货物所要求的低于外温的规定温度。目前采用的制冷方式一般有冰盐制冷、机械制冷、冷冻板制冷、液氮制冷等。

2)气调运输

气调运输是指运输过程中通过对运输环境中的空气成分、浓度及温湿度等条件的控制和调节,保证货物的新鲜度和质量。先进的冷藏技术和气调系统相结合可以扩大易腐货物的冷链运输范围。

气调运输的特点是:通过低温可以抑制易腐货物新陈代谢和细菌繁殖;通过低氧可以抑制果蔬呼吸、推迟后熟、抑制叶绿素降低、减少乙烯产生、降低抗坏血酸的损失、改变不饱和脂肪酸的比例,降低不溶性果胶的变化等。适宜的储运氧气含量一般为2%～5%,氧含量过低会产生厌氧性呼吸障碍;适宜的二氧化碳浓度可以抑制呼吸、延缓后熟,降低果蔬的成熟反应速度,改变各种糖分比例,适宜的二氧化碳含量一般为2%～10%;相对湿度是果蔬气调运输的重要影响因素之一。控制乙烯含量,乙烯具有催熟作用,研究表明,对叶绿素分解、果实蒂分解具有促进作用,往往造成蒂落后褐变,影响外观质量。比如苹果储运的乙烯含量最高允许值为0.3%。

3)通风运输

通风运输是指在运输过程或部分区段需开启门、窗、通风孔或吊起运输工具侧板进行通风的运输方法。通风运输时进入车(箱)内的空气温度应低于车内温度,否则不宜通风,以防因通风提高车内温度;但外界温度过低时也不宜通风,以免造成冷害或冻害。

4)保温运输

保温运输是指不采用任何制冷、加温措施,仅利用车体的隔热结构,使易腐货物本身蓄积的冷量或热量以较为缓慢的速度散失,在一定时间内维持低于或高于外界气温的温度,保持车内适宜温度的一种运输方法。

5)防寒运输

防寒运输实质上是指加强隔热性能的保温运输,但只用于寒季运送易发生冷害或冻害的易腐货物。即在寒季运输怕冻的易腐货物,用保温运输工具还不能防止车内温度降低到货物允许运输温度的下限时,必须采用补充的隔热措施以防止货物发生冻害、冷害的一种运输方法。防寒措施一般是在车内壁、车门处加挂草帘、棉被等防寒物,车底板铺稻草、稻壳,并用稻草、棉絮等堵塞排水管、泄水孔。在外界气温不低于 - 15℃,运输时间不超过 7 昼夜时,可用加防寒设备的冷藏车(箱)或隔热车进行防寒运输。

6)加温运输

加温运输是指由运输工具提供热源(开启电热器或燃烧火炉),使车内保持高于外界气温的适宜温度以运输易腐货物的一种方法。

思考与练习

1. 什么是大件货物? 其运输组织工作包括哪些环节?

2. 什么是危险货物? 危险货物是如何进行分类的?

3. 危险货物的运输与装卸有哪些要求?

4. 什么是冷链运输? 冷链运输的组织工作有哪些?

5. 结合生产实际说明冷链物流的工作流程。

第八章　公路旅客运输组织

公路旅客运输是我国道路运输业的一个重要组成部分,随着我国交通事业和国民经济生活水平的迅速发展,公路旅客运输的地位和作用更为显著,因此了解旅客运输业务,加强旅客运输组织工作,对于提高道路客运组织水平和服务质量具有重要的意义。

第一节　城际旅客运输的概述

一、城际客流的含义及其特点

公路客运是指以旅客为运输对象,以汽车为主要运输工具,在公路上实施有目的的旅客运输活动。公路客运和铁路客运是人们中短途出行的主要运输方式,两种运输方式一直以来保持合作和竞争的关系。公路客运具有机动灵活、直达性好、可实现"门到门"直达运输等优势。

公路旅客运输与其他客运方式相比,有五项特点。

(1)路网最密集:公路旅客运输是沟通城市与乡村,连接内地和边疆,分布最广阔,在各种客运方式中网络最为密集的运输方式。

(2)运输覆盖面广:以汽车为主要运输工具,对道路条件适应性强,能够运达山区、林区、牧区等不易到达的地方。

(3)运输方式多样:既可组织较多车辆完成一定规模的、大批量的旅客运输任务,也可单车作业,完成小批量的旅客运输任务,还可以为铁路、水路、航空等运输方式集散旅客。道路旅客运输可以满足多种客运需要,如长途、超长途、高速、旅游、包车、出租等运输。

(4)灵活性强:道路客运线路纵横交错、干支相连,线路和站点形成网络,并易于根据情况调整,便利旅客乘车,能较好地满足旅客出行的需要,具有其他运输方式所没有的"门到门"运输和就近上下客等特点。

(5)投资少,资金回收快:车辆更新容易,能适应国民经济的发展和人民物质文化水平提高的需要。

二、公路客运营运方式及类型

1. 公路客运营运方式

针对不同的旅客,目前公路客运部门主要采用的具体营运方式有:长途直达客运、城乡短途客运、普通客运、旅游客运、旅客联运以及包(租)车客运。

1)长途直达客运

长途直达客运是在运距较长的线路上,在起终点站之间不停靠,或仅在大站才停靠的旅客班车运输方式。该方式主要用于跨省、跨区的长途干线上的旅客运输。一般情况下,当直达客流量大于客车定员的60%时,可考虑开行直达客车。

高等级公路上的长途直达客运,可以不配乘务员,旅客上下由停靠站组织。采用这种运输方式的客车,要做到车容整洁、车况良好,要尽可能提高乘坐的舒适性和车辆行驶速度。

现在行驶在高等级公路上的长途直达客运班车,有的已配一名乘务员负责上下车引导、车上饮料分发、录像放映等服务,这也是现代公路运输的新要求。

2)城乡短途客运

开行在城乡线路上的客车,需要沿途各站频繁停靠。因此,为方便随车售票,组织招呼站旅客上下车,这种营运方式的客车上通常配乘务员。用于这种营运方式的客车除了需要一定数量的座椅外,还应保留一定站位和放置物品的空间。

3)普通客运

普通客运是普遍采用的客运班车营运方式,该方式的客车在沿线主要站点都停靠进行服务作用。当直达客流不多,区间客流占班线客流的80%以上时,一般采用这种运输方式。普通客运可与直达客运在客流量较大的干线上共运,相互配合,以满足不同旅客的需要。普通客运班车上可以配乘务员,但不强求统一。

4)旅游客运

旅游客运是在游客较多的旅游线路上开办的旅客运输方式。这种客车通常对舒适性要求较高,而且车型不能单一,应备有较高级的大、中、小型客车,以满足不同游客的需要。

5)旅客联运

随着生活水平的提高,远距离旅行越来越多,因此,选择多种运输方式旅行已很自然。旅客联运是指不同运输方式或不同运输企业相互衔接,运送旅客到达目的地的运输。旅客由出发地购买联运客票,在途中换乘另一种运输方式时不需再购买客票,只需办理换乘签字手续。旅客联运分国际旅客联运和国内旅客联运两种。旅客联运可以减少旅客的中转换乘时间,受到旅客的欢迎。

6)包(租)车客运

包(租)车客运是将客车包租给用户安排使用,按行驶里程或包用时间计费的一种营运方式。

2.公路客运班车分类及选型

1)客运班车分类

班车客运是指有固定线路、固定站点、固定班次和固定班时的营运方式,在线路起讫点及沿途各站点均可上下旅客。

目前,公路客运班车根据国家及有关部委的规定,具体分类如下:

(1)按班次性质分类。

①直达班车:指由始发站直达终点站,中途只作必要停歇,但不上下旅客的班车。

②普快班车:指站距较长,沿途只停靠市、县及大镇等主要站点的班车。

③普客班车:指站距较短,停靠站点(含招呼站)较多,配备随车乘务员的班车。

④城乡公共汽车:指由县城开往乡镇农村、站距短、旅客上下频繁,并配备随车乘务员的短途班车。

（2）按班次时间分类。

①白班车：指在白天运行的各种客运班车。

②夜班车：指在夜间运行，发车时间或到达时间在夜间的客运班车。

（3）按运行区域分类。

①县境内班车：指运行在本县境内的各种客运班车。

②跨县班车：指运行在本地（市、州）境内，县与县之间的各种客运班车。

③跨区班车：指运行在本省（直辖市、自治区）境内，地（市）与地（市）之间的各种客运班车。

④跨省班车：指运行在国内省与省之间的各种客运班车。

⑤跨国班车：指在国与国之间运行的客运班车。

（4）按运行距离分类。

①一类班车：指运行距离在800km以上（含800km）的客运班车，一般称超长客运。

②二类班车：指运行距离在400（含400）～800km的客运班车。

③三类班车：指运行距离在150（含150）～400km的客运班车。

④四类班车：指运行距离在25～150km的客运班车。

⑤短途班车：指运行距离在25km以下的客运班车。

（5）按车辆结构和服务档次分类。

①高级客运班车：指车辆主要结构性能优良、座位舒适、内部装饰豪华，并设有高性能的空调、音响和影像设备及小型厕所等装置的客运班车。

②中级客运班车：指车辆的主要性能良好、结构较好、座位舒适的客运班车。

③普通客运班车：指车辆的主要性能良好、结构一般的客运班车。

（6）按车辆类型分类。

①大型客运班车（大客）：指车辆长度超过9m、45座以上的客运班车，具体又可分为高三级、高二级、高一级、中级和普通级5个等级。

②中型客运班车（中客）：指车辆长度为6～9m、20～45座的客运班车，具体又可分为高二级、高一级、中级和普通级4个等级。

③小型客运班车（小客）：指车辆长度在6m以下、20座以下的客运班车，具体又可分为高二级、高一级、中级和普通级4个等级。

2）客运班车类型选择

公路客运部门在选用班车车型时，一般应考虑以下几个方面。

（1）根据用途选用。

对与铁路分流和旅游线路上的客车，应该选用速度高、舒适性好的客车；对长途直达线路，应尽可能选用具有较高行驶速度和有较大行李箱、架的客车；对城郊短途运输客车，在道路条件容许时，应选用速度较低和载客量较大的大型通道车；对旅客比较少的边远山区，可配一些小型客车；对农村短途运输用客车，可适当改装车身，增加站位及方便旅客携带物品。

（2）根据客流量的大小选用。

为满足客流流动的基本需求，当线路常年运输旺季的平均日客流量超过500人次，且较集中时，宜选用大型客车，反之，若比较分散则宜选用中型客车；线路日客流量为200～500人次，且比较集中时，宜选用中型客车，如果客流量分散，可视情况选用中型或小型客车；线路日客流量在 200 人次以下时,视客流集、散程度,可选用中型或小型客车。

（3）根据公路的条件选用。

对等级较高、客流量大的干线公路,一般可配备大型或中型客车;对等级较低的干线或支线公路,可根据客流量大小选用中型或小型客车;对经济条件较差和客流量较少的边远山区、林区和牧区,宜选小型客车;对道路条件好、客流量大的短途班车,则应选用大型客车。

（4）根据舒适性需求选用。

对于乘车旅游和长途旅行旅客的客车以及生活水平较高地区所用的客车,因对舒适性要求较高,可选用高档客车;但一般短途旅客对舒适性要求较低,可选用中、低档客车。

（5）根据运输成本选用。

选用车型时,一般倾向于选用运输成本较低,年利润较高,投资回收期较短的客车。但须指出的是,选用车型往往要在综合分析客流构成的基础上确定所选客车的档次,从而满足不同层次旅客的出行需求,更好地吸引客流以提高经济效益。

三、公路汽车客运站

公路汽车客运站（简称车站）是公益性交通基础设施,是公路旅客运输网络的节点,是公路运输经营者与旅客进行运输交易活动的场所,是为旅客和运输经营者提供站务服务的场所,是培育和发展道路运输市场的载体。公路汽车客运站在旅客运输工作中占有重要地位,担负着组织生产、为旅客服务、管理线路和传输信息等方面的任务。它不仅是交通运输的重要枢纽,而且是城镇的精神文明和物质文明建设的"窗口"。

1. 车站的功能与类型

1）车站的功能

公路汽车客运站集运输组织与管理、中转换乘、多式联运、通信、信息收集与传输、综合服务与公路运输市场管理于一体,把无形的旅客运输市场变为有形的市场,把车主、旅客和运输管理部门的利益有效地结合起来,促使公路旅客运输健康而有序地发展。

公路汽车客运站最主要的功能是运输组织管理,其内涵包括以下几个方面:

（1）客运生产组织与管理包括发售客票、办理行包托取、候车服务、问讯、小件寄存、广播通信、检验车票等为组织旅客上下车而提供的各种服务与管理;为参营车辆安排运营班次、制订发车时刻、提供维修服务与管理;为驾乘人员提供食宿服务等。

（2）客流组织与管理客运站通过生产组织与管理,收集客流信息和客流变化规律资料,根据旅客流量、流向、类别等,合理安排营运线路,开辟新的班线与班次,以良好的服务吸引客源。

（3）运行组织与管理包括办理参营客车到发手续,组织客车按班次时刻表准点正班发车,利用通信手段掌握营运线路的通阻情况,向驾乘人员提供线路通阻信息,发现问题及时与有关方面联系,并采取必要的措施,会同有关部门处理行车事故,组织救援,疏散旅客等。

（4）参与管理客运市场认真贯彻执行交通运输部颁发的《道路旅客运输及客运站管理规定》,建立健全岗位责任制,实行营运工作标准化,提高旅客运输质量自觉维护客运秩序,并协助运管部门加强对客运市场的统一管理。

2）车站的分类

根据交通运输部《汽车客运站级别划分和建设要求》（JT/T 200—2004）,可将公路汽车客运站大致按以下三种方法分类。

（1）按车站规模划分可分为等级站、简易车站和招呼站。

①等级站是指具有一定规模，可按规定分级的车站。

②简易车站是指以停车场为依托，具有集散旅客、售票和停发客运班车功能的车站。

③招呼站是指在公路沿线（客运班线）设立的旅客上下点。

（2）按车站位置和特点划分可分为枢纽站、口岸站、停靠站和港湾站。

①枢纽站可为两种及两种以上的运输方式提供旅客运输服务，且旅客在站内能实现自由换乘的车站。

②口岸站是指位于边境口岸城镇的车站。

③停靠站是为方便城市旅客乘车，在市（城）区设立的具有候车设施和停车位，用于长途客运班车停靠、上下旅客的车站。

④港湾站是指道路旁具有候车标志、辅道和停车位的旅客上下点。

（3）按车站服务方式划分可分为公用型车站和自用型车站。

①公用型车站一般是由国家投资或所在地交通管理部门筹助资金兴建的。它具有独立法人地位，自主经营，独立核算，是全方位为客运经营者和旅客提供站务服务的车站。

②自用型车站隶属于运输企业，主要为自有客车和与本企业有运输协议的经营者提供站务服务的车站。

2. 车站站址选择

公路汽车客运站站址应纳入城镇总体规划，合理布局，并应符合下列原则：

（1）便于旅客集散和换乘，吸引和诱发众多客流，尽可能地节省旅客出行时间和费用，有利于公路客运与其他现代客运方式之间的竞争。

（2）与公路、城市道路、城市公交系统和其他运输方式的站场衔接良好，确保车辆流向合理，出入方便。

（3）具备必要的工程、地质条件，方便与城市的公用工程网系（如道路网、电力网、给排水网、排污网、通信网等）的连接。

（4）具备足够的场地，能满足车站建设需要，并有发展余地。

随着综合运输的发展，汽车客运站的选址越来越重视与其他运输方式及城市公共交通的衔接。国外有些城市客运站与铁路、地铁、城市公交一起建成立体的综合换乘枢纽。

3. 公路汽车客运站级别划分

在《汽车客运站级别划分和建设要求》（JT/T 200—2004）中，根据车站设施和设备配置情况、地理位置和设计年度平均日旅客发送量（以下简称日发量）等因素，将车站等级划分为五个级别以及简易车站和招呼站。

等级客运站（三级、四级、五级）基本规模要求车站占地面积至少$500m^2$/百人次，按照客运站日发量计算及车站占地面积不小于$2000m^2$。依据《汽车客运站级别划分和建设要求》（JT/T 200—2004）对各级车站设施配置、设备配置都有相应要求（表8-1），等级客运站（三级、四级、五级）必备设备包括候车设施、卫生设施、站房及驾乘人员休息设施、停车及发车设施等，根据需要可配设一定的商业设施、车辆检修及清洗设施。

1）一级车站

设施和设备符合表8-1中一级车站所必备的各项，且具备下列条件之一：

（1）日发量在 1 万人次以上的车站。

（2）省、自治区、直辖市及其所辖市、自治州（盟）人民政府和地区行政公署所在地，如无 1 万人次以上的车站，可选取日发量在 5000 人次以上具有代表性的一个车站。

（3）位于国家级旅游区或一类边境口岸，日发量在 3000 人次以上的车站。

公路汽车客运站设施配置　　　　　　　　　　　　　　　　　　表 8-1

设站名称			一级站	二级站	三级站	四级站	五级站
场站设施		站前广场	●	●	★	★	★
		停车场	●	●	●	●	●
		发车位	●	●	●	●	★
建筑设施	站房	站务用房 候车厅(室)	●	●	●	●	●
		重点旅客候车室(区)	●	●	★	—	—
		售票厅	●	●	★	★	★
		行包托运厅(处)	●	●	★	—	—
		综合服务处	●	●	★	★	—
		站务员室	●	●	●	●	●
		驾乘休息室	●	●	●	●	●
		调度室	●	●	●	★	—
		治安室	●	●	★	—	—
		广播室	●	●	★	—	—
		医疗救护室	★	★	★	★	★
		无障碍通道	●	●	●	●	●
		残疾人服务设施	●	●	●	●	●
		饮水室	●	★	★	★	★
		盥洗室和旅客厕所	●	●	●	●	●
		智能化系统用房	●	★	★	—	—
		办公用房	●	●	●	★	
	辅助用房	生产辅助用房 汽车安全检验台	●	●	●	—	●
		汽车尾气测试室	★	★	—	—	—
		车辆清洁、清洗台	●	●	●	★	—
		汽车维修车间	★	★	—	—	—
		材料间	★	★	—	—	—
		配电室	●	●	—	—	—
		锅炉房	★	★	—	—	—
		门卫、传达室	★	★	★	★	★
		生活辅助用房 驾乘公寓	★	★	★	★	★
		餐厅	★	★	★	★	★
		商店	★	★	★	★	★

续上表

设站名称		一级站	二级站	三级站	四级站	五级站
基本设施	旅客购票设备	●	●	★	★	★
	候车休息设备	●	●	●	●	●
	行包安全检查设备	●	★	★	—	—
	汽车尾气排放测试设备	★	★	—	—	—
	安全消防设备	●	●	●	●	●
	清洁清洗设备	●	●	★	—	—
	广播通信设备	●	●	★	—	—
	行包搬运与便民设备	●	●	★	—	—
	采暖或制冷设备	●	★	★	★	★
	宣传告示设备	●	●	●	★	★
智能系统设施	微机售票系统设备	●	●	★	★	★
	生产管理系统设备	●	★	★	—	—
	监控设备	●	★	★	—	—
	电子显示设备	●	●	★	—	—

注："●"为必备；"★"为视情况设置；"—"为不设。

2）二级车站

设施和设备符合表8-1中二级车站所必备的各项，且具备下列条件之一：

（1）日发量在5000人次以上，不足1万人次的车站。

（2）县以上或相当于县人民政府所在地，如无5000人次以上的车站，可选取日发量在3000人次以上具有代表性的一个车站。

（3）位于省级旅游区或二类边境口岸，日发量在2000人次以上的车站。

3）三级车站

设施和设备符合表8-1中三级车站所必备的各项，日发量在2000人次以上，不足5000人次的车站。

4）四级车站

设施和设备符合表8-1中四级车站所必备的各项，日发量在300人次以上，不足2000人次的车站。

5）五级车站

设施和设备符合表8-1中五级车站所必备的各项，日发量在300人次以下的车站。

6）简易车站

达不到五级车站要求或以停车场为依托，具有集散旅客、停发客运班车功能的车站。

7）招呼站

达不到五级车站要求，具有明显的等候标志和候车设施的车站。

第二节　城际旅客运班计划

城际旅客运班计划主要落实两项内容:一是运班的确定;二是运班班次的安排。运班计划不但是车站为旅客提供旅行安排的依据,也是车站完成旅客运输任务和企业客运生产计划的一项重要的基础性工作。客运班车的运行依据运班计划加以具体组织。班次安排的好,既可使旅客来去方便、省时、省钱,又使客车不至于超载和空驶,获得最高的运行效率,保证生产计划的完成。

(1)运班:客运工具在特定时间由始发站按照客运线路经过经停站至终点站作运输运行。

(2)运班要素:主要包括运行(行驶、航行、飞行)线路、出发时间、到达时间、起讫站点和途中经停站及经停时间等。

(3)班次:指在单位时间内(通常以一天或一个星期为单位)运行的运班数(包括去程和回程)。

一、客运运班计划编制的原则

编制运班计划,必须进行深入的客流调查。在掌握各线路、各区段客流量、流向、流时及其变化规律的基础上统筹安排,具体地说应考虑以下因素。

(1)根据旅客流向及其变化规律,确定班次的起讫点和中途经停站,并兼顾始发站和中途站旅客的需要。运班的布局和班次、班期要保证必要的接续,以满足旅客换乘的需要。

(2)根据平均客流量的大小确定班次的频率。班次的频率必须考虑运输通道的能力及运力约束。节假日客流量增加较大时可增加加班班次或组织包车服务等。

(3)班期(即运班执行日期)的安排要适应客流季节、节假日波动的需要,尽量减少临时加开、取消班期,以保证旅客出行、运输组织的计划性。

(4)开辟直达运班客流条件的应尽可能安排直达运班,最好不要中途截断分成几个区间运班,以减少旅客不必要的中转换乘。

(5)在确定运班时,首先安排直达运班,再考虑经停运班,并将两者的总供给与客流的总需求协调起来,保证运输需求的全面满足。

(6)载运工具类型,必须根据旅客运输的需要、停靠站的条件、运距长短、经济效益等因素确定。

(7)在确定班次之间的间隔时,除了考虑需求方面的因素外,同时必须考虑车辆的周转与合理使用。

(8)运班计划的综合平衡:运班计划的编制必须综合平衡运输需求与运能运力,才能保证既适应客运需要,又尽可能高效利用运能运力,特别是在运能运力不能充分满足运输需求的情况下,运班的安排更应从全局出发,合理布局。运班计划的综合平衡通常包括运力使用的平衡、运输通道运能使用的平衡以及客运站工作量的平衡。

二、客运班次计划的编制方法

客运班次主要包括行车线路、发车时间、起讫站名、途经站及停靠站等。

安排客运班次，必须在深入进行客流调查，在掌握各线、各区段、区间旅客流量、流向、流时及其变化规律的基础上研究确定，在此介绍一种常用的编制方法。具体步骤如下：

（1）对客运线路所有站点进行客源调查，并对调查资料进行全面整理和分析，旧线可进行日常统计，新辟线路调查资料要进行核对、整理，确保全面正确。根据核实的调查资料，编制"沿线各站日均发送旅客人数表"。

（2）根据"各站日均发送旅客人数表"编制"旅客运量计划综合表"，绘出"客流密度图"。

（3）编制"客运班次计划表"。

（4）进行运力运量平衡测算，编制"客班运行时刻简表"。

（5）编制"客车运行周期表"。

下面举例对客运班次计划的编制作详细说明。

【例8-1】 编制 AE 线路的客运班次计划（AE 线路各站点位置与站间距参见图8-1）。

解： 第一步，进行客源调查并进行核对、整理。

根据核对的调查资料，编制"AE 线各站日均发送旅客人数表"。假设经过调查和资料汇总计算，得知 AE 线路日均发送旅客人数如表8-2所示。

AE 线各站日均发送旅客人数　　　　　　　　　　表8-2

起讫站	站距（km）	日均发送人数（人）		合　计	
		下行	上行	运量（人）	周转量（人·km）
A—B	70	136	138	274	19180
A—C	120	64	70	134	16080
A—D	150	48	42	90	13500
A—E	210	52	47	99	20790
B—C	50	36	33	69	3450
B—D	80	12	10	22	1760
B—E	140	14	16	30	4200
C—D	30	9	8	17	510
C—E	90	12	10	22	1980
D—E	60	26	24	50	3000
合计	1000	409	398	807	84450

第二步，根据上述"各站日均发送旅客人数表"编制客运量计划综合表并绘制客流密度图。

（1）编制"AE 线旅客运量计划综合表"，如表8-3所示。

AE 线旅客运量计划综合表 表8-3

到站下行 / 发站上行	A	B	C	D	E	日均发送人数（人）合计	下行	上行	区段流动人数（人）下行	上行
A	300 / 297	136	64	48	52	300	300			
									300	297
B	138	136 / 138 / 62 / 59	36	12	14	200	62	138		
									226	218
C	70	33	100 / 103 / 21 / 18	9	12	124	21	103		
									147	133
D	42	10	8	69 / 60 / 26 / 24	26	86	26	60		
									104	97
E	47	16	10	24	104 / 97	97		97		

注:1. 表中所列人数均为日平均数。

2. 表中交叉斜线栏中,上、下填写下、上行到达该站的下车人数;左、右格填写由该站发送的上、下行人数。

3. 区段流动人数 = 车辆到站时的车上实际人数 − 下车人数 + 上车人数,即由该站发车时车上总载客人数。

（2）绘制客流密度图,如图 8-1 所示。

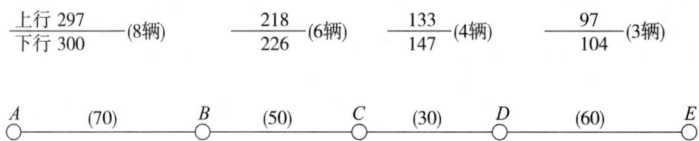

图 8-1 客流密度图

制图说明:

①每一区段上面都画有一条横线,横线上面填注上行流动人数,横线下面填注下行流动人数。

②本例均按车辆定员 40 人安排班次。根据区段上、下行流动人数,取其较多的流动人数折算成需要的车辆数,标注在各区段上。

③应尽量安排直达班次,故本例每日应安排的对开班次是 A ~ E 为 3 班,A ~ D 为 1 班,A ~ C 为 2 班,A ~ B 为 2 班,共对开 8 班。

第三步,编制 AE 线客运班次计划表,见表 8-4。

AE 线客运班次计划表　　　　　　　　　　　表 8-4

年　　月

线别	日均计划运量（人）			计划周转量（人·km）	安排班次计划						日总行程（km）	每日需要运力（客位·km）
	合计	下行	上行		起	止	运距（km）	额定客位（座）	每日对开班次			
AE 线					A	E	210	40	3		1260	50400
					A	D	150	40	1		300	12000
					A	C	120	40	2		480	19200
					A	B	70	40	2		280	11200
合计	807	409	398	84450				40	8		2320	92800

　　根据"客流密度图"所安排的班次填入表相应栏内，并计算日总行程和每日需要运力，作为运力运量平衡和确定开运班次的依据。

　　第四步，进行客运运力运量平衡。

　　可用简化的方法测算，即只要分别计算各线使用同类车型的班次所需要的正班车数及预测的专线客运、包车等车数，与本企业营运客车的车型、车数相比较，得出车数差额，然后采取平衡措施，确定正班班次和机动运力。需要车数的计算公式为：

$$C = \frac{L}{\overline{L}_\mathrm{d}\alpha_\mathrm{d}} \tag{8-1}$$

式中：C——需要车数（辆）；

　　L——一日总行程（km）；

　　$\overline{L}_\mathrm{d}$——平均车日行程（km）；

　　α_d——工作率（%）。

　　【例 8-2】　某运输公司经营的 AE 线线路示意图如图 8-1 所示。根据客源调查资料已经编制出的客运班次计划，见表 8-4。运输公司计划部门提供某 40 座客车的季度生产效率指标为：工作率 90%，平均车日行程 258km，按表 8-4 确定 AE 正班车需要的车辆数和机动运力。

　　解：根据公司资料，客车为 40 座，工作率 90%，平均车日行程 258km，则需要车数：

$$C = \frac{L}{\overline{L}_\mathrm{d}\alpha_\mathrm{d}} = \frac{2320}{258 \times 0.9} \approx 10（辆）$$

　　考虑平均车日行程的限制，取"班期补充运力系数"为 10%，估计需要机动车 1 辆，另取"保修车辆系数"为 10%，故本线路共需投入的车辆数为 12 辆。

　　第五步，编制客班运行时刻简表。

　　客班运行时刻简表是客运班次计划的初始方案，主要是拟订各班次的始发时间，沿途停靠站点，并预计到达时间，凭此衔接班次。

　　始发时间是以各站提出的建议时间为基础，经研究分析符合旅客流时要求，并查核各站一次发出的班次数与车位数相协调而拟订。预计到达时间是安排日运行计划时，研究两轮班次衔接间隔时间是否符合要求的必要资料，其计算依据如下：

(1)分线、分区段测定的平均技术速度。

(2)中途停靠站上下旅客和装卸行包需要的时间。

(3)途中用餐休息时间,一般在 11:00 ～ 13:00 的时间内安排午餐休息 1h。

预计到达时间可以按各停靠站分段计算,也可以全程一次计算。全程一次计算又有需在中途用餐和不需在中途用餐两种情况,其计算公式分别为:

$$T_A = T_1 + \frac{L_2}{\nu_t} + T_2(P_1 - P_2) + T_3 \tag{8-2}$$

$$T_B = T_1 + \frac{L_2}{\nu_t} + T_2 P_1 \tag{8-3}$$

式中: T_A、T_B——分别表示需要、不需要中途用餐的到达时间;

T_1、T_2、T_3——分别表示始发时间、中途站停留时间、中途用餐时间;

L_2——起讫站距离(km);

ν_t——车辆技术速度(km/h);

P_1、P_2——沿途、中途停靠站数(个)。

【例 8-3】 接例 8-2,AE 线 101 次班车始发时间为 7:30,车辆行驶的技术速度为 40km/h,沿途停靠站点为 3 个,每站停留 10min,中途午餐休息 1h。求 AE 线 101 班次的到达时间。

解:101 班次的到达时间为:

$$T_A = T_1 + \frac{L_2}{\nu_t} + T_2(P_1 - P_2) + T_3 = \left[7\frac{30}{60} + \frac{210}{36} + \frac{10}{60} \times (3-1) + 1 \right] = 14\frac{5}{60}(\text{h})$$

即 101 班次的到达时间为 14:05。其余各班次均按以上公式计算,得出预计到达的时间见表 8-5。

AE 线客运班运行时刻简表

表 8-5

年　月

班车路线			每日对开班数	下　行			上　行			营运方式	沿途停靠站点
起	止	运距		班次编号	始发时间	到达时间	班次编号	始发时间	到达时间		
A	E	210	3	101	7:30	14:05	102	7:30	14:05	普客	B、C、D(用餐)
				103	9:30	16:05	104	9:30	16:05	普客	B、C、D(用餐)
				105	11:30	18:05	106	11:30	18:05	普客	B、C、D(用餐)
A	D	150	1	111	6:30	10:35	112	12:30	16:35	普客	B、C
A	C	120	2	121	8:00	11:10	122	12:00	15:10	普客	B
				123	9:30	12:40	124	13:30	16:40	普客	B
A	B	70	2	131	8:30	10:10	132	11:00	12:40	普客	—
				133	13:30	15:10	134	16:00	17:40	普客	—
合计			8	8			8				

第六步,编制客车运行周期表。

编制客车运行周期表是充分发挥车辆运行效率,做好班次之间衔接工作的一个重要步骤,需要有一定技巧,主要应掌握以下要领。

（1）不同的营运方式（如普通班车、长途直达班车、城乡公共汽车、旅游班车等），使用不同车型的班次，应分别编制运行周期。

（2）同一天内两轮班次之间的衔接，一般要有 1h 左右的间隔时间，短途班车不得少于0.5h，以便有秩序组织旅客上车、装卸行包和驾驶员进行车辆技术检查与适当休息。

（3）编制运行周期的重点是安排好日运行计划。编制日运行计划必须满足以下条件：

①除一个工作车日不能到达终点站的长途直达班车外，其余班车必须在终点站停宿，使旅客当天能到达目的地。这样，既方便了旅客，又便于组织运行周期和调车维修或换班。

②综合平均车日行程应略高于计划指标，才能完成和超额完成生产计划。

③各个日运行计划的工作时间要在 8h 左右，不宜过长和过短。

（4）各班次的始发时间基本上要与拟订的客班运行时间简表一致（为便于安排日运行计这一条可在最后调整）。

要满足以上条件，可采取如下方法：

①车日行程指标按日行程的班次多少分档确定。例如，长途直达班车（包括一天到达终点站的班次）的车日行程应高于计划指标 15% 以上；一天往返一趟或运行两个班次的车日行程应高于计划指标 10% ~ 15%；一天运行 3 ~ 4 个班次的车日行程应高于计划指标 5% ~ 15%；短途多趟运行的车日行程可接近或略低于计划指标。如受班次运程的限制，也可灵活掌握。这样用车日行程一项条件来控制调节，既能保证完成生产计划，又可使各个日运行计划的工作时间基本相近，容易安排。

②暂不考虑两轮班次的衔接时间，只计算车日行程达到分档指标，就可安排一个日运行计划。如车辆当天回到原始发站停宿，即是一个运行周期；如车辆在外地终点站停宿，次日即可逆向返回原始发站，两天组成一个周期；如外地某站是一个小区的中心，分支线汇集的班次较多，可以以小区中心点为主组成周期。虽然各地营运线路的分布情况不同，但这一基本方法是比较适用的。运行周期的组织灵活多样，最好能拟订几种草案，以供选择采用。

③考虑到班次有长有短，安排日运行计划时要采取先长后短、先易后难、循序渐进的方法。一般的安排顺序是先长途，次往复和环行，再次短套班，然后将剩余的短途班次组织多趟运行，并应使各个班次的车日行程大体相等，各单车均衡地完成生产任务。

按照以上方法，组成 AE 线的客车运行周期表见表8-6。

AE 线客车运行周期表　　　　　　　　　　　　　表8-6

周期编号	日运行计划编号	班次	运行路线及开到时间	车日行程	周期编号	日运行计划编号	班次	运行路线及开到时间	车日行程
一	1	101	7:30 开　　14:05 到 A ——— E	210	一	4	104	9:30 开　　16:05 到 E ——— A	
	2	102	7:30 开　　14:05 到 E ——— A	210		5	105	11:30 开　　18:05 到 A ——— E	
	3	103	9:30 开　　16:05 到 A ——— E	210		6	106	11:30 开　　18:05 到 E ——— A	

续上表

周期编号	日运行计划编号	班次	运行路线及开到时间	车日行程	周期编号	日运行计划编号	班次	运行路线及开到时间	车日行程
二	7	111	6:30 开　10:35 到	300	四	10	131		280
		112	12:30 开　16:35 到 A———D———A				132	8:30 开　12:40 到 　　　　13:30 开　15:40 到 A—B—A—B—A	
三	8	121	8:00 开　11:10 到	240			133	10:10 到　　　13:10 到 　11:00 开　　　14:00 开	
		124	12:00 开　15:10 到 A———C———A						
	9	122	9:30 开　12:40 到	240			134		
		123	13:30 开　16:40 到 A———C———A						
合计						10	16		2320

注:表中,车日行程单位为 km。日运行计划编号,又称车辆运行路牌或循环序号,是指一辆客车在同一天内的具体任务,运行指定一个或几个班次。一般一个运行线路相同的运输任务编为同一个编号。编号按顺序排列,便于循环。有了日运行计划编号,才能进一步编制单车运行作业计划。

三、客车运行作业计划编制

客车运行作业计划,是将客运生产任务具体落实到单车的日历计划。由于公路旅客运输以班车为主要营运方式,其班期班次固定,而且必须保证正点开行,所以客车运行作业计划一般按月度编制。

客车运行作业计划表是单车运行作业计划的总表,编制客车运行作业计划表,首先要确定客车运行方式。客车运行的方式主要有:大循环、小循环与定车定线三种形式。

(1)大循环运行:是指将全部计划编号统一编成一个周期,全部车辆按确定的顺序循环始终的运行方式。这种循环方式适用于各条线路道路条件相近、车型基本相同的情况。其优点是每辆客车的任务安排基本相同,车日行程接近,驾驶员的工作量比较平均;缺点是循环周期长,驾乘人员频繁更换运行线路,不利于掌握客流及道路变化等情况,影响客运服务效果,而且一旦某局部计划被打乱,会影响整个计划的进行。

(2)小循环运行:是把全部计划编号分成几个循环周期,将车辆分为几个小组分别循环。小循环运行方式与大循环运行方式在做法上大致是相同的,只是循环运行区内的路线较少,循环期较短。其优点是可以选择几条开行同类班车的营运路线组成一个循环,从而简化了车型安排和车辆运行调度工作。

(3)定车定线运行:是指将某一车型客车相对稳定地安排在某一条营运线路上运行的方式,一般在营运区域内道路条件复杂或拥有较多车型时采用。采取长途、短途套班办法时,客车可以相对固定地在两条营运路线上运行。定车定线运行方式的优点是有利于驾乘人员熟悉路况及行车环境,对行车安全有利。缺点是由于各条线路营运长度不同,因而车与车之间的工作时间不易平衡,完成的运输工作量也会有多有少,进而造成驾乘人员劳动强度高低不一,并影响车辆运用效率。

不论采取何种运行方式,客车运行作业计划的编制都应以二级维护日期的先后次序为基准,把各车的保修日期排成梯形表,而不宜按车号顺序编排。交通运输部规定营运车辆二级维护每三个月必须维护一次。梯形表排好后,先安排上月底在外地夜宿车辆的回程任务,这时必定有一部分车辆不能从月度开始时即按新定任务安排,需做适当调整。计划编好后,经复核无误后,方可据此编制月度客车运行效率计划综合表。

现以 AE 线所有班次为例,采取大循环运行方式编制客车运行作业计划表,见表 8-7。

AE 线客车运行作业计划表(大循环运行)   表 8-7

车辆动态	车号	任务号座位数	1	2	3	4	5	6	7	8	9	10	11	12	13	...	31	工作车日	车月行程
A	005	40	二保	1	2	3	4	5	6	7	8	9	10	1	2				
A	008	40		二保	1	2	3	4	5	6	7	8	9	10	1	...			
A	001	40	10		二保	1	2	3		5	6	7	8	9	10				
A	003	40	9	10		二保	1	2	3	4	5	6	7	8	9				
A	002	40	8	9	10		二保	1	2	3	4	5	6	7					
A	007	40	7	8	9	10		二保	1	2	3	4	5	6					
A	006	40	6	7	8	9	10		二保	1	2	3		5	6				
A	009	40	5	6	7	8	9	10		二保	1	2	3	4	5				
A	010	40	4	5	6	7	8	9	10		二保	1	2	3	4				
A	004	40	3	4	5	6	7	8	9	10		二保	1	2	3				
A	011	40	2	3	4	5	6	7	8	9	10		二保	1	2				
A	012	40	1	2	3	4	5	6	7	8	9	10		二保					

注:1. 车辆动态表示上月底留宿的地点。

    2. 空格为机动车日。

    3. 任务号为日运行计划编号。

编好客车运行作业计划表后,应将单车完好率、工作率、车日行程等指标分车型汇总,与企业下达的生产计划相比较,如低于计划指标,对运行计划应作适当调整,然后正式填制"月度客车运行效率计划综合表"(表 8-8),与客车运行作业计划表一起送有关科室复核,送企业领导审阅,批准后组织执行。

月度客车运行效率计划综合表   表 8-8

队别	车型	车别	营运车数	编制计划数	编制计划		完成率		工作率		车日行程		说明
					车日	占营运车日率(%)	运行计划	比计划高(+)/低(−)	运行计划	比计划高(+)/低(−)	运行计划	比计划高(+)/低(−)	
	合计												
	备注												

四、客车运行作业计划的调整

调度部门在编制下达运行计划后,还要负责监督运行作业计划的执行情况,发现车辆运行中断或故障,应及时采取措施加以消除,以保证运行作业计划的完整实现。同时,要定期填制运行作业计划执行情况检查表,及时进行总结,针对存在的问题,提出改正意见。

(1)在发车前,当出现车辆不能按时就位(如车辆故障,交通事故,证、照、卡不全或失效,驾驶员生病)的情况时,应及时调整并调派车辆顶班。

(2)在运行途中,当出现车辆不能正常运行(如车辆故障,交通事故)的情况时,应及时调派车辆前往接驳。如接驳地点较远,可根据约定或协议委托就近站点派车接驳。

(3)如遇道路坍塌、冰雪等造成原线路受阻时,应根据实际情况,在得到运政管理部门批准的前提下,可采取绕道行驶、旅客接驳、停班等方法处理,及时对运行调度计划进行调整。

第三节　城乡公共客运组织

一、城乡公共客运的概念

城乡公共客运是农村客运的主要方式。广义上泛指联系城市与农村地区的公共客运交通。狭义上,城乡公交定义为城区(或中心镇)与乡镇(或村)间的公共客运交通方式,依托城市道路与区域公路布设固定线路并统一编号,设置沿途停靠站点与首末停车场,采用公交车型并借鉴城市公交的运营管理方式。

城乡公共客运是在城乡一体化发展趋势下对中巴车运行的公交化改造。它是连接城区(或中心镇)与乡镇(或村)的纽带。城区指市域或县域的行政中心,为区域的中心城市,城区与镇之间的线路一般为干线公交;中心镇为片区范围内的重点镇,片区中心镇至行政村或者行政村与行政村之间的线路为支线公交。图 8-2 为城乡公交网络示意图。

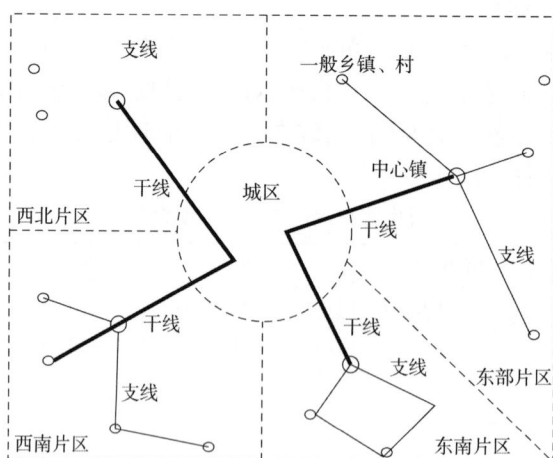

图 8-2　城乡公交网络示意图

城乡公共客运经历了小山卡、中巴车、公交车运营三个阶段。小山卡即农用车辆,挂着农用车牌照但安装上载客座位的"农用面包车",中巴车即中小型客车。农村客运市场培育初期多使用城市公交淘汰的、技术状况较差的客车,随着农村公路规模扩大、通达深度提高,多使用25座左右的中型公交车。城乡公交以个体经营为主,通常是热线争抢客源、冷线无人经营;招手即停,无固定站点,即使有站也是小站、临时站。

城乡公共客运一般有以下两种运输方式特征:

(1)按照传统班线性质运行的城乡线路。

按照传统班线性质运行的城乡线路,也是大多农村地区采用的形式。具有如下特征:

①线路的站点除设置起点与终点外,沿途停靠站较少。

②线路发车频率不定,一般等到客满发车。

③车型选取不够统一,荷载人数按座位统计。

④由于须缴纳公路规费,线路票价普遍较高,且线路长度不同票价不同。

(2)按照城市公共交通方式运行的城乡线路。

按照城市公共交通方式运行的城乡线路,如江浙地区普遍采用的形式,通常被称为城乡公交。具有如下特征:

①线路统一编号。

②有相应的首末站、固定停靠点及相应的配套设施。

③固定公交发车时间与频率,不以客流要求变化而改变。

④车型必须符合相应的技术标准。

⑤统一公交票价。

城乡公交主要来源于两种形式:一种是城市公交向农村延伸发展,在一些大城市也叫郊区线路;另一种是对短途客运班线的公交化改造。

二、城乡公共客运线网布局结构

1. 线路分级

农村居民乘坐城乡公共客运的客流强度与地域分布有关,城乡公共客运线网规划的目的就是要尽可能地将大多数乘客从其出发地运送到目的地。因此,线网规划要根据不同区域内的居民出行需求(如客运量强度、出行高峰时段分布等方面)差异,提供分级线网、服务。

在进行城乡公共客运线网规划时,根据各级线路的功能不同可以将线路划分为主干线、支线和补充联络线三个等级。三层线路的功能如下:

(1)主干线:主要承担大型集散点之间的联系(以县城—乡镇线路最为常见),大多沿县域内的国、省、县道设置;行车速度快,发车频率高,服务水平较好。

(2)支线:对主干线网起补充作用,与主干线路要有较好的换乘,起到接驳主干线路客流的作用,多为乡镇—村线路,深入各行政村。

(3)补充联络线:填补各乡镇之间的线路空白,能加强乡镇之间、乡镇与村的联系,提高客运线网覆盖率。

以上三层城乡公共客运线路互相补充、互成体系,共同构成科学、合理、完整的一体化客运线网。

2. 布局结构

城乡公共客运线网布局结构是线网布设的核心内容之一,它决定了线网的发展方向。

根据线网布局原理,城乡公共客运线网主要有放射状线网、树状线网、环状线网、网状线网4种布局结构。

1)放射状线网

放射状线网是农村地区极常见的一种布线形式,空间上呈现以城区为中心,沿着城区对外公路向外发散放射出客运线路。线路大多截止到乡镇,部分线路在乡镇末端延伸至某个乡村,布局结构如图8-3a)所示。

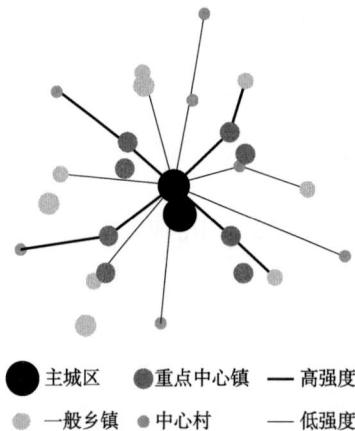

a)放射状线网结构图

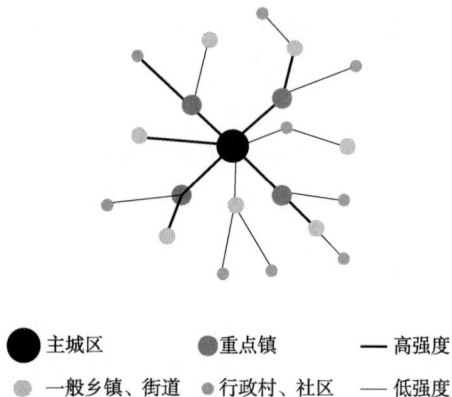

b)树状线网结构图

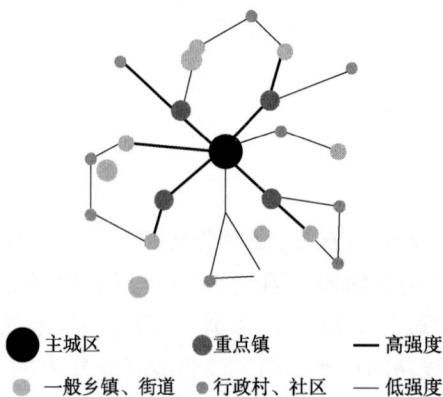

c)环状线网结构图

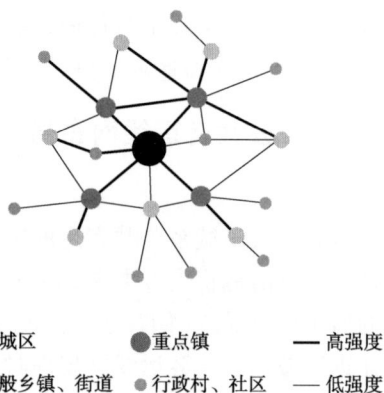

d)网状线网结构图

图8-3 城乡公共客运线网布局结构图

2)树状线网

树状线网是对放射式线网的进一步完善,树状线网的次级节点,如重点镇对周围村庄具有一定的出行吸引,能够支持镇村级线路的开通。而农村公路的建设也为线路开通提供了条件,布局结构如图8-3b)所示。

树状线网一般联系主城区与重点中心镇,具有高强度公共客运联系,强度往往由主城区、中心镇往下递减。

3)环状线网

环状线网主要是利用公路网布局特点架构的一种特殊的布局形式。环状线网在树状主干的基础上,在支线端采取了连通成环的形式,结构如图8-3c)所示。城乡公共客运支线采用这一方式,往往会有较好的成效。

树状线网中存在很多的短途线路,环状线路是相对树状线路的一种优化。在许多地区实际运营中,有较大一部分树状支线面临营运困境,通过支线与支线、干线采取环状等形式,通过多点的规模效益支撑线路正常运营,可以降低线路运营维持难度。另外,线路以环线互通,对村庄以站点式服务,支线数目和通村率进一步维持和提高,为村村通达到较高水平奠定基础。

环状线网一般可以考虑在镇(城)—镇、镇(村)—村间的客运线路,有一般或较高强度的公共客运联系,起到均衡整个网络客流分布的作用。

4)网状线网

网状线网是前面几种线网布局形式的复合,并进一步完善和优化,如城市公交线网就多呈现这种形态。网状线网节点连通度较高、网络通达性好、运输效率高,但网状线网要求发展线路数量多且投资大,对路网建设要求高,需要公路同样成网络,且覆盖地区站点居民聚集度较高,社会经济发展水平需要达到一定程度以支持线网的规模运营效益。

网状线网一般出现在快速城市化地区,乡镇经济、村域经济大力发展,镇镇之间、镇村之间形成产业互补,公路网建设较为完善,相互交通出行形成规模。布局结构如图8-3d)所示。

城乡公共客运四种线网布局结构特点、使用范围、缺点、公交线路强度分析总结如表8-9所示。

城乡公共客运线网布局结构表　　　　　　　　　　　　　　　表8-9

线网布局结构	特点及适用范围	缺　　点	公交线路强度分析
放射状	用于中心城市与外围郊区、周围城镇间的交通联系,有利于促进中心城市对周围地区的辐射,方便乘客进城,减少进城换乘次数,而其便于车辆的调度与停车管理,与大多数城市的放射性 OD 客流分布相适应	线网整体连通度低,横向乡镇间联系不便,容易把换乘客流吸引到城区,增加城区枢纽交通组织的压力	主城区—重点中心镇之间及其延伸线路有高强度公交联系
树状	适应城镇体系中的中心城区、中心镇、一般镇、村四级等级体系分布以及道路网络结构而形成公交线网,提高城区与中心镇的辐射能力,有利于形成分区分级的网络以及分区的客流集散组织,城区和中心镇可以形成高频、快速的发车运营服务	换乘系数偏高,若衔接系统效率低会造成村民进城区时间(换乘等候)与经济成本(换乘买票)增加,中心镇需要建设客运站作为集散中心	主城区—重点中心镇之间有高强度公交联系,强度往往由主城区、中心镇往下递减
环状	用于镇—镇、镇—城间的横向联系,可以减轻中心镇处换乘压力,而且这种布局结构具有通达性好,非直线系数小,加强横向立通联系,提高覆盖率的特点	建设线路数量多、投资大,对路网建设要求高,绕行时间大	镇—镇、镇—城区间有较高强度公交联系,均衡整个网络客流分布
网状	重要城镇间的直达交通联系,通达性好,运输效率高,促进形成网络化线网结构	建设线路数量多、投资大,对路网建设要求高	重要镇之间有高强度公交联系

第四节　城乡公共客车运行组织

一、城乡公共客运线路经营组织

城乡客流的时空分布特征直接决定城乡公共客运线路的组织方式。线路组织需要基于农村客流动态性特点,在线网空间布局的基础上,确定运营方式、线路形成组织方式;结合行车组织模式优化线路发车频率,确定主干线路、支线配车数。由于农村地区乡镇分片聚集特征,地域差异性可以采取分片区运行组织方式,并融合片区、统筹区域城乡公共客运线路运行组织实现区域整合。

1. 分片区组织

一条或多条同向城乡主干线路与其相应的衍生支线在空间上形成一个片区,片区线路组织根据线网层次、功能及实际地域的特点,有单线片区、多线片区两种组织形式。

分片区组织的特点如下:

(1)空间上,采用按线定位和划片区组织相结合,即以城区到乡镇的主干线定位片区,乡镇到村及村与村之间形成多点放射形或区域内环形线网结构,使得镇—村、村—村线路与主干线形成一个整体。

(2)时间上,根据不同线路的客流特征采用不同的发车时刻表,兼顾冷、热线路,设置夜宿班线和高峰加密线路。

(3)服务类型上,体现农村居民出行特征,设置赶集线、旅游线、特殊服务专线等。

具体从线路的空间定位、运营方式以及干支线行车组织三个层面分析分片区行车组织形式。

1)单线片区组织形式

干支线组合的单线片区由一条城乡主干线与其辐射支线组成,通常干线为城区通往中心镇线路,支线为辐射一般乡镇以及镇村线路。单线片区的形成受城镇空间布局的影响以及路网条件制约,我国城乡联系主要依靠单通道式国省干线公路,城乡公共客运线网也多为单线辐射片区形式。

(1)干线组织。

基于道路和客流条件,城乡主干线采用公交化运营方式,采用符合公交车辆技术标准的车型,根据客流量和发车频率选择适宜车长及其他构造形式。通至村庄的支线网络可根据实际情况采用公交或班线方式运营,偏远地区或路况较差的地区可采用定时班线运营(如早中晚"三班制"),采用符合技术标准的小型客车,提高灵活应变性。

(2)支线组织。

镇—村支线根据客流时间分布的差异性,采用"V"形或"O"形行车组织,如图8-4和图8-5所示。即对两条或多条支线进行整合,一般是乡镇内相邻村之间连接线路,车辆在整合后的线路上双向行车,从不同位置不同时段将不同村庄的客流联系起来,并与城乡主干线端点联系,实现多条线路客流的集散与换乘。

①"V"形支线。"V"形支线行车需要与干线行车联动,形成"Y"形行车组织方式,实现

三线集散。以图 8-6 为例,基于干线客流的潮汐性,高峰期支线 A 和 B 与主干线端点联系,且根据 A 线与 B 线的时间不均衡系数的差异性,A 线上行至干线端点处,干线上行(往城区)发车与之形成衔接,同时将干线下行客流通过 B 线转移,反之亦然;干线平峰期支线 A 与 B 自组织形成"V"形行车,同时干线富余车辆参与"V"形线路运行,以加强村镇之间的联系。

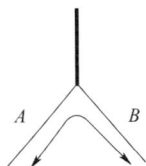

图 8-4 支线"V"形组织图   图 8-5 支线"O"形组织图   图 8-6 干支线"Y"形组织图

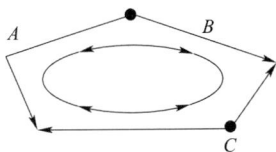

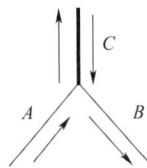

②"O"形支线。"O"形行车同样需要加强与主干线的联系,环内行车可以选取几个发车点(如两个),闭合双向发车。"O"形行车存在部分"V"形特点,设置的主要目的在于克服偏远地区支线运行的可持续问题,通过多条支线组织及主干线的带动作用,提高车辆运输效率。

对于起点相同,路径大部分一致的线路,多为城区往同一乡镇,在乡镇某一客流集散点疏散至相邻村的两条线路,高峰期可以采取干支线"Y"形或"O"形行车组织方式,乡镇客流集散点设置换乘枢纽实现支线与主干线的换乘。

单线片区的支线组织主要是利用不同村庄居民出行规律的不一致性来保证支线客流的稳定性,它需要与干线协调,统筹考虑线路的行车方式和运力调配。这种方式有利于克服村村通线路经营效益低下以致难以维持的现状,一定程度上保障农村居民乘车的稳定性。

2)多线片区组织形式

多线片区组织形式为多条相关城乡主干线及其支线形成的片区组织,多为起点不同但通往同一乡镇的主干线及支线之间的协调。多线片区组织形式是在单线片区组织的基础上相互融合,进一步加强线路之间的协调分工和运力调配,适合城乡公共客运网络较为发达、道路网络和基础设施较为良好的地区采用。线路运营方式与单线片区组织类似,以客流状况和道路条件为主要依据,良好条件下可采用公交化运营方式,支线网络根据实际情况采用公交或班线方式运营。受路网条件限制,相邻干线之间通常呈现"Y"形或"O"形布局。具体分析如下。

(1)干线组织。

①"Y"形干线组织。"Y"形存在复线部分,可以采用"高峰分线,低峰并车"的方式,即客流高峰时线路各自运行,低峰运力过剩时两条线路可在"Y"节点处并车运行,如图 8-7 所示。

②"O"形干线组织。"O"形多为两条干线或连同部分支线合拼形成,可以将其整合为类似环形线路运行,如图 8-8 所示。具体来讲,如 A 线路下行至 A、B 线路交汇点(终点)后不沿原路返回,而是沿 B 线路返回至起点,同样,B 线路沿 A 线路返回。但是两条线路又不仅是双抱环式运行,在客流高峰期以及各自联系的支线的影响下,也可以各自独立运行,与单线组织方式相同,且两种运行方式可以同时进行。

"O"形组织主要是为了协调两条干线不同的客流时间分布而采用的一种方式,由于存在两个汇合点,比较容易进行两条线路之间的运力调配,也有利于对支线客流的带动。

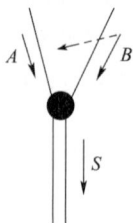

图 8-7 干线"Y"形组织图

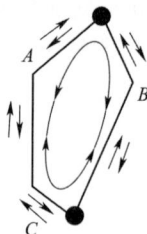

图 8-8 干线"O"形组织图

(2)支线组织。

多线片区的支线行车方式与单线组织基本一致,不同的是片区内支线数目较多且更为复杂,需要根据实际情况综合比较,选取适宜的组织形式。

多线片区干线的两种组织方式可与单线片区中的支线组织方式整合为"双 Y"形和"8"字形等线路组织形式,线路运行方式如图 8-9 和图 8-10 所示。

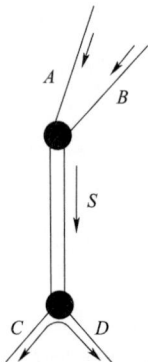

图 8-9 "双 Y"形线路组织形式

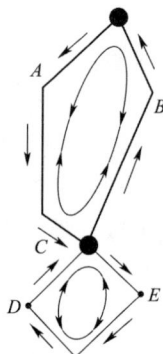

图 8-10 "8"字形等线路组织形式

①"双 Y"形支线组织。"双 Y"形组织方式将干线"Y"形组织与支线"V"形组织方式相结合,将两条线路构成一个整体,综合采用分段发车频率、低峰并车、干支线三线集散以及线路间运为调配等手段,有利于提高车辆满载率和干线服务强度,克服线路较长带来的运力调配困难的问题。

②"8"字形支线组织。"8"字形组织方式将干线"O"形和支线"O"形组织相结合,充分发挥环形线路的特点和作用,利用多个汇合点,进行线路行车组织与运力调配优化。"8"字形线路利用不同地域村庄聚集度和出行时间的差异性,将片区内部紧密联系起来,有利于克服城乡客流的波动性,加强相邻镇村间的联系和片区的融合。对于经济开发区职工上下班高峰潮汐性较为明显的情况,可以采取该类组织方式。

2. 区域整合形式

区域整合形式是把城乡公共客运线网归并为一个整体,并纳入到城市公交网络中,和城区公交一起,实现统一运营管理。从线路组织上来讲,是一种融合片区、统筹区域范围内城市公交线网和城乡公共客运线网的组织形式。区域整合下城乡公共客运线网不仅是单纯的片区组织,片区间界限逐渐被淡化,实现大区域范围的资源整合。线路在片区组织的基础上,更加体现区域范围的合理调度和优化,体现城区和城乡公交线路统筹,在城乡公共客运线网整体组织的基础上,考虑城乡公共客运线网与城市公交网络的衔接,协调各方利益,保证一定的公正性。从某种程度上说,在集约化经营和基础设施完善的前提下,这种形式较好地体现了城乡公共客运统筹发展。

二、城乡公共客运班车运行组织

1.运力配备

城乡公共客运运力配备内容包括确定干线配车数,结合线路运行组织形式,灵活配备支线运力。采用多线联运方式,整合优化片区运力。

1)干线运力配备

城乡公共客运主干线运营方式与城市公交类似(有些地区的城乡公共客运主干线已实施了公交化改造),可以借鉴城市公交配车方法进行干线配车,并对基本测算公式进行运送能力、发车频率修正。

(1)基本测算。

基于每条线路的最大客流量确定一条线路应配置的车辆数 W,按式(8-4)计算:

$$W = 2 \times \left(\frac{L}{v_y} + t_0 \right) \times n \tag{8-4}$$

式中:L——线路长度(km);

n——发车频率(车次/h);

v_y——车辆运营速度(km/h);

t_0——单程站点停车时间(h)。

根据运力配备的原则,运送能力必须不小于高峰小时线路的最大客流量,如式(8-5)所示:

$$U \geqslant Q \tag{8-5}$$

式中:U——运送能力,$U = m_H \cdot n$(人/h);

m_H——车辆的额定载客数(人/辆);

Q——高峰小时线路的最大客流量(人/h)。

客运量在一天不同时段呈现出"高峰""低谷"特点,对于某条城乡公共客运主干线路,其运力应不小于高峰小时线路最大流量,高峰小时线路最大客流量 Q 即线路的最小运能 U_{min},进而可以得出发车频率 n,推算出每条主干线路的最小配车数以及道路断面的配车数量,并体现线网的服务强度。具体计算过程如下:

由式(8-5)得出线路最小运能 $U_{min} = Q$。

求出发车频率 n,具体计算方法如式(8-6)所示:

$$n = \frac{Q}{\eta_i \cdot m_H} \tag{8-6}$$

式中:η_i——高峰小时车辆平均满载系数,一般取 $0.6 \sim 0.8$ 之间。

根据式(8-4)计算每条主干线路的最少配车数 W_i:

$$W_i = 2 \times \left(\frac{L_i}{v_y} + t_0 \right) \times \frac{Q}{\eta_i \cdot m_H} \tag{8-7}$$

（2）运送能力 U 的修正。

运送能力 U 通常定义为车辆的额定载客人数与单位时间发车频率的乘积，即 $U = mn$，其中 n 为发车频率，m 为车辆的额定载客数。该定义尚未反映线路的时间特征以及动态的运输能力。就其内涵而言，应当为单位时间（1h）内，在确定发车次数和运输车型的情况下，线路运送客流的最大数目（能力）；而就其计算公式而言，可以理解为单位时间（1h）内线路上所有车辆的整体容量（容纳乘客的数目），并未反映出客流的集散特点和动态的运输特性，而且在一定的发车频率和车型构成情况，实际运能通常大于计算得到的结果。这里引入"平均运距"的概念。

平均运距定义为客运周转量与乘客人数的商。客运周转量为单位时间内，全部乘客的乘车总行程。具体如式（8-8）所示。

$$\overline{d} = \frac{\sum\limits_{i=1}^{n} A_i S_i}{Q} \tag{8-8}$$

式中：$\overline{d}$——线路平均运距（km）；

A_i——第 i 站或各断面客流（通过量）（人/h）；

S_i——第 i 站的站距（km）。

由于线路上的客流存在集散性（客流的转换），客流量的总和应当大于所有车辆本身的容量和。就某一线路投入车辆的运输能力而言，应当与客流的平均运送距离相关，平均运距越小，反映的客流集散量越大，相应的运送能力（客流总数）也越大。由此得到如下修正公式：

$$U' = m_H \cdot \frac{2L}{\overline{d}} \cdot n = \frac{2QLm_H n}{\sum\limits_{i=1}^{n} A_i S_i} \tag{8-9}$$

式中：U'——修正后的运送能力，人/h。

该式也可以理解为对线路运行车辆的实际利用率的修正，即一辆车的运输能力应当是其额定人数的 $2L/\overline{d}$ 倍。

（3）发车频率与配车修正。

上述修正的运能 U 与运量 Q（或频率 n）都是单位时间内（1h）的测算值，一般城乡公共客运线路里程较长，线路的双向行程时间可能超过 1h，为便于理解，在实际运行中的车辆配置数目可以理解为基于高峰 T 时段内线路运能与需求的平衡下的推导，即：$TU' = TQ$，其中，$T = 2 \times \left(\frac{L_i}{v_y} + t_0\right)$。根据 $U' = U_{\min} = Q$ 求出发车频率 n，如式（8-10）所示：

$$n = \frac{\sum\limits_{i=1}^{n} A_i S_i}{2Lm_H} \tag{8-10}$$

得到城乡公共客运主干线路配车的修正计算公式：

$$W = \left(\frac{1}{v_y} + \frac{t_0}{L}\right) \cdot \frac{\sum\limits_{i=1}^{n} A_i S_i}{m_H} \tag{8-11}$$

2）支线配车

由于客流波动性较大,对城乡公共客运线网中的支线配车一般不能用通常的配车方法,可以根据实地调查与相关经验总结,按照整体配车、局部调整的方法进行。

支线配车与行车组织密切相关,存在数量上的不固定性,主要服从于片区整体行车调配计划。支线的运力配备应体现灵活性,结合片区(乡镇)的支线条数、道路状况、客流条件等因素综合考虑,充分结合主干线的车型、配车数等条件,在满足农村地区乘客出行需求的同时保障资源的共享与高效利用。

2. 发班模式

1)发班模式分类

(1)连续发班模式。

连续发班模式,即每隔一段固定的单位时间发送一趟班车,其发班间隔并不是一成不变的,在高峰期、平峰期、低谷期发车间隔不同。图 8-11 为某东土线路全天发车班次统计图,早高峰 5:30~9:00 平均每小时发车 8 班,晚高峰 16:00~18:30 平均每小时发车 6 班,低谷期 12:00~13:00 平均每小时发车 3 班,其余时段平峰期为平均每小时发车 4~5 班。

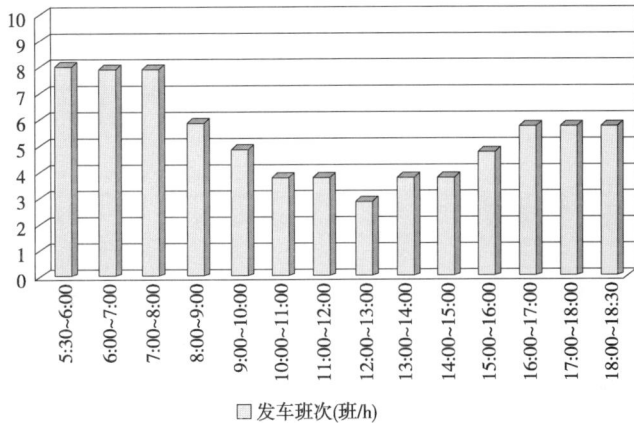

图 8-11 南京市江宁区东土线全天发车班次统计图

流水发班模式属于连续发班模式的特殊情况,即其发班间隔保持一定较小值不变,适用于客运量较大、线路里程较短的班线。

连续发班模式其车辆运行图如图 8-12 所示,班次图如图 8-13 所示。

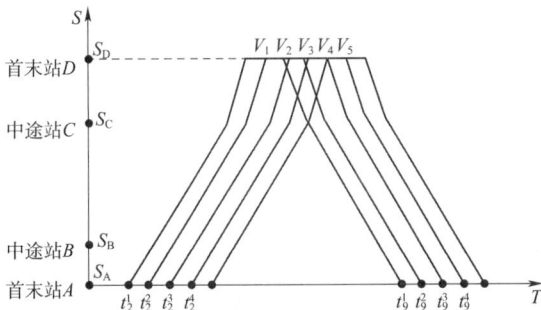

图 8-12 连续发班模式车辆运行图
注:$V_i(i=1,2,3,4,5)$为车次。

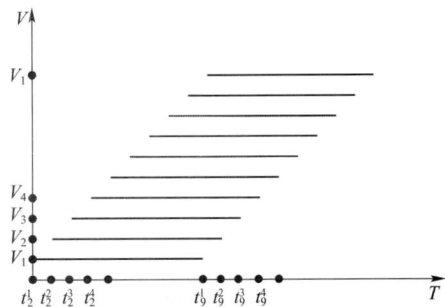

图 8-13 连续发班模式班次示意图

（2）间断发班模式。

间断发班模式即发班间隔较大,在固定的几个时间点发班,一般在早中晚三个固定时间点发车。公路客运中如南京发往济南(707km)的班线,其发班时间为9:00和14:00两班;南京发往广州(1863km)的班线只有20:00一班。

间断发班特点是班次间隔较大,发班次数少。适用于客运量较小、线路里程较长的班线。其车辆运行图如图8-14所示,班次图如图8-15所示。

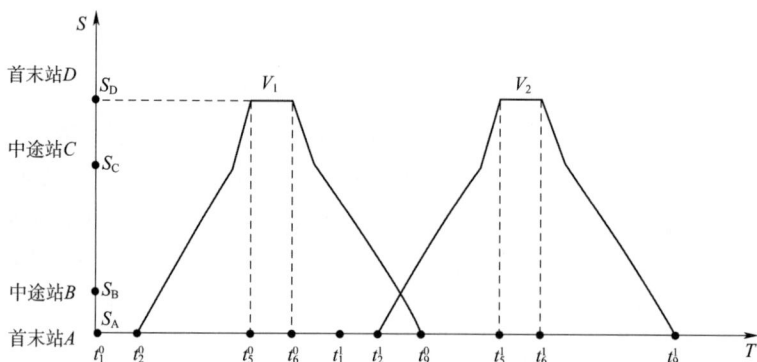

图8-14　间断发班模式车辆运行图

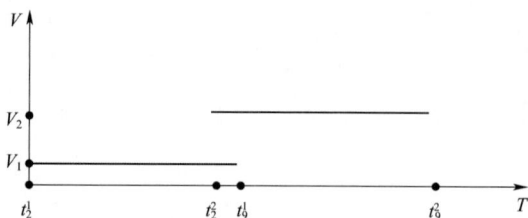

图8-15　间断发班模式班次示意图

（3）混合发班模式。

混合发班模式,即其发班频率介于连续发班和间断发班。混合发班的特点是班次间隔较大,发班次数也较多。适用于客运量较大、线路里程较长的班线。其车辆运行图如图8-16所示,班次图如图8-17所示。

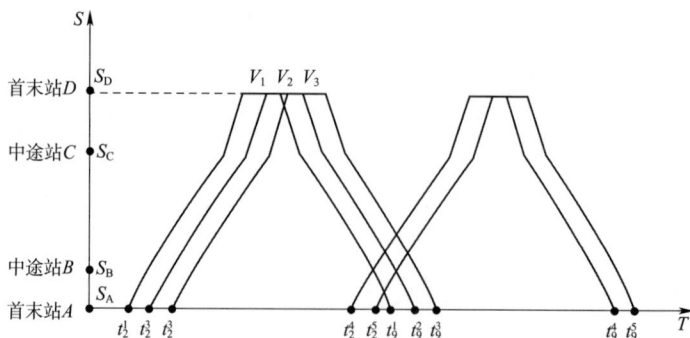

图8-16　混合发班模式车辆运行图

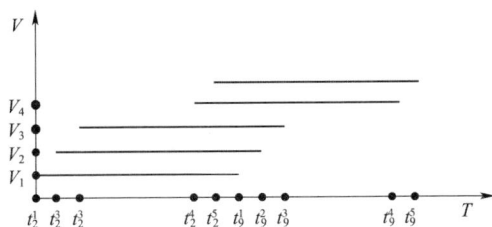

图 8-17　混合发班模式班次示意图

2）城乡公共客运班线运营线路发车模式选择

（1）对于片区内部线路，即二级线网的支线配车，应当与线路运营方式相适应。即公交化运营线路可按照干线配车方法进行配车，连续发班，区分高峰时段、平峰时段、低谷时段发车间隔；班线运营线路中，客流量较大线路可采取连续发班，客流量较小线路可采取混合发班模式。

（2）对于每日仅开几趟班车，体现社会公益性的支线班车可以根据所在片区干线的客流服务时间差，灵活调用主干线路的运输车辆，即采取间断发班或混合发班模式，做到资源的充分、高效利用，避免重复投入造成浪费。

（3）对于道路条件不太理想、距离较偏远的行政村支线线路，应当根据运量需求和客流特征进行动态的运力配备，在框定局部运力的基础上采用符合技术标准的小客车（6～9座）进行营运，可根据当地群众出行需要，核定线路，适当固定班次固定发车时间（如早中晚"三班制"方式），或与其他支线开展联合行车组织，以解决偏僻村庄、山区群众的出行。

思考与练习

1. 公路旅客客运站的功能是什么？如何分类及分级？
2. 公路旅客客运站的站务工作有哪些？有什么注意事项？
3. 公路旅客客运运班计划的编制有哪些步骤？
4. 编制运班计划应遵循什么原则？
5. 城乡公共客车运行线路组织方式分成哪些类别？
6. 简述城乡公共客车的运力计算方法。
7. 简述城乡公共客运班线运营线路发车模式类别及选择依据。

第九章 城市公交客运组织

城市常规公交是城市建设的重要组成部分,也是衡量城市经济发展程度和城市现代化建设水平的重要标志。依据乘客的需求,制订合理的常规公交的行车计划、行车调度计划,对于提高交通资源利用效率,缓解城市交通拥堵具有重要的意义。

第一节 城市公共交通概述

一、城市公共交通的类型及服务特征

1.城市公共交通的类型

城市公共交通(Urban Public Transit)是城市中供公众使用的经济、方便的各种客运交通方式的总称。狭义的公共交通是指在规定的线路上,按固定的时刻表,以公开的费率为城市公众提供短途客运服务的系统。在国内,公共交通系统中,出租车在客运交通中扮演了多重角色(服务对象具有公众性、行驶路线却是自由的)。常规地面公共交通是最常见、使用最广泛的公共交通服务形式,是大部分城市公共交通的主体,是大城市和特大城市公共交通系统的基础。城市公共交通系统与城市交通系统的关系可表示为图9-1。

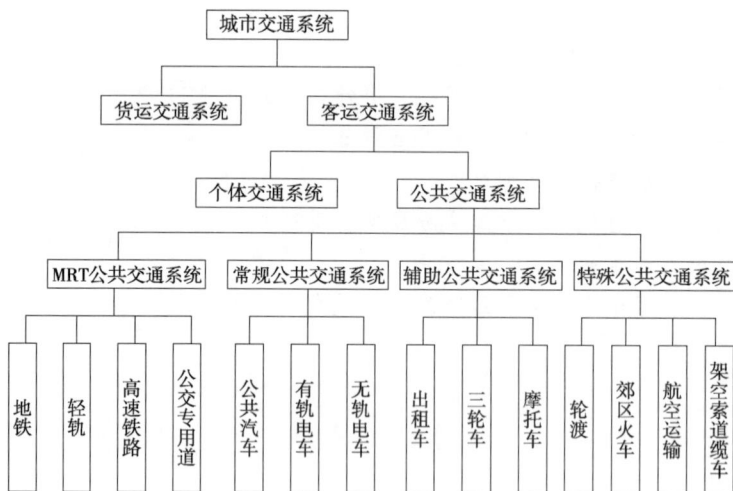

图9-1 城市公共交通系统与城市交通系统的关系

2.城市公共交通的服务特征

城市公共交通以人为服务对象,其服务特征主要体现在以下几个方面:

(1)城市公共交通为公众提供大众化、共享的出行方式。这是城市公共交通存在和发展的首要目的。城市公共交通应具有足够吸引力的客运服务能力及服务水平,促使尽可能多

的居民选择这种共享的大众化的出行方式,并为其提供良好的服务。

(2)城市公共交通是受多种因素影响的复杂系统。城市人口数量和密度、工作岗位数量和分布、城市用地性质和形态以及社会经济发展状况等都会对城市公共交通产生直接或间接的影响。

(3)城市公共交通属于准公共产品,具有一定的社会公益性。衡量城市公共交通经营水平的标准,首先是对公众出行的安全、方便、及时、经济、舒适等要求的满足程度,其次是企业的经济效益。为实现社会公益性目标,政府通常对城市公共交通服务实行价格管制。公交企业由于低票价、减免票形成的政策性亏损,由财政部门审核后给予合理补贴。

(4)城市公共交通大都采用定线、定站式的运营方式,即行车班次和行车时刻表完全按调度计划执行。这有利于城市公共交通进行良好的营运组织和利用先进信息技术提高服务的可靠性。

二、城市公共交通客运线路及线网

1.客运线路及线网的类型及特征

1)客运线路组织的原则

客运线路组织的基本原则是:

(1)线路的走向和服务区内主要客流方向相符合,并按照最短距离布置客运线路,尽量组织直达运输。

(2)线路的线形应尽量使车辆平均载客量利用程度较好。

(3)沿居民分布密度最大的区域布置线路。

(4)客运线路应连通城市边缘与市中心,并尽量与其他运输方式相互衔接或交叉。

2)客运线路类型及特点

城市公共交通客运线路是城市公共交通运行的基础。按照平面形状和相对位置,主要有直径式、辐射式、绕行式、环形式、切线式以及辅助式几种基本类型,如图9-2所示。

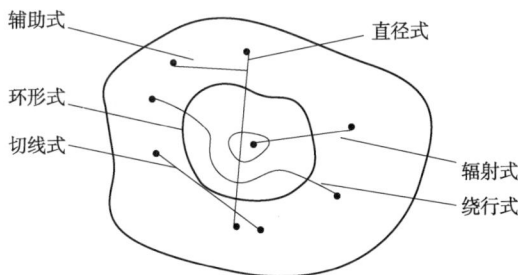

图9-2 客运线路基本类型

(1)直径式线路:以通过城市中心连接城市边缘为特征。

(2)辐射式线路:以沟通城市中心和城市边缘为特征。

(3)绕行式线路:以绕过城市中心区连接城市边缘为特征。

(4)环形式线路:以绕行城市中心区外缘,连接城市中心区以外主要客流点为特征。

(5)切线式线路:以与环形式线路相切,连接城市边缘而不通过城市中心为特征。

(6)辅助式线路:以担负主要交通干线之间交通联系或客流较小区域与交通干线之间交

通联系为特征。

3)客运线网类型及特点

城市公共交通客运线网是指由各种公交客运线路和站场设施组成的网络系统。城市公交客运线网规定着公共交通营运范围,决定着网点分布和相互之间的衔接交叉。其布局的合理与否直接关系到乘客和公交企业的效益,是衡量一个城市功能健全与否的重要标志。

城市公共交通线网的形成受城市规划、城市布局、道路网形状、客运交通方式结构、客流在时空上的分布特征等多种因素的影响和制约,主要有网格形、放射形、环形放射形、混合型等多种形式,如图 9-3 所示。

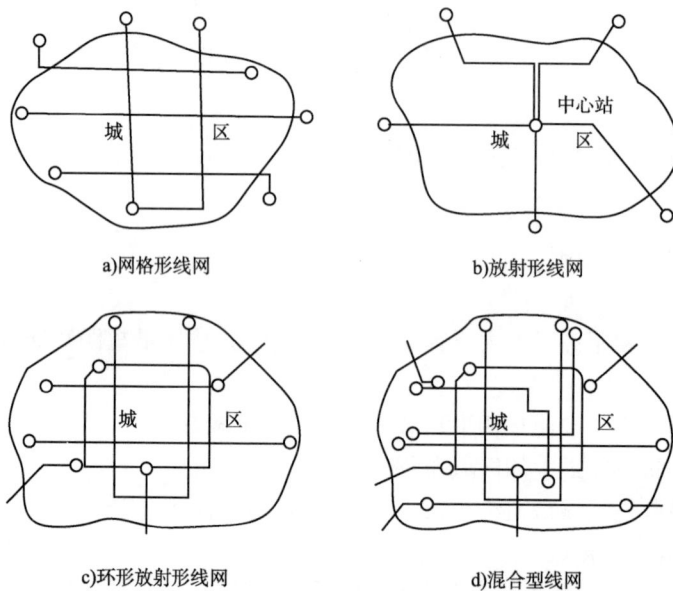

a)网格形线网   b)放射形线网

c)环形放射形线网   d)混合型线网

图 9-3　城市公共交通客运线网的类型

(1)网格形,也称棋盘形。由若干条相互平行排列的线路与另外若干条具有相同特点的线路大致相交成直角形成的。其优点是:乘客换乘次数少;通行能力较强;当客流集中时易于组织平行线路上的复线运输。缺点是:非直线系数大;换乘面积大;线网密度过大时易造成交通堵塞。

(2)放射形,也称辐射形。指大部分线路的一端汇集于市中心,另一端分别延伸至城市四周,与市郊、市区边缘客流集散点相连。放射形线网常出现在一些小城市。其优点是:方向可达性高,可为任何地区居民组织方便的公交服务;边远地区居民不须换车即可到达市中心。缺点是:给改建后的城市出现新的商业文化中心的交通带来了多次换乘的困难;要求市中心有足够的土地用于停车和回车;组织客运联系不方便,通行能力低。

(3)环形放射形:这是一种由城市中心向四周引出放射线,再由若干围绕市中心的环形线与放射线外缘连接起来的线网。常出现在大、中型城市。其优点是:市中心与各区以及各区之间联系方便、直接;非直线系数小。缺点是:易造成市中心压力过重;其交通的机动性较网格形差。

(4)混合型:是指根据城市的具体条件,由以上多种典型线形构成的综合性线网。

2.客运线路的技术参数

客运线路的技术参数主要包括线路数目、长度、非直线性系数及线网密度等。合理选择这些参数对乘客的乘车方便性、快捷性、安全性、提高公共汽车的运输效率与效益以及改善驾驶员的劳动强度等均有重大影响。

1)线路数目

线路数目,即线路条数(n_c)。对一个城市来说,线路的数目主要取决于城市客流量的大小及其分布情况,即:

$$n_c = \frac{L_N}{\overline{L_n}}$$ (9-1)

式中:L_N——服务区(城市)客运线路网总长度(km);

$\overline{L_n}$——客运线路平均长度(km)。

2)线路长度

确定客运线路长度时,主要考虑客运服务地区或城市的大小、形状,以及对行车组织和乘客交替情况的影响,尽量使车辆载客均匀。

实践证明,线路越长行车越难于准点,沿线客流会很不均匀;反之,线路过短又会造成乘客换乘较多,由于车辆在始末站停车时间相对增加而降低营运速度,同时也相应增加了行车管理工作量。因此,线路的平均长度($\overline{L_n}$),通常参照线路乘客上下车交替情况来确定,为平均运距的 2~3 倍。通常市区线路长度(大、中城市)为 5~10km,郊区路线长度可视实际情况而定。

3)非直线性系数

线路的非直线性系数(η_n),指行车线路起讫点间的实际距离与空间距离之比。

$$\eta_n = \frac{L_r}{L_l}$$ (9-2)

式中:L_r——线路起讫点间的实际距离(km);

L_l——线路起讫点间的空间直线距离(km)。

非直线系数过大,会使路线距离较长,乘车耗时增多;同时造成局部载客多,车辆载客不均匀。非直线系数过小,会导致换乘频繁。在进行线路组织时,应注意降低线路非直线系数。若合理布置行车路线,值可尽可能接近 1.0,对一般城市,整体取 1.15~1.20 为宜。对单条公交线,应不大于 1.5。

4)线网密度

城市公交线网密度可用纯线网密度(δ_n)和营运线网密度(δ_N)两种方法表示。纯线网密度是有公共交通线路经过的道路中心线总长度与有公共交通服务的城市用地总面积的比值;营运线网密度是指公共交通运营线路总长度与有公共交通服务的城市用地总面积的比值。

$$\delta_n = \frac{L_{sr}}{F}$$ (9-3)

$$\delta_N = \frac{L_N}{F}$$ (9-4)

213

式中:L_{sr}——公交线路经过的街道长度(km);

L_N——公交营运线路的长度(km);

F——有公交服务的城市用地面积(km^2)。

公共交通线网密度大小反映居民出行接近线路的程度,是公共交通服务水平评定的重要指标。一个城市的线网密度应保持适中,从理论上,主城区公交线网密度规范要求 3 ~ 4km/km^2,城市边缘地区公交线网密度规范要求 2 ~ 2.5 km/km^2。

5)线路重复系数

公共交通线路重复系数(μ_r)是指公共交通线路总长度与区域内线路网长度之比。它反映公交线路在城市主要道路上的密集程度。

$$\mu_r = \frac{L_N}{L_{sr}} \tag{9-5}$$

在《交通工程手册》规定,线网重复系数以 1.25 ~ 2.5 为宜,但在我国的城市中基本为 3 ~ 4,市中心的高达 6 ~ 7 也不少见。

6)公交站点覆盖率

公交站点服务面积占城市用地面积的百分比。以给定步行距离内可以到站的面积、居民人口或岗位数比例表示,评价居民利用公共交通系统出行的便利程度。通常按半径 300m 和 500m 计算。面积率是传统、直观的表示法,但利用城市管理 GIS 系统基础数据、用居民人口或岗位数比例表示更为合理。《城市道路交通规划设计规范》(GB 50220—1995)规定,大城市中心城区 500m 步行半径覆盖面积率应大于 50%,300m 步行半径覆盖面积率应大于 90%。

三、常规公交停车站设置

停车站是乘客上下车的地点,其设施是否合理,不仅影响客运车辆的行驶速度、乘客步行时间与道路通行能力,而且直接影响乘客吸引量的大小。因此,停车站设置问题,是城市客运网点配置的一个重要方面。

公交停车站根据服务对象与服务功能,可分为中间站、一般终点站、服务性终点站、枢纽站、总站和停车场、维修保养车以及培训场地和附属生活设施。实际上,停车站往往同时具备多个功能而形成综合场站。

1.中间站的设置

设置中间站主要应解决好站距与站址的选定问题。

1)站距的确定

站距的确定,通常指平均站距的确定。确定站距,主要考虑乘客的整体利益需要,即站距的大小应满足车上乘客乘行时间与车下乘客步行时间都最少的要求。一般而言,较长的车站间距可提高公交车的平均运营速度,并减少乘客因停车造成的不适,但乘客从出行起点(终点)到上(下)站的步行距离增大,并给换乘出行带来不便;站间距缩短则反之。最优站间距规划的目标是使所有乘客的"门—门"出行时间最小。

据此,可采用下列经验公式综合确定平均站距:

$$\overline{L_c} = \lambda \sqrt{\frac{V_{st} \overline{L_p} t'_s}{30}} \tag{9-6}$$

式中：$\overline{L_c}$——平均距离(km)；

　　λ——站距修正系数，一般 $\lambda = 1.0 \sim 1.3$，通过市中心或闹市区的线路可取较低值，接近市边缘的线路可取较高值；

　　V_{st}——乘客的步行速度(km/h)，一般为 $3.6 \sim 4.0$ km/h；

　　$\overline{L_p}$——乘客平均运距(km)；

　　t'_s——平均每站停车损失的时间(min)，即在平均运距内，乘客因车辆停站而延误的乘行时间，包括停车时间及车辆因起步加速与停车减速而损失的时间。

除上速算法外，也可以采用经验采用经验的方法来确定平均站距，根据《城市道路交通规划设计规范》(GB 50220—1995)规定：公交车站站距应保持市区 500～800m，郊区 800～1000m 的范围。选其一值作为平均站距，然后根据线路实际情况选定停车站站址，经过试运行后最后确定下来。

2）站址的确定

中间停车站，按其利用情况，可分为固定站、临时站和招呼站。固定站，指车辆在每单程运输过程中都必须按时停车的停车站；临时站，指一天中的固定时刻或一年中的某个固定季节需停车的停车站；招呼站，指在线路上有乘客招呼上、下车时才停车的停车站。

具体确定站址时，应注意考虑以下几个因素综合确定：

（1）考虑停车站类型。一般情况下固定车站应该设在一天中往返乘客较多、乘客经常交替的地方；临时站应设在一天中某些时刻或一年中某个季节乘客交替较多的地方；招呼站，宜较长距离之间或沿线乘客不多但周期性客流发生的地方。

（2）便于乘客乘车、换车。因而应设在乘客较集中的地点和交叉路口附近，如在同一地点有不同线路或不同运输方式车辆设站时，应尽量设在相邻处，以便乘客乘车。

（3）便于车辆起动和加速。应尽量避免设在上坡处。

（4）设在交叉路口附近时，一般尽量设在路口前(图9-4)，以减少红绿灯的影响，减少速度损失。有时，在多数乘客下车要经过路口时，为了过路乘客方便与安全，可以酌情把停车站设在交叉路口之后。

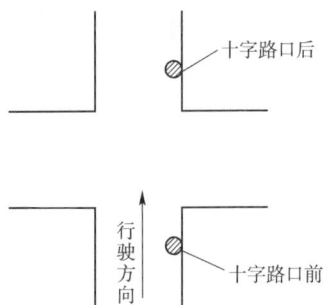

图 9-4 交叉路口设站示意图

2. 公交起、终点站

公交车辆起、终点站的主要功能是为线路上的公交车辆在开始和结束营运、等候调度以及下班后提供合理的停放场地的必要场所。它既是公交站点的一部分，也可以兼顾车辆停放和小规模保养的用途。对公交起、终点站的规划主要包括起、终点的位置选择、规模的确定以及出入口道路等几方面内容，规划时应遵循以下原则：

（1）公交起、终点站的设置应与城市道路网的建设及发展相协调，宜选择在紧靠客流集散点和道路客流主要方向的同侧。

（2）公交起、终点站的选址宜靠近人口比较集中、客流集散量较大而且周围留有一定空地的位置，如居住区、火车站、码头、公园、文化体育中心等，使大部分乘客处在以该站点为中心的服务半径范围内(一般为350m),最大距离不超过700~800m。

(3)公交起、终点站的规模应按所服务的公交线路所配运营车辆的总数来确定。一般配车总数(折算为标准车)大于50辆的为大型站点;26~50辆的为中型站点;小于26辆的为小型站点。

(4)与公交起、终点站相连的出入口道应设置在道路使用面积较为富裕、服务水平良好的道路上,尽量避免接近平面交叉口,必要时出入口可设置信号控制,以减少对周边道路交通的干扰。

公交起、终点站还应设有车辆停放场地,供高峰过后抽调下来的车辆停车。如果辟用专用场地困难,可以利用路线附近交通量较少的道路支线停车。北方地区的公交起、终点站还应设车辆冬季运行所必需的供热设施等。

在候车乘客较多的公交起、终点站,应适当设置乘客排队场地、护栏、站台、防雨棚及向导牌设施等。所有停车站,均应设置站杆、站牌,对停车站名、路别、路线走向、沿线站名、首末车时间等项内容必须标记清楚完整。现代化停车站设施中,还应该包括行车信息的装置及自动化问讯装置。

第二节　常规公交行车作业计划编制

城市公交行车计划,是根据运输生产要求和客流基本变化规律编制的指导线路运输作业的计划,以适应不同季节、不同工作日和节假日的客流变化需求。它是企业组织运营生产的基本文件。公交行车计划是公共交通运营调度的基础,体现了公交企业的经营方向和企业的管理水平,包括行车时刻表、车辆排班计划、司售人员排班计划三个组成部分。

公交企业的主体资源有三大类:一是作为工具的运营车辆,二是作为工具使用者的驾驶员,三是作为营运平台的线路和场站。常规公交行车计划编制通常需满足如下原则:

(1)依据客流动态变化规律,以最大限度的方便和最短的时间安全运送旅客。

(2)调度形式的确定,要适应客流需要和有利于加快车辆周转,提高运营效率。

(3)充分挖掘车辆的运用潜能,不断提高劳动生产率。

(4)组织有计划、有节奏、均衡的运输秩序。

(5)在不影响服务质量的前提下,兼顾职工劳逸结合,安排好行车人员的作息时间。

(6)根据季节性客流量变化来适时调整计划,并根据每周、每日的不同客流量,应该制订并执行不同的计划安排。

一、车辆调度的类型及选择

所谓调度,就是调动与安排。从系统角度看,常规公交车辆调度系统,涉及人(司售人员、调度人员等)、车(常规公交车)、路(公交车辆所行驶的道路)、环(公交车辆运营过程中所处的环境)、管(常规公交车辆运营过程中需要遵守的交通法规、公司规定)等多项影响因素。

常规公交车辆调度,是指公交企业根据客流的需要,考虑车辆满载率、行驶里程限制、相关法规政策限制条件下,通过编制运营公交车辆的行车计划和发布调度命令,协调运营生产各环节、各部门的工作,合理安排、组织、指挥、控制和监督运营公交车辆运行,从而实现如使用车辆数尽量少、与车辆行车时刻表误差尽量小、极小运营费用完成极大出行需求量等目标,同时使得企业生产达到预期经济目标和社会服务效益。

1.常规公交车辆调度的形式

车辆调度形式,指营运调度措施计划中所采取的运输组织形式。有以下两种基本分类:

(1)按车辆工作的时间长短与类型,分为正班车、加班车与夜班车。

①正班车:主要指车辆在日间营业时间内连续工作相当于两个工作班的一种基本的调度形式,所以又称双班车、大班车。

②加班车:指车辆仅在某种情况下,在某段营业时间内上线工作,并且一日内累计工作时间相当于一个工作班的一种辅助调度形式,所以又称单班车。

③夜班车:指车辆在夜间上线工作的一种车辆调度形式。一般城市夜间客运量不大的线路,主要行驶夜班车的车辆连续工作时间不足一个工作班,因此常与日间加班车相兼组织,只在夜间客运量较大的营运线路,夜班车连续工作时间相当于一个工作班。

上述三种车辆调度形式的基本分类关系如表9-1所示。

车辆调度形式分类关系表 表9-1

调度形式	工作时间长短	工作时间类型
正班车	双班	日间;或以日间为主
加班车	单班	日间;或夜间相兼
夜半车	单班	夜间;或以夜间为主

(2)按车辆运行与停站方式,可分为全程车、区间车、快车、定班车、跨线车等。

①全程车:指车辆从起点发车到终点站为止,必须在沿线个固定停车站依次停靠,按规定时间到达相关站点并驶满全程的一种基本调度形式,因此又称为慢车。

②区间车:指车辆仅行驶线路上某一客流量的高路段或高区段的一种辅助调度形式。

③快车:指为适应沿线长距离乘车的需要,采取的一种越站快速运行的辅助调度形式。包括大站(快)车与直达(快)车两种。

a.大站车:指车辆仅在沿线乘客集散量比较大的停车站停靠和在其间直接运行的调度形式。

b.直达车:是快车的一种特殊形式,车辆只在线路的起、终点站停靠和直接运行。

④定班车:为了接送有关单位职工上下班或学生上下学而组织的一种专线运输形式。车辆可按定时间、定路线、定班次和定站点的原则进行运输。

⑤跨线车:是为了平衡相邻线路之间客流负荷,减少乘客转乘而组织的一种车辆跨线运行的调度形式。

实践证明,上述调度形式,对平衡车辆及线路负荷,改善拥挤,提高运输生产率和运输服务质量以及促进客运发展方面都发挥了积极的作用。

2.常规公交车辆调度的分类

根据不同分类标准,常规公交车辆调度有不同种类划分。

1)按系统组织模式划分

(1)线路调度:指公交运营企业以各条公交线路为单位,以线路(车队)为运营组织调度实体,对公交车辆进行运营调度。由于历史原因,目前我国城市公交调度普遍采用线路调度的方式,这在很大程度上是由我国当前公交运营企业的管理体制决定的。

线路调度的行车计划是按线路客流最大断面决定配车的,在线路的起、终点站均设调度员,实行两头调度。因而各线路实体"小"而"散",车辆停放分散,加油、洗车、低保作业以及员工餐饮、休息等生活设施需多处兴建。相对于区域调度,线路调度的集中程度较低,对公交车辆的使用效率较低。

(2)区域调度:指在一定地域范围内,原来各自独立运营线路上的车辆、人员,通过一定的技术手段和管理组织协调起来,以一个区域为单位,对公交车辆进行运营调度,使资源得到最有效配置和充分利用的一种组织模式。区域调度有单车场调度和多车场调度两种。单车场调度是指在同一调度区域内所有运营车辆均由一个车场管理,即同一车场发车、同一车场存放。多车场调度则是指在同一调度区域内所有运营车辆由多个车场管理,即运营车辆从多个车场发车、完成任务后又返回各自车场。国外大城市普遍采用区域调度的形式。

区域调度的调度范围大,统一编制行车计划,可以使闲置的人力、运力在线路间调剂互补,实现车辆跨线运营,实现运输资源在多条线路之间的优化配置,达到节约资源的目的。又因为其调度手段是通过计算机实现,所以调度速度快、效果好。此外,区域调度的场站统一,可以集中管理公交车辆及驾乘人员,节省管理成本,并能集中财力、物力,提高配套设施的建设标准。

2)按系统获取数据属性划分

所谓数据属性是指调度系统获取的公交数据的属性,分为以下两类:第一类为静态数据,即在一定时间内不发生变化或不需要实时更新的数据,如公交线路所经站点数据、公交站点位置数据等城市公交基础设施信息的数据、车辆行程时间历史经验数据等。第二类为动态数据,指随着时间变化实时更新的数据,包括公交站点的客流量、公交车辆位置数据、车辆实时速度信息、交通流量数据等。

(1)静态调度:指根据历史调查统计的乘客需求量、车辆行程时间等静态数据,编制车辆的行车时刻表,车辆按照编制好的时刻表进行运营。静态调度并没有考虑公交车辆运行环境中的随机和不确定因素,只是假设所有数据都是确定和不变的,将实际复杂的公交车辆调度问题进行了简化处理。

(2)动态调度:指在相关系统比较完善的基础上,全面地采集车辆运行环境、车辆、客流等各种相关动态数据,根据信息反馈,及时发现车辆实际运行与时刻表的偏差,采取重新调度或在线调整等动态调度方法,得到更新了的车辆行车时刻表,从而最终满足因系统外在变化而引起的内在适应需求,保证公交车辆运营秩序的稳定,提高公交的服务水平。通常所说的实时调度属于动态调度。

3. 车辆调度形式的选择

线路基础行车时刻表的编制需要以正班车和全程车作为基本的发车形式,并根据线路客流的每日时段分布等情况辅以采用其他形式。当某一时段客流断面不均衡评价值达到相应规模时,应考虑在该时段运用加班或区间车等形式。

1)区间车调度形式的确定

可通过计算路段(断面)客流量差或路段不均匀系数的方法确定区间车调度形式。关于路段不均匀系数的计算及差别准则可按第四章中提到的公式(4-4)进行。

(1)通过路段客流量差确定。

路段客流量差($\Delta Q_i''$),指统计时间内某条路段客流量与沿线中各路段平均客流量之差,即:

$$\Delta Q_i'' = Q_i'' - \overline{Q''} \tag{9-7}$$

式中:i——沿线路段序号,$i = 1, 2, \cdots, k$;

Q_i''——第 i 路段客流量;

$\overline{Q''}$——沿线各路段平均客流量。

凡采用区间车调度形式,须满足下述条件:

$$\Delta Q_i'' \geqslant (2 \sim 4) q^0 \tag{9-8}$$

式中:q^0——计划车容量,即车辆的计划载客量,参见计算公式(9-13)。

(2)路段不均匀系数(K_{Li})。

路段不均匀系数:指单位时间内运营线路某路段单向客流量与该单向的各路段平均客流量之比。

当路段不均匀系数满足 $K_{Li} \geqslant K_{Li}^0 (1.2 \sim 1.5)$ 时,应开设区间车。满载率定额较高时取小值,反之取大值。判断区间车的运行区间,可根据表9-2所示的判断准则。

区间车的判断准则 表9-2

判断准则	条件	限制条件
路段不均匀系数	$K_{Li} \geqslant 1.2 \sim 1.5$	当满载率定额较高时取较小值,反之取较大值
路段客流量差	$\Delta Q_i'' \geqslant 2 \sim 4$ 倍计划车容量(q^0)	

2)快车调度形式的确定

(1)站点不均匀系数(K_{zj})。

根据客流调查结果,当某段时间内沿线若干站点乘客集散量(Q_{cj})超过各站点平均集散量($\overline{Q_{cj}}$)并且长乘距乘客较多时,可沿路线方向集散量较大的站点行驶快车,以缓和拥挤和消除留站现象。

一般,对于 $K_{zj} \geqslant K_{zj}^0 (1.4 \sim 2.0)$ 的停车站,可考虑开设快车,以缓解乘车拥挤,提高运输效率。

(2)方向不均匀系数(K_f)。

方向不均匀系数:指在单位时间内运营线路高单向客流量与平均单向客流量之比。

当线路两个方向客流很不均衡,方向不均匀系数满足 $K_f \geqslant K_f^0 (1.2 \sim 1.4)$ 时,应考虑在客流较小的方向开设快车,加快低客流方向车辆周转。判断快车的运行区间,可根据表9-3所示的判断准则。

快车的判断准则 表9-3

判断准则	条件	限制条件
站点不均匀系数	$K_{zj} \geqslant 1.4 \sim 2.0$	当满载率定额较高时取较小值,反之取较大值
方向不均匀系数	$K_f \geqslant 1.2 \sim 1.4$	

3)高峰加班车调度形式的确定

通过计算时间不均匀系数(K_{ti})的方法确定。时间不均匀系数指运营线路日营业时间内某一时段(可取1h)客运量与各时段平均客运量之比。

客流高峰仅在线路个别营业时段内发生。如果时间不均匀系数 $K_{ti} \geq K_t^0(1.8 \sim 2.2)$,可根据客运服务要求及具体客运供需条件,在这一时段开设加班车。

选择调度形式,除根据客流情况进行上述有关计算外,尚须结合道路及交通条件,企业自身的组织与技术条件,以及有关运输服务质量要求等项因素综合确定。

【例9-1】 已知某公共汽车线路有关数据如表9-4所示,试确定有无必要开设区间车调度形式。

高峰小时路段客流统计表 表9-4

路段 客流量 \ 停车站	汽车厂	孟家屯	配件厂	宽平桥	灯泡厂	修理厂	广场	医大	解放路	公园	市场	南关
i	1	2	3	4	5	6	7	8	9	10	11	
上行→ Q_i''(人次)	700	1149	1241	1783	1977	1975	2246	2237	2358	1940	1561	
下行← Q_i''(人次)	6680	1059	1288	1737	1867	2036	2310	2410	2383	2237	1602	
车厢定员人数 $q_0 = 129$ 人					计划满载率 γ^0 为 1.0							

解:可有两种确定方法。

(1)采取计算路段客流量差(Q_i'')的方法进行确定。因其客运高峰期间计划满载率较高($\gamma^0 = 1.0$),所以其判定条件可略低于上限值,即为:

$$\Delta Q_i'' \geq 3q^0; 3q^0 = 3 \times 129 = 387(人次)$$

(2)采取计算路段不均匀系数的方法进行确定。因其客运高峰期间计划满载率较高,所以其判别条件可取下限值,即 $K_{Li} = 1.2$。其平均路段客流量为:

上行方向:

$$\overline{Q''} = \frac{\sum Q_i''}{K} = \frac{19167}{11} \approx 1743(人次)$$

下行方向:

$$\overline{Q''} = \frac{\sum Q_i''}{K} = \frac{19609}{11} \approx 1783(人次)$$

各路段的路段不均匀系数(K_{Li})及路段客流量差($\Delta Q_i''$)的计算结果,如表9-5所示。由表9-5可知,按上述两种方法计算结果,在 $i = 7,8,9,10$ 四个路段,其 $\Delta Q_i'' \geq 3q^0$(或 $K_{Li} \geq 1.2$),有必要开设区间车。即在客运高峰小时内,可在广场—医大—解放路—公园—市场这一区段(共包括四个区段)开设区间车。

路段客流量差及路段不均匀系数统计表　　　　　　表 9-5

项目 ＼ 停车站		汽车厂	孟家屯	配件厂	宽平桥	灯泡厂	修理厂	广场	医大	解放路	公园	市场	南关
i		1	2	3	4	5	6	7	8	9	10	11
路段客流量差 $\Delta Q''_i$	上行→	—	—	—	40	234	232	503	494	615	197	—
	下行←	—	—	—	84	253	527	627	600	454		
路段不均匀系数 K_{Li}	上行→	—	—	—	1.02	1.13	1.13	1.29	1.28	1.35	1.11	—
	下行←	—	—	—	1.05	1.14	1.30	1.35	1.34	1.27		
开区间车路段（※）		—	—	—	—	—	—	※	※	※	※	

注：$K_{Li} < 1$ 的，没有填入表内车辆行车计划编制技术。

4. 常规公交调度流程及组织形式

因为公交车辆运行的环境是一个动态系统,存在许多随机和不确定因素,且传统调度方法是按照以往经验编制的行车计划,所以在实际车辆运营过程中会不可避免地出现一些问题。如在起、终点站,由于客流量变化、道路交通状况变化或其他因素的影响,车辆行程时间经常出现变化。为满足客流需求和车辆正常运营的需要,需要现场临时调度,现场调度是目前公交系统最常用的方法。

（1）现场调度的含义。

现场调度是指在运营线路的行车现场,调度人员为了使运营车辆运行与客流变化相适应,依据行车组织实施方案,直接对运营车辆及有关人员下达调度指令等一系列的活动,它是城市公交运营管理系统中的最基层的重要管理工作。

（2）现场调度的任务与内容。

由于现场调度的工作涉及范围很广,内容很多,加上各个城市的基础设施和社会生活环境的差异性,故其具体内容不尽相同。按一般情况分析,可将现场调度的内容归纳为以下几项：

①行车间隔的正常化。

②行车秩序的恢复。

③行驶时间的延长或缩短。

④运输能力的增减。

⑤行驶路线的变动。

⑥常规调度。

⑦异常调度。

现场调度的传统调度方法可简单概括为"提、拉、越、调、补"。

①"提"：加大行车密度。在线路遇到高峰客流密集的情况下适当减小发车间隔,以减缓满载率过高压力。

②"拉"：拉大行车间隔。在线路车辆没能按计划配备而出现少车的情况下,或车辆由于阻塞、抛锚等原因未能在规定时间到达起、终点站的情况下,适当拉大发车间隔,以弥补后备车辆不足的问题。

③"越"：越站放车。线路上部分中途站和起、终点站客流需求集中时采取大站快车形式

221

而采取的迅速集散措施,公交车辆只在大站停靠,其他站点不作停留。

④"调":从其他线路调车增援。线路上出现客流突然集中,或遇车辆故障、道路严重阻塞而车辆配备较少难以正常运转时,由线路调度组申报分公司调度室从其他线路调派增援车辆的一种方法。

⑤"补":区间车调度。当线路由于客观原因造成大间隔而破坏行车连续性的时候,通过缩短行车周期,让部分车辆从中途掉头补充的措施。

以上传统现场调度方法是调度人员在遇到突发情况时进行现场调度的方法总结,一定程度上属于动态调度。但这种动态调度却是以调度人员的经验为基础,对其自身素质要求较高。

二、常规公交行车作业计划编制

行车作业计划的是公共汽车运输企业各基层单位在计划期内应完成的一系列工作指标,从而为线路运营管理和调度工作提供依据。行车作业计划的编制质量直接影响到企业的经济效益和社会效益。

行车作业计划的编制,必须在线路客流调查、预测与分析的基础上进行。计划编制的主要内容包括:确定车辆运行定额、计算车辆运行参数及编制行车作业计划图表等。其编制的一般程序如图 9-5 所示。

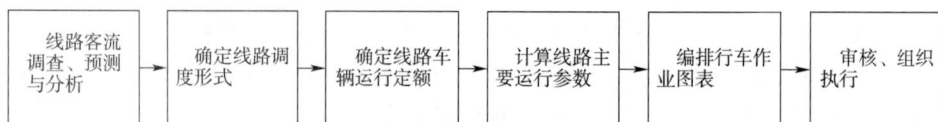

图 9-5　行车作业计划编制的基本程序

行车作业计划具有一定的稳定性,一般每季度编制(调整)一次。行车作业计划一经制定,调度人员和行车人员以及企业全体职工必须严格按照行车作业计划规定的线路班次、时间,按时出车、正点运行,保证计划的完整性。

1. 车辆运行定额

车辆运行定额,指在运营线路具体工作条件下为完成运输过程所规定的运输劳动消耗标准量。是常规公交客运企业合理组织运输服务与计划管理、贯彻按劳分配原则。制订先进、合理的车辆运行定额,将有利于促进运输劳动生产率和运输服务质量的提高。

车辆运行定额主要包括车辆运行时间定额和车辆载客量定额两种类型。其中,车辆运行时间定额又包括单程时间,起、终点站停站时间和周转时间。

1)单程时间(t_n)

单程时间,即车辆完成一个单程的运输工作所耗费的时间。它包括单程行驶时间(t_{nT})和在各中间站的停站时间(t_{ns}),即:

$$t_n = t_{nT} + t_{ns} \quad (\text{min}) \tag{9-9}$$

式中,单程行驶时间为车辆在一个单程中沿各路段行驶时间之和;路段行驶时间是指车辆由起步开始,经过加速行驶、稳定行驶、行车减速至到达停车站点完全停止运行所耗费的全部时间。单程行驶时间与路段行驶时间的关系为:

$$t_{nT} = \sum_{i=1}^{k} t_{ti} \tag{9-10}$$

式中：t_{ti}——车辆在第 i 路段的行驶时间(min)。

在实际工作中,通常采取观测统计方法确定单程行驶时间时,原则上应分路段与时间段,即首先按不同季节或时期确定行驶时间按路段与时间段的分布规律,然后相对不同路段与时间段取其均值作为标定行驶时间定额的依据,再根据沿线交通情况按各时间段分别确定行驶时间定额。在交通情况比较稳定时,按客流峰(如高、平、低峰)分别确定即可。

中间停靠站时间是指车辆在中间站完全停车后经过开门、乘客上下车以及乘客上下车完毕后关门后至起车前的全部停歇时间。停站时间受中间停靠站的交通状况(如到站车辆的数量),驾驶员在停车后开关车门的准备,旅客上下车的速度以及上下车旅客的数量等多种因素的影响。

2)始末站停站时间($\overline{t_t}$)

线路始末站停站时间,包括为车辆调车、办理行车文件手续、车辆清洁、行车人员休息与交接班、乘客上下车以及停站调节等必需的停歇时间。

在客流高峰期间,为加速车辆周转,车辆在始末站的停车时间,原则不应大于行车间隔的 2~3 倍。在平峰期间始末站停站时间的确定,需要考虑车辆清洁、行车人员休息、调整行车间隔以及车辆例行保养等因素。

通常可以单程时间为准,按下式适当确定平峰期间始末站平均停站时间 $\overline{t_t}$ (min)：

$$\overline{t_t} = \begin{cases} 4 + 0.11 t_n & (10 \leqslant t_n \leqslant 40) \\ 0.21 t_n & (40 \leqslant t_n \leqslant 100) \end{cases} \tag{9-11}$$

在平峰期间还另外规定每一正班车的上、下午班车,各有一次就餐时间,每次 15~20min。我国多数城市夏季伏天(7~8 月)中气温较高,一般在每日下午开始后一段时间里气温最高,此时应适当增加始末站停站时间,以保证行车人员必要的休息,增加时间一般不宜超过原停站时间的 40%。

3)周转时间(t_0)

周转时间 t_0 (min)等于单程时间与平均始末站时间之和的二倍,即：

$$t_0 = 2(t_n + \overline{t_t}) \tag{9-12}$$

由于在一日内,沿线客流及交通量的变化均具有按时间分布的不均匀性,因此车辆的沿线周转时间须随时间分别确定。而在早晚低峰及各峰期之间的过渡时间段,为了在满足客流需要的前提下尽量减少运力浪费,路线车辆或车次数将有明显的增减变化。此时为便于组织车辆运行,常允许此期间的车辆周转时间可在一定范围内变化,即规定此期间的周转时间为一区间值。因此各不同客运峰期内的周转时间尽可能与该峰期延续时间相匹配,或不同峰别的相邻时间段周转时间与相应时间段总延续期间相协调。

4)计划车容量(q^0)

计划车容量,指行车作业计划限定的车辆载客量,又称(计划)载客量定额。这是根据计划时间内线路客流的实际需要、行车经济性要求和运输服务质量标准确定的计划完成的车辆载客量。可按下式确定：

$$q^0 = q_0 \gamma^0 \tag{9-13}$$

式中:q^0——计划车容量(人);

q_0——车辆额定载客量(人);

γ^0——车厢满载率(%)。

车辆额定载客量(q_0),首先取决于车辆载质(重)量的大小。对于确定载质量和车厢有效载客面积的车厢,则主要取决于座位数与站位数之比。

由于市内乘客乘车时间比较短,平均15~20min,所以站位比例可比较高。目前我国市区公共汽车座位与站位之比为1:3~1:2,郊区路段乘客由于乘车时间比较长,公共汽车的座位之比为1:0.7~1:0.5,而城间长途公共汽车原则上应不设站位。

车厢内有效站立面积的乘客站位数,根据有关国家标准确定。我国《客车装载质量计算方法》(GB/T 12428—2005)规定,每平方米有效站立面积的乘客站位数最高限定为8人。

5)满载率

满载率是衡量公交车辆是否满足需求的重要指标,包括高峰满载率和平峰满载率。

高峰满载率用于评价高峰时段公交服务水平及发车频率是否合理,也可表示统计期内某线路车辆载客最大利用程度和车厢拥挤程度,一般高峰期间车厢满载率定额 $\gamma_{a高} \leqslant 1.1$;平峰线路满载率表示线路舒适程度和运营状况,平峰期间车厢满载定额平均 $\gamma_{a平} \geqslant (0.5~0.6)$。

2.运行参数的计算

一般,编制行车作业计划所需的主要参数包括路线车辆数,正、加班车数及行车间距等。

1)路线车辆数

路线车辆数包括组织线路营运所需的车辆总数(A)与营业时间内第 i 个时间段所需的车辆数(A_i)。确定 A,一般以高峰小时客流所需车辆为准;确定 A_i,应根据该时间内最高路段客流量及计划车容量。当有多种调度形式时,线路车辆数(A)为各种调度形式所有车辆的总和。

(1)分时间段线路车辆数 A_i。

若已知在正点行车情况下某时间段(通常按小时计)内通过线路上同一停车站的车辆数(f_i)和车辆在同一时间段内沿线行驶的周转数(η_{0i}),那么,在该时间段内所需车辆数为:

$$A_i = \frac{f_i}{\eta_{0i}} \quad (辆) \tag{9-14}$$

式中:f_i、η_{0i}——在线路营业时间内第 i 时间段的行车频率与周转系数。

①行车频率 f_i(辆/h),是指第 i 个时间段内通过营运线路某一站点的车辆次数,任意时间段内的行车频率为:

$$f_i = \frac{Q_i''}{q_0 \gamma_i^0} \tag{9-15}$$

式中:Q_i''——第 i 时间段内营运线路高峰路段客流量(人次);

γ_i^0——第 i 时间段内最高路段的计划车厢满载率定额。

②周转系数 η_{0i} 是指第 i 个时间段内车辆沿整条线路所完成的周转数,即:

$$\eta_{0i} = \frac{60}{t_{0i}} 或 \eta_{0i} = \frac{t_i}{t_{0i}} \tag{9-16}$$

式中：t_i——第 i 时间段延续时间（h 或 min）；

t_{0i}——第 i 时间段内的车辆周转时间（min）。

将 f_i 和 η_{0i} 分别带入式（9-16），得：

$$A_i = \frac{Q''_i t_{0i}}{60 q_0 \gamma_i^0} \qquad (9\text{-}17)$$

（2）线路车辆总数 A（辆）。

对于一条营运线路，车辆总数代表了该线路的最大运力水平，因此，可以通过该线路最大运输需求确定线路车辆总数。通常营运线路最大运输需求可用高峰小时高峰路段客流量代表。

当营运线路所有车辆都采用全程车运行方式时，高峰小时对应的线路车辆数即为线路车辆总数 A（辆），即：

$$A = \frac{Q''_s t_{0s}}{60 q_0 \gamma_s^0} \qquad (9\text{-}18)$$

式中：t_{0s}——高峰小时的车辆周转时间（min）；

Q''_s——高峰小时高峰路段客流量（人次）；

γ_s^0——高峰小时计划满载率定额。

2）正、加班车数

正班车数 A_n（辆）与加班车数 A_w 通常可根据路线车辆数 A、客流的时间不均匀系数 K_t 及客流高峰与平峰车辆满载率定额 γ_s^0 及 γ_t^0 等按下式确定：

$$A_n = \omega \frac{A \gamma_s^0}{K_t \gamma_t^0} \qquad (9\text{-}19)$$

式中：ω——车辆系数。

根据线路车辆类型及平均满载程度的不同情况，车辆系数 $\omega = 1.0 \sim 1.20$。当然线路客流高、平峰期间车辆额定载客量相差不大以及车辆平均满载程度不高的情况下可取较低值，反之应取较高值。然后，确定加班车数 A_w（辆）：

$$A_w = A - A_n \qquad (9\text{-}20)$$

3）行车间隔

（1）行车间隔的计算。

行车间隔，指正点行车时，前后两辆车同时到达同一停车站的时间间隔，又称车距。任意时间段内的行车间隔为：

$$I_i = \frac{t_{0i}}{A_i} \text{或} I_i = \frac{60}{f_i} \qquad (9\text{-}21)$$

式中：I_i——第 i 时间段的行车间隔（min）；

f_i——第 i 时间段的行车间隔（辆/h）；

A_i——第 i 时间段的车辆数（辆）。

行车间隔确定是否合理，直接影响营运线路的运送能力和运输服务质量。

一般，行车间隔的最大值取决于客运服务质量的要求，而行车间隔的最低值 $I_{\min}$（min）则应满足下列条件：

$$I_{\min} \geqslant \overline{t_{cs}} + t_f + t_y \tag{9-22}$$

式中:$\overline{t_{cs}}$——路线中途站平均停站时间(min);

t_f——车辆尾随进出站时间(min);

t_y——必要时等待交通信号时间(min)。

在乘车秩序正常的情况下,对大中城市客运高峰线路,$I_{\min}$以不低于 1~3min 为宜。

(2)行车间隔的分配。

行车间隔的分配,即行车间隔计算值的分配,指对呈现小数的行车间隔值进行取整数处理,使之确定为适当数值以便掌握的过程。

当行车间隔的计算值为整数时,在周转时间内,行车间隔的排列为等间隔排列。而当行车间隔的计算值为小数时,为便于掌握,可对之进行取整数处理。

例如:$t_0 = 46\text{min}$,$A = 11$ 辆,则 $I = \dfrac{46}{11} = 4.18(\text{min})$。由于 4.18min 不易掌握,可将其分解为 4min 与 5min 两种大小不同的行车间隔。此时行车间隔的排列为不等间隔排列。

通常取两个接近原计算值的间隔之后,还需将该时间段的车辆(次)数在两个行车间隔之间进行分配。假设某周转时间内行车间隔的计算值为非整数,现要求按整数行车间隔发车,处理方法如下:

首先,用取整函数 $\text{INT}(X)$,对原非整数行车间隔进行整数化处理,得到一大一小两个整数行车间隔 I_b 和 I_c,即:

$$I = \begin{cases} I_b = [I + X_b] \\ I_c = [I - X_c] \end{cases} \tag{9-23}$$

式中,X_b 与 X_c 为分解 I 值所采用的非负整数,即 $X_b, X_c \geqslant 0$,显然,$I_c < I < I_b$,又设 $\Delta I = I_b - I_c$。则,按较大行车间隔(I_b)运行的车辆数 A_b(辆)为:

$$A_b = \frac{t_0 - A I_c}{\Delta I} \tag{9-24}$$

按较小行车间隔(I_c)运行的车辆数 A_c(辆)为:

$$A_c = A - A_b \tag{9-25}$$

上述两式中:A——周转时间 t_0 内发车总数(辆)。

由于 X_b 与 X_c 的取值不同,ΔI 值的大小也各不相同,一般在 $\Delta I = 1$ 的情况下,A_b 与 A_c 值均为整数,但当 $\Delta I > 1$ 时,A_b 值可能为小数。此时除将 A_b 取为整数外,尚需在行车间隔 I_b 和 I_c 之间增加一种行车间隔 I_y,即 $I_c < I_y < I_b$,然后可按下式计算其车辆数 A_y(辆):

$$A_y = \frac{t' - A' I_c}{\Delta I'} \tag{9-26}$$

式中:t'——剩余时间(min),$t' = t_0 - I_b A_b$;

A'——剩余车辆(辆),$A' = A - A_b$;

$$\Delta I' = I_y - I_c \tag{9-27}$$

则:

$$A_c = A - A_b - A_y \tag{9-28}$$

故

$$\sum IA = I_b A_b + I_y A_y + I_0 A_s \tag{9-29}$$

一般将其综合记为：$t_0 = \sum IA = \sum$ 车距 $\times$ 车数。因此，为便于掌握和计算方便，除个别情况外通常选取 $\Delta I = 1$。

【例9-2】 已知 $t_0 = 46\min$，$A = 11$ 辆，试计算其行车间隔（要求为整数）。

解：根据式（9-21）：

$$I = \frac{t_0}{A} = \frac{46}{11} = 4.18(\min)$$

因 I 为小数，须进行取整数处理。

根据式（9-23），令 X_b 与 X_c 分别为 1 和 0，则可将 I 分解为：

$$I = \begin{cases} I_b = [4.18+1] = [5.18] = 5 \\ I_c = [4.18-0] = [4.18] = 4 \end{cases}$$

根据式（9-24）与式（9-25）：

$$A_b = \frac{t_0 - A I_c}{I_b - I_c} = \frac{46 - 11 \times 4}{5 - 4} = \frac{2}{1} = 2(\text{辆})$$

$$A_c = A - A_b = 11 - 2 = 9(\text{辆})$$

则，行车间隔的分配结果为：

$$\sum IA = I_b A_b + I_c A_c = 5 \times 2 + 4 \times 9$$

即，行车间隔为 5min 的有 2 辆车，行车间隔为 4min 的有 9 辆车，共计：$A = 2 + 9 = 11$ 辆；$\sum IA = t_0 = 46\min$。

如果在上例中，令 $X_b = X_c = 1$，则 I 被分解为：

$$I = \begin{cases} I_b = (4.18+1) = 5 \\ I_c = (4.18-1) = 3 \end{cases}$$

此时，根据式（9-24）：

$$A_b = \frac{t_0 - A I_c}{I_b - I_c} = \frac{46 - 11 \times 3}{5 - 3} = \frac{13}{2} = 6.5(\text{辆})$$

由于 A_b 为小数，说明需要在 I_b 与 I_c 间增加一行车间隔 I_y。

因此，令 $A_b = [A_b] = [6.5] \approx 6$，再根据式（9-26），先取 $I_y = 4$，则：

$$A_y = \frac{t' - A' I_c}{I_y - I_c} = \frac{(t_0 - I_b A_b) - (A - A_b) I_c}{I_y - I_c}$$

$$= \frac{(46 - 5 \times 6) - (11 - 6) \times 3}{4 - 3} = \frac{16 - 15}{1} = 1(\text{辆})$$

故

$$\sum IA = I_b A_b + I_y A_y + I_c A_c = 5 \times 6 + 4 \times 1 + 3 \times 4$$

或

$$\sum IA = I_c A_c + I_y A_y + I_b A_b = 3 \times 4 + 4 \times 1 + 5 \times 6$$

对于 $\Delta I > 1$，通常在客运低峰时间段采用。

（3）行车间隔的排序。

行车间隔的排序，是计算值为不同大小的行车间隔在同一时间段（或周转时间内）的排

列次序与方法,通常包括下列三种形式:

①由小到大顺序排列。主要用于客流量逐渐减少的场合,如早高峰后至平峰的过渡时间段及晚低峰期间。

②由大到小顺序排列。主要用于客流量逐渐增加的场合,如早低峰期间以及平峰与高峰的过渡时间段。

③大小相间排序。主要用于客流量比较稳定的时间段,如高峰或平峰期间。此时,在同一时间段(或周转时间)内,应尽可能使各行车间隔分布均匀。

第三节 常规公交车辆行车时刻表及排班计划的编制

一、公交车辆行车时刻表的编制

编排行车时刻表即根据主要运行参数汇总资料排列各分段时间内各车次(周转)的行车时刻序列,通常将其制成表格形式使用。编排行车时刻表是合理组织车辆运行、驾乘人员进行劳动组织的重要依据,是提高公交服务质量的重要手段。

1. 行车时刻表类型

城市公共汽车行车时刻表的基本类型,通常有车辆行车时刻表和车站行车时刻表两种形式。

(1)车辆行车时刻表:指按行车班次制定的车辆沿线运行时刻表。表内规定了该班次车辆的出场(库)时间、每周转(单程)中到达沿线各站时间与开出时间、在一个车班内(或一日的营业时间内)需完成的周转数以及回场时间等。

公共汽车的行车时刻表,按各行车班次(路牌)制定,即同一营业线路每天出车序号相同的车辆按同一时刻表运行,如表9-6所示。

(2)车站行车时刻表:指线路始末站及重点中途站(车辆)行车时刻表。表内规定了在该线路行驶的各班次公共汽车每周转中到达和开出该站的时间、行车间隔以及换班或就餐时间等,如表9-7所示。

××路公共汽车行车时刻表

表9-6

始末站:A—F　　　　站出场时间:5时30分　　　　行车班次:4　　　　回场时间:20时30分

停车站	周转方向	站距	A	B	C	D	E	F
			1	0.6	0.9	0.8	1.2	
1	上行→	到	5:35	5:43	5:45.5	5:49	5:52	5:56
		开	5:40	5:43.5	5:46	5:49.5	5:52.5	6:01
	下行←	到						
		开						
2	上行→	到						
		开						

××路××站公共汽车行车时刻表　　　　　　　表 9-7

班次　＼　时间	1		2		…	16		17	
	开	到	开	到	…	开	到	开	到
1	5：00	5：56			…				
2	5：10	6：05			…				
3					…				

2.编制行车作业计划运行图

有的公共汽车运输企业将行车作业计划制成运行图的形式,如图 9-6 所示。运行图的横坐标为营业时间,纵坐标上按线路全长依次排列线路起、终点站与重点中间站(即设有中间调度检查点的中途停车站)。车辆运行图就是依次把每班次车辆在沿途各站的发车与到站时刻用直线连接起来所构成的运行网络图。在图 9-6 中,连接两相邻停车站间的直线,表示车辆的行驶路线,而且该直线的斜率还表示车辆行驶速度的大小。斜率越小,行驶速度越低;反之,车辆的行驶速度就越高。车辆在起、终点站的停站时间以横坐标表示,但车辆在各中间站的停站时间均小于 1min,所以在运行图上一般没有表述。

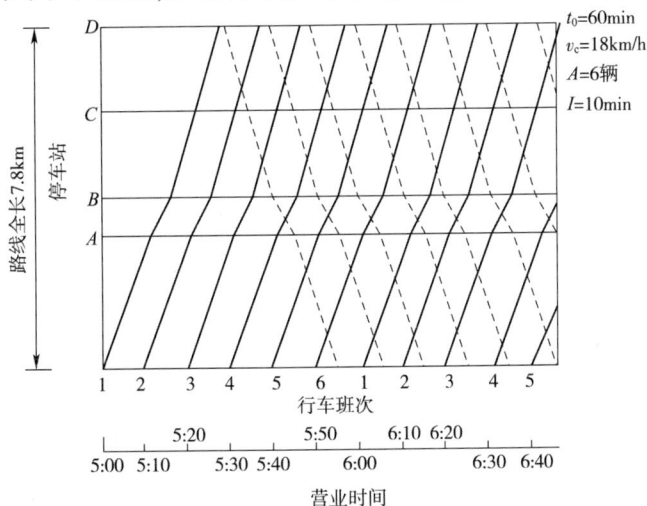

图 9-6　公交汽车运行图

二、车辆行车排班计划的编制

在客流需求和行车时刻表给定之后,下一阶段的任务就是对公交车辆进行排班,即构建车次链,编制排班计划。对公交车辆进行运行排班,是在给定时刻表和客流需求等信息的情况下,在满足相关约束条件下,调配车辆执行时刻表给定班次(中间可插入空驶班次以减少车辆需求),使每一班次均有唯一车辆执行。车辆调配的结果是构建车辆执行的班次序列,即公交车辆排班计划。对车辆排班计划进行优化,其优化目标是在现有车辆条件下安排调度方案,或安排调度方案使所需车辆数或费用最小。

每个车次链包含车辆一天的行车计划任务,在满足公交运营企业相关要求(如维护、补充燃料等)的前提下如何使车次链的数量最少,对于大中型公交运营企业而言,是一个非常复杂的问题。如果仅仅是传统的单条线路调度,那么车次链的构建比较简单;但是在大型公交系统中,为了优化时刻表所用的最小车辆数,常常通过车辆空驶车次形式使用跨线调度方案,这时车辆的运营轨迹由"线"变成了"面",车辆的调度已经超出了人工能够应付的范围,需采用智能化的方法来解决问题。下面介绍线路的车辆配车方法。

在此,介绍 Ceder 等人通过扩展 Salzborn 模型来确定单线路的车队规模方法。

假设线路 r 有两个终点:a 和 b,如图9-7 所示。T_{ria} 和 T_{rjb} 分别表示从点 a 和 b 在 t_{ia} 和 t_{jb} 时刻发出的车辆在线路 r 上的平均运营时间,包括在各自终点站的停站时间。设 n_{ia} 表示在 $[t_{ia}, t_{i'a}]$ 时段(此时段包括时刻 t_{ia},但不包括时刻 $t_{i'a}$)内在 a 站发车车次数。因此,车次 i_a 到达场站 b,再执行车次 j_b,车次 j_b 是从 b 站到 a 站的第一个可行车次的发车车次,其发车时间大于或等于时刻 $t_{ia} + T_{ria}$;$t_{i'a}$ 为自 a 站发向 b 站的第一个可行车次的发车时间,$t_{i'a}$ 大于或等于时刻为从 b 站发出针对车次的发车车次数。

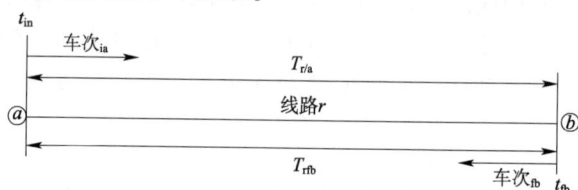

图9-7 单条公交线路的公交运营示意图

在不允许跨线调度和插入空驶车次的情况下,线路 r 需用的最小车辆数可用下式表示:

$$N_{min}^r = \max(\max_i n_{ia}, \max_j n_{jb}) \tag{9-30}$$

式中,$\max_i n_{ia}$ 和 $\max_j n_{jb}$ 分别是执行 a 和 b 站行车时刻表所需的最大车辆数。

单一公交线路 r 需用公交车辆数的求解示例,如图9-6 所示。

图9-8 中,单向平均运营时间 $T_{rit} = T_{rjb} = 15min$,时刻表包含场站 a 的 10 个发车车次和场站 b 的 12 个发车车次。n_{ia} 和 n_{jb} 的计算过程如箭头所示;自场站 a 发出的车辆数用 n_{ia} 表示,自场站 b 发出的车辆数用 n_{jb} 表示。实线表示自发车时刻起的第一个可行链接,反方向虚线表示自 b 到 a 的第一个可行链接(可行指距离发车时刻15min 后)。根据上面公式,可以最终确定所需最小车辆数,即为5。需要说明的是,实例从简化角度出发,上下行方向使用了相同的平均运营时间,当 T_{ria} 与 T_{rjb} 不同时,也可以采用同样的方法来处理。

用先到先发(FIFO)规则构造车次链。一个车次链自一个场站出发执行第一个指定的计划车次,然后基于该线路的时刻表在线路的另一终点执行第一个可行的链接;车次链通常以返回场站的车次结束。仍以图9-8 示例来演示车次链的构造。

在 b 站以首发(5:00)为起始车次,依照 FIFO 规则可以构造 5 个车次链,删除选定的发出车次,继续构建其他车次链,直到所有车次都被执行为止。在每一步骤的开始阶段(b 站)进行之前,都要检查下一个发出车次能否与先前自 a 站发出的车次相连接,若可以,则该链接是可行的,易得这 5 个车次链如下:

5:00(b)—6:00(a)—6:30(b)—6:45(a)—7:05(b)—7:20(a)—7:40(b)—8:00(a)。

5:30(b)—6:15(a)—6:50(b)—7:10(a)—7:30(b)。

6:00(b)—6:30(a)—7:10(b)—7:25(a)—8:00(b)。

7:00(a)—7:15(b)—7:40(a)。

7:20(b)。

上面 5 个车次链只是一种形式,可以改变,包括车次链之间交换车次。每个车次链可以自同一场站发出和返回,也可以作为一个更大的车次链的组成部分。

由上面得到的 5 个车次链和图 9-8,易得 a 和 b 站之间的车辆行车计划,这里就不再给出具体的车辆行车计划。

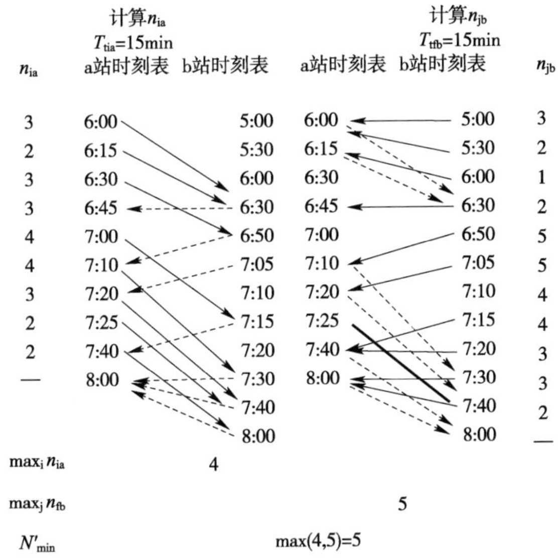

图 9-8　单条线路车辆配置数求解过程示例图

第四节　出租车运输组织

一、出租车运输组织概述

出租汽车作为城市交通运输的重要组成部分,在城市客运系统中所占的比重较小,但它在承担多样化的零散乘客运输和"门—门"服务方面成为最有效的方式,且具有乘坐舒适、方便快捷、比公车和私车客运形式的车辆利用率高、节约能源等优点。上海世博会期间,即便有发达的轨道交通网络和公交网络,出租汽车仍然承担着重要的交通保障作用。特别是在园区散场时段,约 1/3 的离场交通量由出租汽车运送。

1. 出租汽车的运输特点

与其他城市客运方式相比较,出租汽车的营运组织具有以下特点:

(1)流动性。出租汽车的运营线路、起讫点、运距都由乘客确定,决定了出租汽车没有固定的行驶线路和乘客时空分布的随机性,使得出租车经营处于被动的流动状态。这与同样是为乘客服务的公共汽车交通不一样,公共汽车有固定线路、营运时刻和车站,在运营过程中处于主动状态。

(2)个体性与公共性。出租车是城市公共交通系统的组成部分,为个体乘客提供服务,因此出租车具有个体交通的特征,但与个体交通相比又有差别。出租车的服务对象是公众,不是车辆所有者,因此具有公共性。正是因为出租车具有个体交通的特征,才使得出租车在某些时候和某些地点成了私人小汽车的替代工具,满足了人们对出行质量和速度的要求,而且作为公共交通工具,使用效率高,一定程度上抑制了私人小汽车的增长,也缓解了中心城区路网交通量和停车的压力。

(3)灵活快捷性。作为一种特殊的公共交通方式其可达性最高,基本实现"门—门"运输服务。根据个人需要,乘客可以自行决定乘车路线、停靠地点、等候时间等,享受私家车式的相对私密的空间,其舒适度明显高于大容量公共交通。

(4)即时性。主要指出租汽车提供的交通运输服务在时间上和地点上与需求完全结合在一起,而公共交通运输系统的运输服务,需求在时间上和地点上的结合有一定的差距。

2. 出租汽车在运营特点

(1)持续性。持续性主要表现在营运时间上,它可以按照乘客的要求持续地提供服务。出租汽车营运时间比较长,在保证经营者必要的休息的情况下,单台出租车的持续工作时间往往比单台定线定站运营的公共汽车大得多。

(2)分散性与独立性。旅客出行时间、方向、距离的多样性,决定了出租车经营在时间上和空间上的分散性。分散性又决定了每辆出租车服务的相对独立性。出租汽车的驾驶、核收票款和提供其他有关服务均由一人承担,具有"独立服务、独立运行"的特点。

(3)竞争性。出租车具有多家经营多种成分并存的特点,使得行业存在激烈的竞争。

(4)服务方式多样性。出租汽车的双重属性决定其运营模式也应多样化。

①公共客运属性的基本服务,满足大众基本出行需求,实行公用事业价格定价机制。

②私人小汽车属性的高端服务,类似"专车",但是应要求车辆统一标志,避免非法营运车辆进入,满足部分人群的出行需求,价格可以在政府指导下部分市场化。

③特殊服务以已有租赁车为代表,满足商务包车等特殊服务,价格遵循市场化机制。

3. 出租车在城市交通中的功能

出租汽车作为一种特殊的公共交通工具,它在城市综合交通系统中主要发挥以下功能:

(1)城市客运交通的一种有益补充。

出租汽车可以提供轨道交通和公交网络两端的接驳服务,也可以为未开设轨道交通或公交网络的地区提供服务。此外出租汽车还兼营一部分城市间客运业务,因此出租汽车的适当发展有利于建立合理的城市客运交通结构。

(2)满足特殊出行人群的需求。

出租汽车"门—门"的以"方便、准时、安全、舒适"为标准的运输服务,可以充分地满足人们个性化的出行需求。在"专车"出现之前,出租汽车行业已存在可以提供高端服务的租赁车辆,但规模不大,承担的客运量也不高。这为后来"专车"的发展提供了契机。

(3)作为小汽车交通的替代品,抑制私人和单位自备车辆的增长。

出租车的发展有利于抑制私人小汽车和单位自备车辆的增长,提高人们的出行质量,减少私人小汽车等对城市道路资源和城市停车设施资源的大量占用。出租汽车也可以是"汽车共享"模式在大范围的实现,是减少个人拥有私人小汽车、降低出行强度、减少停车场地需求的有效措施。

(4)为城市交通系统创造直接或间接经济效益。

我国许多城市均实行出租汽车经营权有偿使用制度,将拍卖所得资金成立专项基金用于公共交通事业,为城市公共交通的发展积累了资金;另外,出租汽车行业每年为国家创造了大量税收。由于出行时间的缩短,提高了人们的工作效率,抑制了私家车和单位车辆的增长,相对减少了道路、停车场等交通设施的投入等,从而产生大量的间接经济效益。此外,出租汽车行业作为第三产业的一部分,也给社会创造了大量的就业机会。出租汽车客运的发展带动了汽车制造、汽车维修、加油、洗车及餐饮、旅游等行业的同步发展。

二、出租车的营运组织

1. 出租汽车的经营模型

出租车经营模式主要有承包经营、挂靠经营、个体经营和公车公营 4 种,出租车的经营模式分析如表 9-8 所示。

出租车经营模式一览表 　　　　　　　　　　　　　　　　　　　　表 9-8

经营模式	定　义	特　点
承包经营	出租车经营权属出租车公司,承租人通过承租租赁方式开展经营,并向出租车公司上缴承包费、经营使用费等费用	出租车经营公司的存在,增加了出租车的经营成本与压力。在出租车驾驶员与出租车公司的博弈中,出租车驾驶员处于劣势
挂靠经营	车辆产权、经营权均归车主个人持有,但挂靠在出租车公司名下展开运营,公司有管理权	挂靠人负担较重,出租客运企业的自主经营和管理能力减弱,而且谈不上规模经营。驾驶员疲劳驾驶,劳动权益得不到保护,更谈不上服务质量的提高
个体经营	"所有者、经营者、驾驶员三者一体",自主经营,自负盈亏	取消出租车公司这一中间层,可以直接降低出租车的经营成本
公车公营	出租车由公司统一经营,驾驶员只是出租车公司的生产者,享有相应的权利和义务	这种模式所带来的是出租车现代企业制度的建立和市场的规范化。社会效益较好

在实际中要优化经营模式,采取公车公营与个体经营相结合,逐步淘汰挂靠经营模式和承包经营模式。由于政府的管制以及垄断行为所造成的可靠性与服务质量等问题使得大多地区的出租车行业做得并不理想。国内很多学者对出租车行业的研究显示,由于国内出租车管制政策的一些缺陷,造成了出租车行业打车难、黑车泛滥、驾驶员服务质量低下、寻租可能性较大等问题。各地应结合城市本身的特点和出租车发展过程中曾经采用的经营模式及效果等来综合确定所采用的经营模式。

2. 出租车的营运方式

作为大众化交通工具的出租汽车,受制于一个城市的经济发展状况、人民生活水平、城市规模、交通拥堵程度等因素影响,出租汽车的服务模式大致分为三类:沿街巡游、站点候客、预约服务。

1) 沿街巡游

沿街巡游是指出租汽车在城市道路上四处巡游,应沿线乘客的招呼,随时停车载客并将乘客送到目的地的一种服务。沿街巡游的随机性很强,乘客和出租汽车之间都是在事先没有任何约定的时间和地点的情况下购买与出售服务。当然,经验丰富的出租汽车驾驶员知道哪些时段、哪些地方乘客较多,经常打车的乘客也知道哪些时段、哪些地方比较容易打车。但是,沿街巡游的突出问题是信息不对称。在乘车之前,乘客对招手即停的出租汽车不够了解,包括车辆的安全性能和驾驶员的服务水平、驾驶技术、是否疲劳驾驶等方面,通常是一无所知的;乘客也不知道需要等待多久时间会有空驶车辆出现,更无法判断的是,下一辆车的服务状况是否比当前的车辆更让自己满意;同样出租汽车驾驶员也很难预见乘客对自己是不是构成安全的威胁。巡游服务占据了出租车市场较大的市场份额,我国出租车就是以巡游服务为主。

2)站点候客

站点候客是指出租汽车在宾馆、饭店、商场、火车站、机场等相对固定的地点等候不特定乘客租乘的一种服务。在站点候客过程中,一般出现多辆出租汽车按照先来后到的顺序排队候客,也被称为"先来先走"规则。虽然它维护了市场秩序,但排除了乘客挑选出租汽车的可能,从而有效地避免了出租汽车之间的价格和服务的恶性竞争。

站点候客相对于巡游服务的优点:首先,无须上街巡游,节约了有限的交通资源;其次,降低空驶率、节约油耗。缺点:首先,增加了消费者的找寻成本;其次,对于整个市场将无法及时匹配供给与需求。

3)预约服务

预约服务是指出租汽车通过电召、微信、微博、打车软件等方式接受乘客预约,在约定的地点和时间接送乘客。优点:首先,约租车可以停留在固定地点,不上街巡游,节约了交通资源,降低拥堵程度;其次,对于市场,相对于其他服务方式,能够更好地整合市场供给资源,更方便地匹配消费者需求与市场供给;最后,加剧了市场竞争,有利于市场经济的发展。缺点:相对于巡游出租车,增加了消费者的候车成本,成本大小取决于消费者对时间的价值和约租车的数量和停留地点的远近等。

总的来说,巡游服务的载客量最高,成本也最高,约租车由于存在违约风险、单趟交易等也存在空驶率,但相对于巡游型较低,载客量也偏少。对于乘客,搜寻成本最高的是站点候客、收益也最小。约租车的成本居中收益也居中。

沿街巡游、站点候客和预约服务三种服务,各有优缺点,只要合理搭配,规范运行,就能形成较为完备的出租汽车服务网络,满足消费者的不同需求。

三、专车在我国的发展

专车(ridesourcing)起源于共享出行(ridesharing)。专车,是由打车平台、政府共同认证,用于运送乘客的,主要通过手机等移动设备完成订单预约及支付的具有合法运营牌照的营运车辆。专车的本质是基于互联网的新型约租车服务。

2015年10月10日,交通运输部对外公布了《关于深化改革进一步推进出租汽车行业健康发展的指导意见》(征求意见稿)和《网络预约出租汽车经营服务管理暂行办法》(征求意见稿)。两份文件将"专车"这种出租车运营形式分类为互联网预约出租车,允并许其与传统出租车一样,在中国境内合法运营。

1.专车的运输特征

专车平台对闲散车辆资源予以整合,集中调度,采用O2O模式将乘客、驾驶员连接到平台,其舒适的乘车环境与便捷的在线支付方式成为明显优于出租车的服务特点。专车的出现有利于填补城市出行供给能力不足与服务水平不高的缺口。与传统出租车相比,专车在以下两点上具有很大的优势。

1)专车降低了服务的交易成本

与传统的出租行业相比,伴随着互联网新技术出现的专车服务的一个重要特点在于其大大降低了交通服务的交易成本。传统租车方式最典型服务方式是,出租车与乘客在路边"相互寻找"。专车的出现大大改变了这一情况,专车平台及时的为租赁汽车企业和驾驶员劳务公司提供消费者出行需求信息,并通过统一的高档次服务标准和完善的服务保障体系保证交易的成功率和消费者的满意度。

2)专车提高了社会的整体效用水平

与传统的出租车相比较,专车是面向中高端商务约租车群体推出的新业务,为用户提供更优质的服务和更加多元化的出行。对于专车服务者来说,他们闲置的资产和时间被盘活,收入的增加使其参与的积极性提高并注重服务水平。尽管专车减少了出租车的利益,但专车极大挖掘了市场的潜在需求,现有专车加出租车行业的整体收益远远大于之前出租车的行业收益,专车的发展使得社会的整体效用水平得到了显著的提升。

2. 专车的运营模式

专车运营模式是由车辆来源、驾驶员来源、生产要素组合方式以及接单机制4个方面组成。由于车辆是出行供需的结合点,因此,专车运营模式中车辆来源是驾驶员来源、生产要素组合方式以及接单机制的先决条件,组合构成了专车的不同运营模式。

1)车辆来源

国内专车平台使用车辆主要有3种来源:专车自有车辆、租赁公司车辆以及私家车(包括挂靠在租赁公司的私家车)。

2)驾驶员来源

国内专车平台驾驶员来源有3种:专车平台驾驶员、劳务公司驾驶员(包括挂靠在劳务公司的私家车主)、私家车主。

3)生产要素组合方式

根据不同专车平台,将车辆和驾驶员两生产要素的组合分为3种:私家车搭配私家车主、租赁公司车辆搭配劳务公司驾驶员以及平台自有车辆搭配平台驾驶员。国内走在发展前列的专车平台所采用的组合为:私家车 + 私家车主、租赁公司车辆 + 劳务公司驾驶员、平台自有车辆 + 平台驾驶员。

4)接单机制

专车市场目前最为普遍的接单机制有抢单机制和派单机制。

在抢单机制中,驾驶员根据乘客的位置决定是否要接单,乘客根据自己的喜好选择自己的车型。这样,驾驶员和乘客就都做出了自己的"最优选择"。目前运用抢单模式最早也最广泛的是"滴滴快车"。

派单机制是驾驶员依靠软件后台的派单前去接送旅客,最为代表性的是"Uber"。在"Uber"的派单过程中,后台算法从全局做出选择,派选"最优"驾驶员前去接客。旅程结束后,不仅乘客可以给驾驶员评分,驾驶员也可以给乘客评分,所有的数据都将记录在案,从而为下一次派单提供依据。派单最明显的优势,在于能够大大提高接单率,保证用户第一时间用上车。

目前,市场对专车的认可越来越广泛,就目前国内专车市场的竞争格局来看,滴滴的市场份额稳居第一,紧跟其后的 Uber(优步)、神州专车、易到用车也凭借各自的优势占据一定的市场份额,各个专车公司的规模都在不断扩大。

但是,国内对专车的看法不一,专车的支持者们认为专车模式中与共享出行属性相同的部分可以减少道路拥堵,降低行车成本、燃料费用以及尾气排放,与共享出行的不同在于很多专车驾驶员的动机是经济收益而并非是与乘客"共享"相同的目的地。专车的反对者认为专车的属性在很大程度上也与出租车有相似之处,放任发展有可能会增加交通拥堵。此外,由于没有合法的安全保障,"黑车"混入市场,给公共安全带来挑战。

思考与练习

1. 城市常规公交客运有哪些形式?他们各有哪些优缺点?

2. 城市常规公交有哪些基本调度形式?调度形式的选择应该遵循哪些原则?

3 公交车现场调度策略有哪些?

4. 常规公交行车计划编制的依据是什么?

5. 已知某公共汽车线路高峰小时路段客流量数据,如表9-9所示。

(1)计算该线路高峰小时高单向满载率 γ(即载客量利用率)。

(2)计算该高峰小时的方向不均匀系数 k_a。

(3)计算下行方向的路段不均匀系数 k_s。

某公交线路高峰小时路段客流量统计表 表9-9

站 点	O	A	B	C	D
路段序号 i	1	2	3	4	
站距 L_i(km)	1.5	1.0	1.0	2	
上行客流量 q_{i1}(人次)	1500	1600	1900	1800	
下行客流量 q_{i2}(人次)	1300	1400	1700	1600	
车容量(人数)	1800				

6. 出租车的运输特征体现在哪几个方面?

7. 出租车的经验模式有哪些?

8. 专车概念及其运输特征体现在哪几个方面?

参 考 文 献

[1] 李维斌. 公路运输组织学[M]. 北京:人民交通出版社,2002.

[2] 王效俐. 运输组织学[M]. 北京:立信会计出版社,2006.

[3] 戴彤炎,孙学琴. 运输组织学[M]. 北京:机械工业出版社,2012.

[4] 孟祥茹. 运输组织学[M]. 北京:北京大学出版社,2014.

[5] 王小霞. 运输组织学[M]. 北京:北京大学出版社,2013.

[6] 鲍香台,何杰. 运输组织学[M]. 南京:东南大学出版社,2009.

[7] 卢佐安,薛锋. 交通运输组织学[M]. 成都:西南交通大学出版社,2014.

[8] 杨浩. 铁路运输组织学[M]. 北京:中国铁道出版社,2011.

[9] 洛勇,宇仁德. 道路运输组织学[M]. 北京:人民交通出版,2006.

[10] 路军. 物流运输组织与管理[M]. 北京:国防工业出版社,2010.

[11] 崔书堂,朱艳茹. 交通运输组织学[M]. 南京:东南大学出版社,2006.

[12] 王述英. 物流运输组织与管理[M]. 北京:电子工业出版社,2001.

[13] 王长琼. 物流运输组管理[M]. 武汉:华中科技大学出版社,2008.

[14] 周骞,柳伍生,叶鸿. 运输组织学[M]. 北京:人民交通出版社股份有限公司,2015.

[15] 陈琳. 集装箱多式联运[M]. 上海:上海财经大学出版社,2006.

[16] 谢如鹤. 冷链运输原理与方法[M]. 北京:化学工业出版社,2013.

[17] 过秀成,姜晓红. 城乡公共客运规划与组织[M]. 北京:清华大学出版社,2011.

[18] 高洪涛,李红启. 道路甩挂运输组织理论与实践[M]. 北京:人民交通出版社,2010.

[19] 张健,李文权,冉斌. 常规公交车辆行车计划智能化编制及优化方法[M]. 南京:东南大学出版社,2014.